民法典来了

公民衣食住行权利保障指南

王建华　叶水荣　田　雄　金琴云 / 主编

法律出版社
LAW PRESS · CHINA
北京

图书在版编目(CIP)数据

《民法典》来了：公民衣食住行权利保障指南 / 王建华等主编. -- 北京：法律出版社，2022

ISBN 978-7-5197-6227-8

Ⅰ. ①民… Ⅱ. ①王… Ⅲ. ①民法-法典-研究-中国 Ⅳ. ①D923.04

中国版本图书馆 CIP 数据核字(2021)第 246585 号

《民法典》来了
——公民衣食住行权利保障指南
《MINFADIAN》LAILE
— GONGMIN YISHI ZHUXING QUANLI BAOZHANG ZHINAN

王建华　叶水荣
田　雄　金琴云　主编

责任编辑 许　睿　朱颖超
装帧设计 汪奇峰

出版发行 法律出版社
编辑统筹 司法实务出版分社
责任校对 朱轶佳
责任印制 胡晓雅
经　　销 新华书店

开本 710 毫米×1000 毫米　1/16
印张 16.5　　**字数** 271 千
版本 2022 年 6 月第 1 版
印次 2022 年 6 月第 1 次印刷
印刷 三河市兴达印务有限公司

地址:北京市丰台区莲花池西里 7 号(100073)
网址:www.lawpress.com.cn
投稿邮箱:info@lawpress.com.cn
举报盗版邮箱:jbwq@lawpress.com.cn

销售电话:010-83938349
客服电话:010-83938350
咨询电话:010-63939796

书号:ISBN 978-7-5197-6227-8
定价:85.00 元

本书配画作者

（以姓氏笔画为序）

马恒超	王　龙	王建新	方少华	仪海斌
刘志永	刘培明	李向东	沈一帆	张　浩
陈　立	陈淋边	陈景凯	范　军	庞　平
郑樟银	赵天奇	赵长安	赵国品	姚月法
唐海峰				

序一

慈母眼中每一个伟大的个体

著名法国启蒙思想家孟德斯鸠有言:“在民法慈母般的眼睛里,每一个个人都是整个国家。”一方面,充满人本主义精神的民法典之所以被称为现代法治的基础和万法之源,就是因为民法秉持的是以民为本的宗旨,对芸芸众生施加的是以尊重和保护为核心的人文主义关怀。另一方面,博大精深的民法典之所以被称为“社会生活的百科全书”,乃是因为民法的调整内容涵盖了社会生活的各个方面,每一个生命个体,其生老病死、衣食住行、结婚生子,乃至从事经济活动,都须臾离不开民法的关心、关怀和关照。

新中国成立以来,我国颁发了《土地管理法》《经济合同法》《商标法》《专利法》《涉外经济合同法》《企业破产法》《外资企业法》《技术合同法》《公司法》《担保法》《保险法》《票据法》《拍卖法》《合伙企业法》《证券法》《合同法》等众多涉及民事方面的法律,不但有力推动了社会经济的发展,而且为个人权利的实现提供了坚实的法制保障。但是由于法律众多,不同法律的适用条件、应用标准并不统一。因此,颁布一部对人的生命健康、财产安全、交易便利、生活幸福、人格尊严等各方面权利平等保护的《民法典》就显得非常必要。“民有所呼,法有所应”,正是基于对社会实践的有效回应,作为集我国民法制度之大成的《民法典》于2020年5月28日经第十三届全国人民代表大会第三次会议通过,并于2021年1月1日起开始施行。《民法典》的颁布既是推进我国全面依法治国、加快社会主义法治国家建设的重要推手,同时也会对促进市场经济发展、维护人民权益和推进国家治理体系和治理能力现代化产生重大推动作用。

对于普通老百姓来说,要想全面掌握《民法典》皇皇10万言,多达1260条的生涩法律条文无疑是非常困难的,即使要准确把握民法的核心要义和指导原则也绝非易事。因此,迫切需要法律专业人士借助自己的专业素养,用相对通俗易懂的方式对民法的精神和制度的含义进行有针对性的宣讲和阐释,以便使更多的民众能沐浴民法典的泽惠。王建华、叶水荣、田雄、金琴云等法律实务专家撰写的这本《〈民法典〉来了——公民衣食住行权利保障指南》无疑就承担了这样的重任和使命。本书以公民权利为主线,以关心法律就是关心自己的权利为圭臬,对公民日常生活中可能遇到的权利问题进行了深刻发掘和精心归纳。为了与《民法典》的编排体例相协调,本书也分为人格权利、财产权利、债权权利、婚姻家庭权利、法人与非法人组织的权利、侵权责任追究权利、民事诉讼权利等七个篇章。在内容设计上,本书清新活泼,通俗易懂,以漫画、事例、专家提示、相关法律条文等形式生动形象地诠释了普通民众在日常生活中可能遇到的各种问题,不但对各种民事权利的产生规则、主要内容及其行使要求进行了全面阐释,而且对权利受到侵害之后的救济手段和救济方式也进行了全面说明。附录则以专家问答、公民企业权益保护证据收集宝典、民事诉讼时效一览表等形式,展现了民法典的具体应用场景及其可能遇到的问题。本书虽然是一本民法典方面的通俗读物,但我相信本书的出版不但对提高民众对民法的认知水平会产生积极影响,而且对弘扬民法精神和民法文化同样会起到重要推动作用。

如何将存在于法律条文中的规定内化为民众的生活指南,应当是民法典颁布后进行法律实施的目标和要求,也是衡量民法典作用发挥大小的最主要显性指标。在此,我郑重呼吁更多的民法学人主动放下身段,急民众之所急,想民众之所想,积极出版一些为民众喜闻乐见并能无障碍接受的通俗性读物。要知道民法典从来都是来源于生活并主要服务于普通民众的,从这个意义上说,直到今日民法典作为万民法或平民法的法律定位仍不过时。民法典虽然高冷,但它从来不会否认自己的世俗身份;民法典虽然强调技术化的设计,但流淌在本体里的永远是饱含悲天悯人情怀的道德原则要求。同时,我也强烈期待作为高产作者的法律实务专家王建华先生能向社会奉献更多更好的精品著作,努力为中国的法治进步贡献自己的光和热。

是为序!

 *

2021 年 7 月 11 日于西南政法大学

---

* 赵万一,现任西南政法大学民商法学院院长、民商法学教授、博士生导师。兼任中国法学会理事、中国法学会民法学研究会副会长、中国仲裁法学研究会常务理事、中国法学会商法学研究会理事。

序二

如何让《民法典》“飞入寻常百姓家”

随着《民法典》的正式施行，也标志着民法典时代真真切切地来了。

民法典时代来了，不仅意味着具有如何完善中国特色社会主义法律体系、促进国家治理体系和治理能力现代化、推动社会规范和法律适用科学化等一系列重要意义的时代法典来了，更意味着关系到广大人民群众衣食住行、生老病死、调整一切民事主体人身和财产关系基本依据的权利法典来了。

这是新中国成立以来第一部以“法典”命名的法律，是新时代我国社会主义法治建设的重大成果。我们都知道，《民法典》是一部体现我国社会主义性质、符合人民利益和愿望、顺应时代发展要求的《民法典》，也是一部体现对生命健康、财产安全、交易便利、生活幸福、人格尊严等各方面权利平等保护的《民法典》，更是一部具有鲜明中国特色、实践特色、时代特色的《民法典》。那么，如何让这样一部我国法律体系中条文最多、体量最大、篇章结构最复杂的法典，真正走到群众身边、走进群众心里呢？

习近平总书记在谈到《民法典》学习宣传实施时，曾经提出了“三个讲清楚”的明确要求：一是讲清楚“实施好民法典是坚持以人民为中心、保障人民权益实现和发展的必然要求”；二是讲清楚“实施好民法典是发展社会主义市场经济、巩固社会主义基本经济制度的必然要求”；三是讲清楚“实施好民法典是提高我们党治国理政水平的必然要求”。其中最重要的是，要讲清楚老百姓衣食住行的权利保障。正如习近平总书记所指出的，《民法典》实施得好，“人民群众权益就会得到法律保障，人与人之间的交往活动就会更加有序，社会就会更加和谐”。

展现在大家面前的这部新作，正是一部看得懂、说得好、用得上的《民法典》实用普法之作。

第一，让人看得懂，是因为本书的篇章结构，可谓一目了然。

从《民法典》的体例来看，一共是 7 编 1 附则、1260 条，各编依次为总则、物权、合同、人格权、婚姻家庭、继承、侵权责任。为此,本书也分七个篇章,其内容设计编排基本与《民法典》体例相协调。从本书的篇章结构来看,其既与《民法典》七编体例一脉相承,又对《民法典》七编体例作了相应的内容对接。打开本书目录,我们看到每一个章节的主题与标题,正好是包括人格权利、财产权利、债权权利、婚姻家庭权利、法人与非法人组织的权利、侵权责任追究权利、民事诉讼权利等七个方面权利的内容版块设计。通过这七个版块的大标题与小标题,广大读者对《民法典》赋予老百姓的各种权利可谓一目了然。《民法典》到底规定了多少种权利?什么是人身权利?为什么还有人格权利?与财产有关的权利有哪些?哪些权利与人的行为有关?诸如此类的问题,其实就可以首先在内容版块中找到端倪。广大读者即使还没有阅读书中详细内容,可能已经心中有数了。由此,通过本书目录列举的89种权利之内容设计,广大读者就可以更加深切地体会到《民法典》作为"权利宣言书"的深刻内涵。

第二,说得好,是因为本书图文并茂,可谓一言中的。

本书最重要的创新是以案说法的方式,让人耳目一新。在本书中,以案说法的方式,竟然变成了图文搭配的编排设计。其写作方式,竟然也演绎成了"漫画+事例+专家提示+相关法律条文"等与众不同的方法。比如,《民法典》第1011条,其内容是:以非法拘禁等方式剥夺、限制他人的行动自由,或者非法搜查他人身体的,受害人有权依法请求行为人承担民事责任。但是,对于本条内容,本书作者不是就事论事、照本宣科,而是首先以"非法拘禁为索债,触犯法律悔莫及"为题进行举案说法。在案例叙述完成后,通过法律解读和专家提示告诉读者,人身自由不受侵犯,是公民最起码、最基本的权利,是公民参加各种社会活动和享受其他权利的先决条件。所以,凡侵害公民人身自由权的行为,将受到宪法、刑法、民法的一律禁止。由此可见,人身自由不仅仅是《民法典》需要关注的问题,同样也是与《刑法》有关的问题,更是与《宪法》相关的问题。于是,一张漫画、一个案例、一条规定、一项权利、一种提示,就这样圆满地完成了《民法典》释法说理的光荣使命。

第三,用得上,是因为通过本书的专家提示,可以举一反三。

作为社会生活的百科全书,《民法典》以保护公民的人身权、财产权、人格权为主题主线,按照一般权利、类型权利、特别权利、具体权利的逻辑,构建了完整的民事权利体系。同样,本书也以公民权利为主线,对人格权利、财产权利、债权权利、婚姻家庭权利、法人与非法人组织的权利、侵权责任追究权利、民事诉讼权利等有关实体权利和程序权利,进行了有的放矢的解读和提示。这些解读和提示,深入浅出、通俗易懂。可以说，每一张漫画都有亮点，每一个案例都有看点，每一条规定都有重点，每一项权利都有焦点，每一种解读都有观点。其提示目的就在于，期待每一位普通百姓关注民法典，因为关心法律就是关心自己的权利。《民法典》调整规范自然人、法人等民事主体之间的人身关系和财产关系，涉及经济社会生活的方方面面，同人民群众生产生活密不可分，同各行各业发展息息相关。所以，每一位普通百姓都不是权利的无关者，所有的权利既与老百姓的衣食住行有关，更与老百姓的生老病死有关。

“天下之事，不难于立法，而难于法之必行”，《民法典》的生命力在于实施。在《民法典》实施过程中，只有不断学习好、宣传好这部法典，才能不断推进全面依法治国，坚持和完善中国特色社会主义制度，推进国家治理体系和治理能力现代化。

对此，我要向王建华、叶水荣、田雄、金琴云等作者表示崇高的敬意。在我看来，这部实用普法之作，既是司法实务与新闻媒体共同努力的成果，更是学术研究与新闻报道完美合作的结晶。

如何让人民群众深入学习了解《民法典》，如何让《民法典》“飞入寻常百姓家”，应该是全社会各行业的共同任务。据了解，本书出版后将在“人民教育家”高铭暄教授的老家——台州玉环建成的全国第一个“法治小镇”的学术馆展出。由此，本书的主要内容和漫画也将成为全国第一个乡级《民法典》“展示馆”。此举不仅可以彰显普法与学术同声呼应，而且可以显示《民法典》确实可以“飞入寻常百姓家”。

《民法典》专业术语很多，还需要不断加强解读。《民法典》的学习宣传任务很重，还需要更多的有识之士共同努力。这部让人看得懂、说得好、必然用得上的《民法典》实用普法之作，既是一个惊奇，更是一个惊喜，值得大力点赞和全力支持。

是以为序。

 *

2021 年 3 月 4 日

---

* 刘桂明，中国民主法制出版社“法宣在线”总编审，中国法学会法律文书学研究会副会长、中国法学会律师法学研究会副会长，曾任《中国律师》杂志社总编辑、《民主与法制》杂志总编辑。

目　录

第一章　人格权利

《民法典》中人格权独立成编，不仅是我国民事立法的重大创新，更是注重人的精神本性与精神追求的更深层次的人文关怀，印证了《民法典》以人为本的价值理念。

第二章　财产权利

财产权包括物权，物权是指权利人依法对特定事务享有直接支配的权利，包括所有权、用益物权和担保物权。财产权是指以财产利益为内容，直接体现财产利益的民事权利。财产权既包括物权、债权、继承权，也包括知识产权中的财产权利。产权得到平等有力的保护，必将为社会发展增添动力，也赋予民众更多信心。有恒产者更有恒心，保护财产权就是保障民生。财产权利规则的创设和完善，构成人民群众民生保障的法律基石。

第三章 债权权利

我国《民法典》的分则体系设计并未采纳德国、法国和瑞士的立法模式，没有设置债法总则，而是从中国实际情况出发，保持了合同法总则体系的完整性和内容的丰富性，并使合同编通则发挥债法总则的功能，这在大陆法系民法典体系中是一个重要的创新。

第四章　婚姻家庭权利

“家是最小国，国是千万家”。呵护好每一个家庭，为人民群众的获得感、幸福感、安全感提供法治保障，社会和谐稳定的基石将更加牢固。

第五章　法人、非法人组织的权利

《民法典》主体制度中的法人制度是总则编最具创新点的地方。《民法典》承认法人的独立主体地位，法人具有民事权利能力和民事行为能力。完善法人制度，对全面深化改革、促进社会主义市场经济发展意义重大，通过法律与经济社会发展的良性互动，能激发未来中国经济发展的无限创造力。

第六章　侵权责任追究权利

我国《民法典》侵权责任编置于各编的最后，是对我国既有立法经验的总结。自《民法通则》以来，我国立法就采取了将民事责任置于末尾的立法模式，《民法总则》也保持了这一传统。将侵权责任编置于最后，也体现了从权利到救济的过渡，因为侵权责任编以人格权、物权、身份权等权利为保护对象，在确权的基础上，同时提供了完整的权利救济措施和权益侵害预防手段，各项绝对权的保护都适用侵权责任编的规定。这一模式充分体现了从权利到救济的逻辑顺序，从而与传统大陆法系债法将侵权作为债的发生原因、围绕债权构建体系的模式相区别，实现了侵权责任编以权利救济为中心的功能。

第七章　民事诉讼权利

《民法典》不仅是"权利宣言书",也是权利保障和救济的法典。"无救济则无权利",对民事权利的救济,即民事责任的承担,重要途径是赋予民事主体以民事诉讼权利。《民法典》正是民事诉讼权利的实体基础。

第一章
人格权利

《民法典》圆桌讨论会主题

《民法典》中人格权独立成编，不仅是我国民事立法的重大创新，更是注重人的精神本性与精神追求的更深层次的人文关怀，印证了《民法典》以人为本的价值理念。

主持人：叶水荣　浙江泽鼎律师事务所律师
参与讨论的法务专家：廖　远　浙江泽鼎律师事务所律师
黄路路　浙江泽鼎律师事务所律师
项梦颖　浙江泽鼎律师事务所律师

叶水荣：只有人格独立的人才能握紧民法之剑，追求财富，捍卫财产。人格重于财产，想拥有财产，首先必须是一个人格独立的人，而不能为了财产出卖人格，一旦容忍没有财产就没有人格的拜物主义或物文主义思想，就容易将人格庸俗化、物质化。为了避免独立成编后脱离总则中的主体制度，本书特将人格权利列为首章开篇。下面请法务专家对涉及人格权利问题发表意见和看法。

廖　远：人格权是《民法典》的核心亮点，凸显对人格权的保障。《民法典》规定许可人格权的商品化（特定人格利益的许可使用），扩大隐私权的客体范围，为公民个人信息权利和信用权利的发展预留了制度空间。人格权主要是自然人的人格权，与其主体资格密不可分。《民法典》保护人，也保护人的财产。人格权是民事主体对其特定的人格利益享有的权利,关系到自由与尊严。人格权的基本功能是维护人的法律人格,使之实现人之所以为人的法律效果。

黄路路:民事主体依法享有的生命权、身体权、健康权、姓名权、名称权、肖像权、名誉权、荣誉权、隐私权等权利均受到《民法典》的保护。为避免列举权利不完整,并为未来社会发展不断创设的新的人格权益提供保护,人格权编还确认了对人格权益保护的兜底条款。针对他人发送垃圾短信、垃圾邮件侵扰个人私人生活安宁的行为,专门在隐私权部分规定了此种侵害隐私权的行为类型,并明确将私人生活安宁规定在隐私权之中,禁止非法进入、窥视、拍摄他人的住宅、宾馆房间等私密空间,禁止非法拍摄、录制、公开、窥视、窃听他人的私密活动,禁止非法拍摄、窥视他人身体的私密部位。这些规则既有力回应了个人隐私遭受侵扰的现实问题,又为保障社会生活安定有序提供了法律依据。在互联网和大数据时代,个人信息泄露已经成为一种公害。人格权编专门规定了个人信息保护规则,在对个人信息进行正面确权的基础上,对合法收集、处理个人信息的规则作出了规定。此外,针对网络诽谤、网络暴力、人肉搜索等网络侵权现象,民法典积极应对,构建了预防与救济一体的制度体系。人格权编中的禁令制度和侵权责任编中的网络侵权规则对有效规范网络侵害人格权的行为、实现对侵害人格权损害后果的预防等,都具有重要意义。

项梦颖:《民法典》人格权编中有七大亮点:一是确立器官捐献的基本规则。针对现实中组织或个人强迫、欺骗、利诱人体器官捐献现象,《民法典》规定完全民事行为能力人同意捐献器官的,应当采用书面形式或者遗嘱形式。自然人生前未表示不同意捐献的,该自然人死亡后,其配偶、成年子女、父母可以共同决定捐献,决定捐献应当采用书面形式。二是预防性骚扰,明确机关、企业、学校等单位的责任。近年来,性骚扰成为社会关注的热点话题。有调查显示,该问题常见于企业、学校等单位,而地铁站、公交车上、餐厅等人流密集的公共场所也是性骚扰频发之地。对此,《民法典》规定了性骚扰的认定标准以及机关、企业、学校等单位防止和制止性骚扰的义务。三是姓名权、名称权的扩张保护。其明确对具有一定社会知名度,被他人使用足以造成公众混淆的笔名、艺名、网名等,参照适用姓名权和名称权保护的有关规定。四是禁止非法收集个人信息。针对利用信息技术手段"深度伪造"他人的肖像、声音，侵害他人人格权益，甚至危害社会公共利益等问题，规定禁止任何组织或者个人利用信息技术手段伪造等方式侵害他人的肖像权。五是"标题党""跟风党"或将承担民事责任。其对行为人实施新闻报道、舆论监督等行为涉及的民事责任承担，以及行为人是否尽到合理核实义务等作了规定。六是对侵犯隐私权的行为具体化。随着信息化时代的发展，侵犯隐私权的手段愈发隐蔽多样，此次《民法典》与时俱进，规定了隐私的定义，列明禁止侵害他人隐私权的具体行为。七是个人信息内涵的开放性。其明确了处理个人信息应遵循的原则和条件，构建了自然人与信息处理者之间的基本权利义务框架，合理平衡了保护个人信息与维护公共利益之间的关系，规定了国家机关及其工作人员负有保护自然人的隐私和个人信息的义务。

本章权利要目

1. 生命权(《民法典》第 1002 条)
2. 身体权(《民法典》第 1003、1179、1181－1183 条)
3. 健康权(《民法典》第 1004、1182－1183 条)
4. 人身自由权利(《民法典》第 1011 条)
5. 自主支配细胞、人体组织、器官等权利(《民法典》第 1006－1008 条)
6. 人格尊严权利(《民法典》第 1010 条)
7. 姓名权(《民法典》第 1012、1014、1017 条)
8. 肖像权(《民法典》第 1018、1019、1022 条)
9. 名誉权(《民法典》第 1024、1028－1030 条)
10. 荣誉权(《民法典》第 1031 条)
11. 隐私权(《民法典》第 1032、1033 条)
12. 个人信息保护(《民法典》第 111、1034、1037、1038 条)

1. 生命权

【事例】

儿童结伴游泳溺亡　未救援者承担责任

闫某等七人与刘某之子均系未成年人。2013 年 8 月 9 日中午,八人相约结伴到沁河游泳。刘某之子不慎掉入深水区,闫某等人救助未果,刘某之子沉入水底。当时,闫某等人带有手机,但害怕刘某让赔钱,又担心挨打,就商量不报警,并隐瞒一起到沁河游泳、刘某之子溺水死亡的事实。闫某等人随后到村西的核桃园摘核桃,并在闫某家中吃过晚饭后才分手回家。当晚及第二天早上,刘某到闫某等人家中寻找其子,闫某等人都未告知实情。后其老师张某在沁河巡视时,发现刘某之子尸体,上述事实才被发现。沁阳市公安局出具的调查结论是:刘某之子符合意外死亡,不属刑事案件。此案以民事诉讼诉至法院,法院认为,限制民事行为能力的人,可以进行与其年龄、智力相适应的民事活动,闫某等人在刘某溺水后,在有通信设备的情况下未及时向外求救或报警,反而协商,隐瞒结伴到沁河游泳及刘某之子溺水死亡的事实。虽然该行为不是造成刘某之子死亡的直接原因,但有违"珍爱生命、诚实守信"的基本道德,某市中级人民法院判决闫某等七人的监护人分别支付刘某 1 万元补偿金。

【专家提示】

生命权是指以自然人的生命安全利益为内容的权利。生命权是法律保护的最高权利形态,生命的丧失是侵害生命权的结果。侵犯生命权的法律后果有特殊性:第一,被侵权人不再是侵权请求权的主体。被侵权人死亡后,权利能力消灭,此时应当由其近亲属对侵权人主张侵权责任。第二,生命虽然是法律保护的最高利益,但是生命丧失本身并不能获得赔偿。所谓的死亡赔偿金,并非对"命价"的赔偿,而是对被侵权人死亡造成的结果弥补相关费用的支出与对未来可得利益的丧失作出的赔偿。侵害生命权的应当承担民事赔偿责任。根据《民法典》侵权责任编的规定,造成受害人死亡的,赔偿义务人除了应承担根据抢救治疗情况支出的各项费用以及因误工减少的收入，包括医疗费、误工费、护理费、交通费、住院伙食补助费、营养费，还应当赔偿丧葬费和死亡赔偿金。

闫某等人躲避父母监管，私自结伴下河游泳，让一个如花的青春生命过早凋零。同伴们相约隐瞒，没有做到诚实相告，加重了死者父母的精神痛苦，也让自己的家长付出了沉重的代价，伤害了别人，也伤害了自己。这起学生溺水事件再一次敲响了警钟：首先，家长要担负起对孩子的安全监管职责，时刻教育、提醒孩子远离野外游泳等各种危险活动；其次，未成年人在日常生活和学习中，要遵守法律、法规和社会公德，听从老师和父母的教诲，养成良好的习惯；最后，要做到诚实守信。隐瞒说谎，只能使事态更加严重，甚至造成不能挽回的恶果。失信、说谎、欺骗，在伤害别人的同时，也必将伤害自己。

【相关法律条文】

《民法典》第1002条 自然人享有生命权。自然人的生命安全和生命尊严受法律保护。任何组织或者个人不得侵害他人的生命权。

《消费者权益保护法》第49条 经营者提供商品或者服务，造成消费者或者其他受害人人身伤害的，应当赔偿医疗费、护理费、交通费等为治疗和康复支出的合理费用，以及因误工减少的收入。造成残疾的，还应当赔偿残疾生活辅助具费和残疾赔偿金。造成死亡的，还应当赔偿丧葬费和死亡赔偿金。

《刑法》第232条 故意杀人的，处死刑、无期徒刑或者十年以上有期徒刑；情节较轻的，处三年以上十年以下有期徒刑。

2. 身体权

【事例】

头发如人体一样不可侵害

某男子心理变态，带着剪刀到大街等公共场所里，见到长头发的女性，就上前疯狂地剪其头发。

【专家提示】

首先,该男子的行为侵犯了受害者的身体权。身体是生命的物质载体,是生命得以产生和延续的最基本条件。根据《民法典》第1003条的规定:“自然人享有身体权。自然人的身体完整和行动自由受法律保护。任何组织或者个人不得侵害他人的身体权。”身体权作为一种独立的人格权,包括自然人在形式上和实质上维护身体组织完整和有限制地自由支配身体的排他性权利。

其次,本案中该男子的行为属于对受害者身体组织的不正当侵害,应当承担赔偿责任。损害赔偿包括物质损害的赔偿和精神损害的赔偿。物质损害的赔偿,应当包括赔偿医疗费用、误工费用、残疾者生活补助费等,造成死亡的包括丧葬费、死者生前扶养人必要的生活费等。

精神损害是民事主体因其人身权利(公民姓名权、肖像权、名誉权、荣誉权、隐私权、一般人格权等)受到不法侵害而产生的心理损害,是民事主体要求侵权人通过财产赔偿的方式进行救济和保护的民事法律制度,它的成立并不以受害人的直接财产损失为前提。

因此,该男子恶意剪断他人头发的行为侵犯了受害者的身体权,应当承担损害赔偿责任,不仅要赔偿物质损失,还要赔偿受害者的精神损害。

【相关法律条文】

《民法典》第1003条　自然人享有身体权。自然人的身体完整和行动自由受法律保护。任何组织或者个人不得侵害他人的身体权。

《民法典》第1179条　侵害他人造成人身损害的,应当赔偿医疗费、护理费、交通费、营养费、住院伙食补助费等为治疗和康复支出的合理费用,以及因误工减少的收入。造成残疾的,还应当赔偿辅助器具费和残疾赔偿金;造成死亡的,还应当赔偿丧葬费和死亡赔偿金。

《民法典》第1182条　侵害他人人身权益造成财产损失的,按照被侵权人因此受到的损失或者侵权人因此获得的利益赔偿;被侵权人因此受到的损失以及侵权人因此获得的利益难以确定,被侵权人和侵权人就赔偿数额协商不一致,向人民法院提起诉讼的,由人民法院根据实际情况确定赔偿数额。

《民法典》第1183条　侵害自然人人身权益造成严重精神损害的,被侵权人有权请求精神损害赔偿。

因故意或者重大过失侵害自然人具有人身意义的特定物造成严重精神损害的，被侵权人有权请求精神损害赔偿。

3. 健康权

【事例】

小事冲突应谦让　酿成事端不应该

2019 年 7 月 22 日，沈某某到某县高层楼房送货，其间因占用电梯影响了原告任某某回家。待沈某某返回一层电梯口后，与任某某相遇，双方发生口角，并在楼宇外发生争执，而后发生肢体冲突，任某某受伤住院。于是任某某诉诸法律，法院开庭审理，经法官主持调解，在双方当事人自愿的前提下，达成协议：由被告沈某某于 2020 年 6 月 11 日前、6 月 26 日前分别支付原告任某某赔偿款 2000 元，共 4000 元。此案终于和解，再无争执。

【专家提示】

2019 年 12 月 28 日，第十三届全国人民代表大会常务委员会第十五次会议审议通过了《中华人民共和国基本医疗卫生与健康促进法》（以下简称《基本卫生法》）。《基本卫生法》第 4 条第 1 款规定："国家和社会尊重、保护公民的健康权。"这里，明确提出了健康权概念，将宪法上这一基本人权进行全面解释和落实，对于我国卫生法治事业和人权保护有里程碑式意义。与《民法典》侵权责任编不同，这部法律的侧重点不在于规范健康法益受到侵害后如何获得法律救济、获得多大数额的损害赔偿，而在于公民根据健康权可以向国家和社会主张什么，国家和社会应当承担什么样的义务。也就是说，《基本卫生法》规定的健康权，是指公民享有医疗卫生服务、健康促进服务及健康社会保障的权利，它属于社会权的范畴。

这里讲的健康权是指人身权中的一项"具体的物质性人格权"，是自然人享有的保持其生命安全、身体健康、生理及心理机能完整的权利。身体权保护的是身体的"完整性"；而健康权顾名思义，保护的是自然人享有身体健康不受侵犯的权利，是一种纯粹的物质权利。它是自然人参加一切社会活动，享有任何其他权利的基础，也是自然人最重要的人身权。自然人的健康权受法律保护，侵害自然人身体完整性致其肢体受到伤害或侵害自然人健康权致其患病，都应承担相应的责任。比如，违反《环境保护法》和相邻关系的法律准则，以污染、噪音、震响等危害他人身体健康的，即使未看到自然人身体的某一具体部位受到伤害，但给其身体健康造成了侵害，也应承担民事责任。任何组织或者个人不得侵害他人的健康权。侵害他人造成人身损害的，应当赔偿医疗费、护理费、交通费等为治疗和康复支出的合理费用，以及因误工减少的收入。造成残疾的，还应当赔偿残疾生活辅助具费和残疾赔偿金。造成死亡的，还应当赔偿丧葬费和死亡赔偿金。

《民法典》侵权责任部分规定，侵害他人造成人身损害的，应当赔偿医疗费、护理费、交通费等为治疗和康复支出的合理费用，以及因误工减少的收入。本案中，因被告给住户送货占用电梯，耽误了原告回家，后双方再次相遇发生口角争执，进而引发肢体冲突，致原告任某某受伤，原告受伤之前与被告之间虽已发生争执，但原告的受伤是由被告造成的，导致了原告人身损害，被告对此应当承担相应赔偿责任。在此案例中，原被告之间发生争执的原因只是因为一件小事，然而，由于双方情绪激动导致了原告受伤，如果双方互相谦让、冷静处理，则可以避免此次事件的发生。

【相关法律条文】

《民法典》第1004条 自然人享有健康权。自然人的身心健康受法律保护。任何组织或者个人不得侵害他人的健康权。

《民法典》第1182条 侵害他人人身权益造成财产损失的，按照被侵权人因此受到的损失或者侵权人因此获得的利益赔偿；被侵权人因此受到的损失以及侵权人因此获得的利益难以确定，被侵权人和侵权人就赔偿数额协商不一致，向人民法院提起诉讼的，由人民法院根据实际情况确定赔偿数额。

《民法典》第1183条 侵害自然人人身权益造成严重精神损害的，被侵权人有权请求精神损害赔偿。

因故意或者重大过失侵害自然人具有人身意义的特定物造成严重精神损害的，被侵权人有权请求精神损害赔偿。

4. 人身自由权利

【漫画】

【事例】

非法拘禁为索债 触犯法律悔莫及

李某与王某合伙做生意，因个体运输户赵某拖欠其货款1万元、借款2万元，多次索债未果，便强行将赵某挟持至李某家中，要赵某同意将其财产拿来抵押。赵不从，李、王二人便动手殴打赵某，致赵某肢体多处软组织挫伤。随后，李某和王某将赵某用绳子捆绑了2天，直到第3天赵某同意拿出部分财产抵押，余款在1个月内还清才将赵某放回家。赵某随即报案。经法医鉴定：赵某所受的伤为轻伤。另外赵某为治伤共花去医药费500多元。法院经审理认为：李某和王某对赵某欠他们的债款，未经法律途径予以解决，却采取了限制他人人身自由、殴打他人的非法手段索债，其行为已构成非法拘禁罪。因此，法院依法对李某和王某分别判处有期徒刑2年，缓期2年执行；判处两被告赔偿被害人赵某人民币1500元。

【专家提示】

人身自由权利是指公民在法律范围内有独立行为而不受他人干涉，不受非法逮捕、拘禁，不被非法剥夺、限制自由及非法搜查身体的自由权利。人身自由不受侵犯，是公民最起码、最基本的权利，是公民参加各种社会活动和享受其他权利的先决条件。它是公民按照自己的意志和利益进行行动和思维而不受约束、控制或妨碍的人格权。现实生活中，非法限制他人人身自由的方式很多，如：有隶属关系的上司对有过错的下属采取关禁闭的处罚；将无精神疾病的公民强制送进精神病医院“治疗”；绑架他人勒索财物；非法搜查他人身体等。人身自由是公民一项重要的私权利，是自由权的重要内容，也是宪法的原则在民法中的体现之一。原《民法总则》第 109 条规定，自然人的人身自由、人格尊严受法律保护。《民法典》除了延续上述规定外，更为明确规定“以非法拘禁等方式剥夺、限制他人的行动自由，或者非法搜查他人身体的，受害人有权依法请求行为人承担民事责任”。因此，凡非法侵害公民人身自由权利的行为，将受到宪法、刑法、民法等的一律禁止。

【相关法律条文】

《民法典》第 1011 条 以非法拘禁等方式剥夺、限制他人的行动自由，或者非法搜查他人身体的，受害人有权依法请求行为人承担民事责任。

《宪法》第 37 条 中华人民共和国公民的人身自由不受侵犯。

任何公民，非经人民检察院批准或者决定或者人民法院决定，并由公安机关执行，不受逮捕。

禁止非法拘禁和以其他方法非法剥夺或者限制公民的人身自由，禁止非法搜查公民的身体。

《刑法》第 238 条第 1 款 非法拘禁他人或者以其他方法非法剥夺他人人身自由的，处三年以下有期徒刑、拘役、管制或者剥夺政治权利。具有殴打、侮辱情节的，从重处罚。

5. 自主支配细胞、人体组织、器官等权利

【事例】

器官捐献要自愿 法律公证不可少

2016年12月,刚刚大学毕业的小陈因身体不适入院治疗,被查出身患尿毒症。2018年2月2日,小陈的父亲陈某来到某县公证处,公证员狄某接待了陈某,知悉陈某一家居住在偏远农村,家境贫困,因无力负担为小陈换肾产生的巨额医疗费用,拟由小陈的母亲为小陈捐献肾脏。但小陈看病的医院根据有关规定,要求小陈提供经公证的《亲属活体器官捐献人自愿同意书》《亲属活体器官接受人同意书》以及《亲属活体器官直系亲属同意书》。为方便小陈及其父母办理公证,公证处指派公证员狄某及公证员白某前往小陈家中,就当事人关于捐献与接受活体器官的意思表示,以及其他涉及公证的事项,向小陈及其父母进行了询问,并对小陈与其父母的身份及亲属关系进行审核。为帮助当事人正确理解有关亲属活体器官捐献公证的法律意义和法律后果,公证员还向小陈及其父母告知了有关器官捐献的法律规定,并就《亲属活体器官捐献人自愿同意书》《亲属活体器官接受人同意书》以及《亲属活体器官直系亲属同意书》载明的内容向当事人进行了阐释。在小陈及其父母明确表示自愿捐献、接受活体器官,并亲自签署前述同意书后,公证处依照法定程序出具了公证书。鉴于小陈一家经济困难,公证处协助当事人申请法律援助,免除了全部公证费用,为贫困家庭送上了温暖。

【专家提示】

人体器官移植,是指摘取人体器官捐献人具有特定功能的心脏、肺脏、肝脏、肾脏或者胰腺等器官的全部或者部分,将其植入接受人身体以代替其病损器官的过程。器官捐献人在自愿无偿的原则下捐献自己的器官,更多地体现的是一种血浓于水的亲情奉献精神,而同时器官捐献人也享有生命健康权,如果因器官移植对其身体健康、生理机能、身体完整性造成损害,这种损害将是不可逆转的,所以从公平的角度,法律对器官捐献人的权利予以全面的保护。这种全面的保护一方面在于保障器官捐献人自愿无偿依法捐献自己器官的权利,另一方面更在于保障器官捐献人依法撤回器官捐献意思的权利。虽然最终出台的《民法典》相比草案

未明确规定有关撤销和撤回的内容，但该项权利仍应当予以保障。本案依据《公证法》第11条，《人体器官移植条例》第8条、第10条规定，公证人员主动介入了此案。依据法律规定，公证人员介入此类案件的任务有以下方面：(1)对申请主体的审查：一是要重点审查器官捐献人是否年满18周岁且具有完全民事行为能力；二是搜集证据材料证明捐献人、接受人二者之间的关系，活体器官的接受人限于活体器官捐献人的配偶、直系血亲或者三代以内旁系血亲，或者有证据证明与活体器官捐献人存在因帮扶等形成亲情关系的人员。(2)对申请人真实意思表示的审查：一是审查人体器官捐献者是否自愿，是否受到一些组织或者个人强迫、欺骗或者利诱；二是公证人员应明确告知，公民对已经表示捐献其人体器官的意思表示，有权予以撤销；三是审核捐献人对捐献器官同意书的内容是否已清楚了解，是否明白其法律后果，签署同意书是否是其真实意思表示等。(3)合法性审查及告知：一是捐献器官应当是自愿、无偿的，应审查双方是否有非法交易行为，是否存在买卖器官的行为；二是应当遵守保密原则，公证人员对人体器官捐献人、接受人的个人资料及隐私应当保密；三是办理公证过程中，公证员应向捐献人及其家人告知器官移植的相关法律规定，以及器官捐献人、接受人的权利和义务。

【相关法律条文】

《民法典》第1006条　完全民事行为能力人有权依法自主决定无偿捐献其人体细胞、人体组织、人体器官、遗体。任何组织或者个人不得强迫、欺骗、利诱其捐献。

完全民事行为能力人依据前款规定同意捐献的，应当采用书面形式，也可以订立遗嘱。

自然人生前未表示不同意捐献的，该自然人死亡后，其配偶、成年子女、父母可以共同决定捐献，决定捐献应当采用书面形式。

《民法典》第1007条　禁止以任何形式买卖人体细胞、人体组织、人体器官、遗体。

违反前款规定的买卖行为无效。

《民法典》第1008条　为研制新药、医疗器械或者发展新的预防和治疗方法，需要进行临床试验的，应当依法经相关主管部门批准并经伦理委员会审查同意，向受试者或者受试者的监护人告知试验目的、用途和可能产生的风险等详细情况，并经其书面同意。

进行临床试验的，不得向受试者收取试验费用。

6. 人格尊严权利

【漫画】

【事例】

一、法律平等保障人格尊严

数年前，报纸报道上海的一名女大学生在某公司的一家超级市场连锁店购物。在离开时，防盗铃骤响，商场女保安将她带入地下室进行搜身检查，女保安用手提电子探测器对女大学生进行全身检查后，探测器测出其髋部带有磁信号，女保安当即要求女大学生脱裤检查。女大学生以侵犯人身权、名誉权为由状告该公司和该商场，要求公开赔礼道歉和赔偿精神损害 50 万元。法院经审理认为商场的检查是单独秘密进行的，并未引起女大学生的名誉贬损，不构成名誉侵权；但是，宪法规定公民的人格尊严不受侵犯，由此，法院认为商场的行为侵犯了女大学生的人格尊严，并作出判决：第一，屈臣氏向女大学生赔礼道歉；第二，赔偿女大学生人民币 1 万元精神损失费；第三，被告负担一、二审诉讼费共计人民币 820 元。

二、《民法典》首次规定“性骚扰”的防范

另一起女教师声称“受到顶头上司5年性骚扰”，向某区人民法院递交诉状，案由是“侵犯人格尊严权”。女教师在诉状中称，从自己大学毕业到某学校工作以来，被告就经常利用其校长身份，借工作之名要求原告单独到其办公室，以言语、行为及手机短信对原告进行骚扰。原告说：“被告行为已严重干扰了我的正常生活，并严重影响到了我们的夫妻感情，使我患上神经衰弱，精神几近崩溃。”对于被告的非分要求，她一直都严词拒绝，并要求被告停止对其的骚扰行为，但被告却不听劝阻，仍继续侵害行为。为此，原告要求法院判令被告向她赔礼道歉，赔偿精神损害赔偿1万元，并承担所有的诉讼费用。

【专家提示】

人格尊严权利是指公民独立的人格和尊严不容侵犯的权利。在法律概念上，具体的人格权是多种多样的，如名誉权、肖像权、姓名权、名称权、隐私权、人身自由权等。在这些具体人格权之外，有一个抽象的人格权，即人格尊严，属于一般人格权。这就是公民和法人享有的，包括人格独立、人格自由、人格尊严全部内容的一般人格利益，并由此产生和规定具体人格权的基本人格权利。在一般人格权的人格独立、人格自由、人格尊严这些全部内容中，其核心和基本内容，就是人格尊严。要使人人都会用一般人格权来保护自己，所有的法官都会用它来审判案件，这是一项对构建和谐社会具有重要意义的工作。例如，当众辱骂他人是一种侵犯人格的违法行为，如果手段恶劣、后果严重的，是一种违法犯罪行为。用污秽语言当众骂人，足以毁坏他人名誉，侮辱他人人格，使人感到不堪凌辱，造成被害人羞愧自杀等的严重后果，就可能构成侮辱罪，要负刑事责任。

性骚扰如今成为一大社会公害，尤其会侵害女性的尊严，严重妨碍性别平等目标的实现，《民法典》首次规定了性骚扰的防范。《民法典》规定，违背他人意愿，以言语、文字、图像、肢体行为等方式对他人实施性骚扰的，受害人有权依法请求行为人承担民事责任。机关、企业、学校等单位应当采取合理的预防、受理投诉、调查处置等措施，防止和制止利用职权、从属关系等实施性骚扰。女教师状告校长的案件就凸显了《民法典》对此立法的必要。

公民的人格尊严必须受到法律的保护。这里包含了自然人享有基于人身自由、人格尊严产生的其他人格权益。人格权不得放弃、转让或者继承。但权利人可以依法许可他人使用部分人格利益,如姓名、名称、肖像、声音、个人信息等《民法典》还明确规定了死者的人格权益不得侵害,列举了死者的姓名、肖像、名誉、荣誉、隐私、遗体等受到侵害的,近亲属有权进行保护。

【相关法律条文】

《民法典》第 1010 条　违背他人意愿,以言语、文字、图像、肢体行为等方式对他人实施性骚扰的,受害人有权依法请求行为人承担民事责任。

机关、企业、学校等单位应当采取合理的预防、受理投诉、调查处置等措施,防止和制止利用职权、从属关系等实施性骚扰。

《宪法》第 38 条　中华人民共和国公民的人格尊严不受侵犯。禁止用任何方法对公民进行侮辱、诽谤和诬告陷害。

《刑法》第 246 条第 1、2 款　以暴力或者其他方法公然侮辱他人或者捏造事实诽谤他人,情节严重的,处三年以下有期徒刑、拘役、管制或者剥夺政治权利。

前款罪,告诉的才处理,但是严重危害社会秩序和国家利益的除外。

7. 姓名权

【漫画】

【事例】

一、姓名权的背后　还有多少权利?

汤先生和仇小姐同在一家公司的销售部工作,平时关系较好。汤先生正式向仇小姐求婚,不料被仇小姐拒绝。汤先生怀恨在心,冒充仇小姐在报纸上刊登征婚广告,并注明仇小姐的真实姓名和联系地址。随后,仇小姐接二连三收到多封求爱信,大为震惊和羞愧。单位同事以为仇小姐对爱情不专一,对其看法有所改变。仇小姐后到报社调查才发现是汤先生所为,一怒之下,以侵害名誉权为由,将汤先生告到法院,要求其停止侵害,赔礼道歉,消除影响,赔偿精神损失费 1 万元。本案受理法院以侵害姓名权确定被告汤某的行为性质,责令汤某承担侵权责任。在确定具体责任的数额时,同时吸收造成名誉权损害的后果,加重其责任。

二、冒名顶替终被罚

山东某县农家女陈某秀在报考成人高考时发现,她 16 年前被人冒名顶替入读山东理工大学。据查,冒名顶替者陈某某当年高考分数为 303 分(文科),比当年文科类专科分数线低 243 分;陈某秀当年高考分数为 546 分(理工科),超出理科类专科分数线 27 分,考上了山东理工大学,但录取通知书被陈某某获取。冒名顶替者陈某某后成为山东某县某街道办事处工作人员,已被除名,将接受法律的惩处。

【专家提示】

从以往的报道中可以看到,被“偷”了身份的“陈某秀”们不在少数,如北京的邹某静发现自己的身份证被盗用 10 年,中学班主任的表妹冒用其名上了中专;湖北考生王某亮的录取通知书被高二学生郑某获得,郑某在未经高考的情况下进入长江大学就读;河北考生王某的身份信息遭他人盗用,“假王某”毕业于安阳工学院……在这些冒名顶替案件中,受害人的遭遇极为相似:在县级及以下区域生活学习,身份证件被伪造、录取通知书被挪用、相关证件无法办理,毕业和就业面临尴尬时才开始发现自己被冒名顶替。冒名顶替他人上大学不仅是侵犯他人姓名权的行为，更是侵犯身份权的行为，涉及伪造、变造身份证，伪造、变造、买卖国家机关公文、证件、印章罪。任何伪造、变造国家公文、证件、印章的行为，都会影响正常社会管理秩序，是刑法明确禁止的。姓名权是指自然人依法决定、使用和变更自己姓名并要求他人尊重自己姓名的权利，是自然人作为民事主体不可缺少的一项重要权利。姓名权的内容包括自我命名权、使用权、姓名变更权，以及禁止他人侵犯自己姓名权的权利。自然人的姓名权受法律保护，他人不得侵犯，任何滥用、假冒、干涉他人姓名的行为都是违法的。姓名权作为人身权的一种，与权利人的人格、名誉、尊严紧密相关，在侵权人假冒他人姓名进行非法行为时，往往给受害者造成精神上、财产上的损害。姓名权的主要内容有：(1)姓名的命名权，即自然人有权决定自己的姓名、别名、笔名、艺名等，任何人无权干涉；(2)姓名的使用权，即自然人有权独立使用自己的姓名；(3)姓名的变更权，即自然人有权变更自己的姓名。当前，侵犯姓名权的主要方式有：(1)干涉他人姓名权，如禁止他人改名等；(2)盗用他人的姓名，指未经他人同意或授权，擅自以他人的名义实施有害于他人和社会的行为；(3)假冒他人姓名，指冒充他人名义进行活动。凡遇此类情况均可诉诸法律。

受教育权被侵害的后果非常严重，它往往会改变被侵权人的整个人生轨迹。现代侵权责任理论认为，任何人都不能因侵权获利，对于侵权赔偿可遵循两个原则：一是将侵权获得的全部利益赔偿给受害人，二是赔偿受害人因被侵权遭受的全部损失，两者都无法确定的时候，由人民法院根据实际情况确定赔偿数额。目前，我国关于受教育权被侵害如何赔偿还没有具体规定，建议尽快立法，规定采取极严厉的惩罚性赔偿标准，如可规定赔偿限额为100万元甚至更高。在民事司法上，法官应充分考虑此类案件受害人被侵害的严重程度，尤其是在精神损害赔偿上，对于那些严重损及他人职业选择、人生安排的案件，可以判付高额的精神损害赔偿金。

【相关法律条文】

《民法典》第1012条 自然人享有姓名权，有权依法决定、使用、变更或者许可他人使用自己的姓名，但是不得违背公序良俗。

《民法典》第1014条 任何组织或者个人不得以干涉、盗用、假冒等方式侵害他人的姓名权或者名称权。

《民法典》第 1017 条 具有一定社会知名度，被他人使用足以造成公众混淆的笔名、艺名、网名、译名、字号、姓名和名称的简称等，参照适用姓名权和名称权保护的有关规定。

《刑法》第 280 条第 1 款 伪造、变造、买卖或者盗窃、抢夺、毁灭国家机关的公文、证件、印章的，处三年以下有期徒刑、拘役、管制或者剥夺政治权利，并处罚金；情节严重的，处三年以上十年以下有期徒刑，并处罚金。

8. 肖像权

【漫画】

【事例】

我的肖像我做主

一妇女在北戴河游泳时，某公司摄影师未经同意拍了她的游泳照，并制成大幅图片印入挂历销售。该妇女诉诸法律。后经法院判决，该公司向该妇女道歉并赔偿。但是，如果某单位为表扬先进事迹进行新闻报道，未经本人同意将照片公开，则不构成侵犯其肖像权。

【专家提示】

肖像是指通过影像、雕塑、绘画等方式在一定载体上所反映的特定自然人可以被识别的外部形象。自然人对通过摄影、绘画、雕塑等方式在客观上再现自己形象所享有的专有权，它属于《民法典》保护的人身权的范畴。肖像权的特点是，法律保护肖像权主体自身外部的可以被识别的表现形象。其主要内容有：一是形象再现权，即自然人享有通过造型艺术或其他形式来再现自己形象的专用权，通常表现为制作肖像的决定权和实施权。二是肖像使用权，自然人享有对其肖像是否允许传播、展览、复制、用做广告或商标的专用权，未经本人同意他人不得使用本人的肖像。本次《民法典》最大的修改，即不再要求将"以营利为目的"作为认定侵权的构成要件，彰显了对肖像权更大的保护。

【相关法律条文】

《民法典》第1018条 自然人享有肖像权，有权依法制作、使用、公开或者许可他人使用自己的肖像。

肖像是通过影像、雕塑、绘画等方式在一定载体上所反映的特定自然人可以被识别的外部形象。

《民法典》第1019条 任何组织或者个人不得以丑化、污损，或者利用信息技术手段伪造等方式侵害他人的肖像权。未经肖像权人同意，不得制作、使用、公开肖像权人的肖像，但是法律另有规定的除外。

未经肖像权人同意，肖像作品权利人不得以发表、复制、发行、出租、展览等方式使用或者公开肖像权人的肖像。

《民法典》第1022条 当事人对肖像许可使用期限没有约定或者约定不明确的，任何一方当事人可以随时解除肖像许可使用合同，但是应当在合理期限之前通知对方。

当事人对肖像许可使用期限有明确约定，肖像权人有正当理由的，可以解除肖像许可使用合同，但是应当在合理期限之前通知对方。因解除合同造成对方损失的，除不可归责于肖像权人的事由外，应当赔偿损失。

9. 名誉权

【漫画】

【事例】

网络不是法外之地　名誉受侵可诉诸法律

原告张某是一名漂亮女孩，网名“红颜静”，主持管理了e龙网站社区站点里的一个文学版块。被告俞某以“大跃进”为网名，在e龙网站上网活动。一天张某打开电脑，发现刚刚还在一起玩的俞某以“大跃进”的网名在公开版块上发出侮辱她的帖子，称“红颜静”是网上的“交际花”，以及一些不堪入目的言语，内容极为低下。张某当即回帖要求对方不要乱写。在此后的几个月时间里，“大跃进”毫无收敛之心，在“西祠胡同”网站的“交叉线”等公开版块发表了大量的帖子，侮辱“红颜静”。同时“大跃进”还以另一网名“华容道”的名义发帖，对“红颜静”进行侮辱和诽谤。法庭查证被告的身份和行为属实，经过合议认定，被告在明知对方网名和真实身份的前提下，在网站的公开版块发帖，对原告进行人格侮辱和诽谤，故侵权事实成立，判决被告向原告在“西祠胡同”网站上赔礼道歉，并赔偿其精神损害赔偿金 1000 元。

【专家提示】

名誉权是指自然人对自己的应有的社会评价所享有的不受他人侵害的权利，包括保护自己的社会良好评价或改善、改变不好评价的权利和维护名誉权不受侵害的权利。名誉是指一个自然人的品行、思想、道德、生活、作风等方面的社会评价，即社会对自然人价值的一般认识。自然人享有要求他人不得以任何行为来造成不公正的社会评价的权利，也要求他人不得以任何行为来破坏对本人的社会价值的认识的权利。名誉权是自然人的一项非常重要的权利，直接关系着其社会地位和人格尊严，良好的名誉不仅会受到公众的信赖和尊重，而且也是从事民事活动的有利条件。因此，自然人的名誉和尊严不容任何人侵害，一旦这些权利受到侵害，自然人有权请求法律的保护。

【相关法律条文】

《民法典》第 1024 条　民事主体享有名誉权。任何组织或者个人不得以侮辱、诽谤等方式侵害他人的名誉权。

名誉是对民事主体的品德、声望、才能、信用等的社会评价。

《民法典》第 1028 条　民事主体有证据证明报刊、网络等媒体报道的内容失实，侵害其名誉权的，有权请求该媒体及时采取更正或者删除等必要措施

《民法典》第 1029 条　民事主体可以依法查询自己的信用评价；发现信用评价不当的，有权提出异议并请求采取更正、删除等必要措施。信用评价人应当及时核查，经核查属实的，应当及时采取必要措施。

《民法典》第 1030 条　民事主体与征信机构等信用信息处理者之间的关系，适用本编有关个人信息保护的规定和其他法律、行政法规的有关规定。

《宪法》第 38 条　中华人民共和国公民的人格尊严不受侵犯。禁止用任何方法对公民进行侮辱、诽谤和诬告陷害。

10. 荣誉权

【漫画】

【事例】

同样是荣誉　价值有不同

贾某作为应届毕业生参加了当年的高考，毕业前他曾获市教育委员会（以下简称市教委）授予的市级“优秀学生干部”称号，按有关规定，他可享受加分提档奖励。而某市教委有关人员在办理过程中，把贾某“学生登记表”中优秀学生干部改成了“三好学生”，并加盖了市教委的印章，而“三好学生”是不加分提档的，结果贾某以2分之差失去了他所期望的上一所重点大学的机会。进入普通高校的贾某与其家人的身心因此都受到重创。贾某母亲曾多次找到市教委及有关部门希望寻求解决，均未得到满意答复。随后他们将某市教委告上法庭。法院经审理判决认为，某市教委的工作人员因过错行为，致使贾某在报考某理工大学的录取中未能享受到市级“优秀学生干部”降10分投档的待遇，丧失了可能被录取的期待权，对贾某造成了经济和精神损失，构成了荣誉权的侵犯，判决市教委以书面形式向贾某赔礼道歉，并在其高考档案中作出书面更正；赔偿贾某经济损失11,733元，精神损失费3万元。

【专家提示】

荣誉权是指民事主体享有获得各种物质奖励和荣誉称号，并享有维护其荣誉不受非法侵害的权利。荣誉权的内容包括荣誉保持权、精神利益支配权、物质利益获得权、物质利益支配权、荣誉获得权。荣誉，是民事主体在生产劳动和各项工作中成绩卓著所受到的表扬、奖励，如获得发明奖、自然科学奖、劳动模范、先进集体等。这是一种正式的积极的社会评价，是社会对民事主体的一种奖励，它是社会组织依据一定的程序，对在某方面有突出表现或贡献的特定民事主体所给予的证明评价。荣誉的内容带有专门性，荣誉授予、撤销、剥夺的形式必须遵循一定的程序，荣誉所包含的利益，既包括物质利益，又包括精神利益。民事主体的荣誉权一旦受到侵害，可以请求侵权人公开赔礼道歉和消除因侵权造成的不良影响，也可以请求侵权人赔偿损失，如果侵权人对民事主体的请求置之不理，可以诉诸法律，要求人民法院强制侵权人立即停止侵权行为、消除影响、恢复名誉、赔礼道歉，并可以要求损害赔偿。

【相关法律条文】

《民法典》第1031条　民事主体享有荣誉权。任何组织或者个人不得非法剥夺他人的荣誉称号，不得诋毁、贬损他人的荣誉。

获得的荣誉称号应当记载而没有记载的，民事主体可以请求记载；获得的荣誉称号记载错误的，民事主体可以请求更正。

11. 隐私权

【事例】

身体部位有隐私　用于教学真气愤

22 岁未婚先孕的阿静在男友陪同下来到某医科大学第一附属医院做人工流产，在妇产科医生孙某的安排下，阿静按要求做好准备，躺在检查床上等待检查。这时，医生叫进了 20 多名身穿白大褂的男女围在床前，阿静非常紧张，要求医生让他们出去。医生说，没关系，他们都是实习生。医生让阿静躺好，一边触摸阿静的身体，一边向实习生介绍各部位名称、症状等，检查讲解过程五六分钟。事后，气愤难平的阿静和男友经咨询律师，决定用法律手段维护自己的合法权益，便向法院提起诉讼，状告当事医生及医学院侵犯其隐私权，要求给予精神损害赔偿。这一事件在全国医学界和法学界引起了极大的争议。医学界认为，作为教学和实习医院，这种做法很正常，谈不上侵犯隐私权，不然，怎样完成培养医学院学生的任务。按照惯例，一般都不提前给患者打招呼，如征求患者意见，患者肯定不同意，再说几十年来各医院都是这么做的，也没有法规和文件规定不能这样做。

【专家提示】

隐私权是自然人保护其隐私的权利，它要求任何组织和个人非经合法程序和途径都不得知晓、不得擅自宣扬和泄露他人隐私。自然人不愿向社会公开的过去或现在的纯属个人的情况，如多次失恋、被罪犯强奸、患有某种疾病等，不得进行收集或公开；自然人的其他纯属私人内容的个人数据，不得非法加以搜集、传播、处理和利用。但是，如果患者的隐私权危害公共安全时，隐私权必须服从公共安全（如按规定，患者患了传染性性病，医师必须将其上报卫生防疫部门等情况）。而当隐私权与生命健康权发生矛盾时，生命健康权应该优先于隐私权，也就是说，当一种危害必然发生时，当事人可以选择较小的危害避免更大的危害。案例中医院的做法严重侵害了患者的人格尊严和隐私权。人的特殊私密部位有权利不让他人观看、探究或拍摄。医生检查患者身体原则上不构成侵犯隐私权，因为患者去医院看病，接受相应的检查甚至很多专家会诊有时是必须的。但上述案例的关键是接诊或主管医生未经患者明确同意，将患者的私密部位让他人进行观看并与之讲解，这是不能允许的。

【相关法律条文】

《民法典》第1032条　自然人享有隐私权。任何组织或者个人不得以刺探、侵扰、泄露、公开等方式侵害他人的隐私权。

隐私是自然人的私人生活安宁和不愿为他人知晓的私密空间、私密活动、私密信息。

《民法典》第1033条　除法律另有规定或者权利人明确同意外，任何组织或者个人不得实施下列行为：

（一）以电话、短信、即时通讯工具、电子邮件、传单等方式侵扰他人的私人生活安宁；

（二）进入、拍摄、窥视他人的住宅、宾馆房间等私密空间；

（三）拍摄、窥视、窃听、公开他人的私密活动；

（四）拍摄、窥视他人身体的私密部位；

（五）处理他人的私密信息；

（六）以其他方式侵害他人的隐私权。

《刑事诉讼法》第111条第3款　公安机关、人民检察院或者人民法院应当保障报案人、控告人、举报人及其近亲属的安全。报案人、控告人、举报人如果不愿公开自己的姓名和报案、控告、举报的行为，应当为他保守秘密。

12. 个人信息保护

【事例】

滥用人脸识别　侵犯个人信息

2019年10月底，郭某以消费者名义将某野生动物世界告上法庭，起因是该野生动物世界在没有协商、征得他同意的情况下，以短信的方式通知他“园区年卡系统已经升级为人脸识别系统入园，原来的指纹识别系统已经取消，如果不进行人脸识别注册将无法正常入园”。接到短信后，郭某专门到该野生动物世界进行核实，园方明确向他表示，“如果不进行人脸识别注册就无法入园，园方也不会为购买年卡的消费者办理退卡、退费手续。”而作为该野生动物世界的年卡消费者，郭某所购年卡期限为2019年4月至2020年4月26日，价值1360元，按照购卡时的规定，他可以在有效期限内通过验证年卡及指纹入园，游玩次数不限。

对此，郭某认为，“人脸识别系统收集他的面部特征等个人生物识别信息，这一类信息属于个人敏感信息，如果泄露、非法提供或者滥用，将很有可能危害自己的人身和财产安全”，并向该市区人民法院提起诉讼，状告某野生动物世界未经同意，就通过升级年卡系统强制收集个人生物识别信息，严重违反了相关规定，并且损害了自己的合法权益。而某野生动物世界则认为，“使用人脸识别系统入园的目的在于方便消费者快速入园，目前园方也给出了折中方案，即‘不必注册人脸信息，刷年卡也可以入园’，但由于指纹识别系统已停用，消费者每次入园须到年卡中心核实身份，证明是本人使用。”

该案成为国内“人脸识别第一案”，并经过一审、二审审理。一审判决某野生动物世界删除郭某办理年卡时提交的包括照片在内的面部特征信息，赔偿郭某合同利益损失及交通费共计1038元，驳回郭某提出的确认店堂告示、短信通知中相关内容无效等其他诉讼请求。二审认为，鉴于某野生动物世界已经停止使用指纹识别闸机，致使原约定的入园服务方式无法实现，亦应当删除郭某的指纹识别信息，据此，二审在原判决的基础上增判某野生动物世界删除郭某办理指纹年卡时提交的指纹识别信息。

【专家提示】

该国内“人脸识别第一案”，表明了公民越来越重视隐私和个人信息的保护。信息化时代，人脸识别技术确实为生产、生活带来了更多的便利和效益，在用户自愿的情况下，如在线支付、业务办理、安检等，甚至是游戏、社交等场景中，相关技术的应用也的确大大提升了效率。即便是该野生动物世界放弃人脸识别方式，但依旧会出现技术需求的革新。随着科技的不断发展，技术与伦理之间该如何平衡，也必将成为研发、企业和用户需慎重考虑的事情。伴随着互联网的高速发展及物联网、工业互联网、云计算、大数据等新兴领域和新兴技术的快速崛起，数据安全不仅面临数据窃取、篡改与伪造等传统威胁，同时也存在日益增多的数据滥用、个人信息与隐私泄露等新问题。科技的发展是一把双刃剑，如何做到科技“不作恶”，社会关注的是“向善、向好”地利用科技。因此，《民法典》规定：“个人信息中的私密信息，适用有关隐私权的规定；没有规定的，适用有关个人信息保护的规定。”已经通过并于2021年9月1日起施行的《数据安全法》，明确了数据安全制度建设内容——建立数据分类分级保护制度，建立数据安全审查、风险评估、监测预警机制、应急处置机制等制度。同时，其明确了重要数据的处理者、关键信息基础设施的运营者、数据交易中介服务机构、组织及个人等各方参与者在数据安全保护中应履行的义务，以及政务数据的安全与开放，特别是明确了数据安全方面相应的法律责任，使得在数据安全方面监管真正做到了有法可依。此外，2021年11月1日施行的《个人信息保护法》也对个人信息保护的范围、职责、义务，以及相应的法律责任等进行了更加详细、明确的规定。

【相关法律条文】

《民法典》第111条 自然人的个人信息受法律保护。任何组织或者个人需要获取他人个人信息的，应当依法取得并确保信息安全，不得非法收集、使用、加工、传输他人个人信息，不得非法买卖、提供或者公开他人个人信息。

《民法典》第1034条 自然人的个人信息受法律保护。

个人信息是以电子或者其他方式记录的能够单独或者与其他信息结合识别特定自然人的各种信息，包括自然人的姓名、出生日期、身份证件号码、生物识别信息、住址、电话号码、电子邮箱、健康信息、行踪信息等。

个人信息中的私密信息，适用有关隐私权的规定；没有规定的，适用有关个人信息保护的规定。

《民法典》第1037条 自然人可以依法向信息处理者查阅或者复制其个人信息；发现信息有错误的，有权提出异议并请求及时采取更正等必要措施。

自然人发现信息处理者违反法律、行政法规的规定或者双方的约定处理其个人信息的，有权请求信息处理者及时删除。

《民法典》第1038条 信息处理者不得泄露或者篡改其收集、存储的个人信息；未经自然人同意，不得向他人非法提供其个人信息，但是经过加工无法识别特定个人且不能复原的除外。

信息处理者应当采取技术措施和其他必要措施，确保其收集、存储的个人信息安全，防止信息泄露、篡改、丢失；发生或者可能发生个人信息泄露、篡改、丢失的，应当及时采取补救措施，按照规定告知自然人并向有关主管部门报告。

第二章

财产权利

《民法典》圆桌讨论会主题

财产权包括物权，物权是指权利人依法对特定事务享有直接支配的权利，包括所有权、用益物权和担保物权。财产权是指以财产利益为内容，直接体现财产利益的民事权利。财产权既包括物权、债权、继承权，也包括知识产权中的财产权利。产权得到平等有力的保护，必将为社会发展增添动力，也赋予民众更多信心。有恒产者更有恒心，保护财产权就是保障民生。财产权利规则的创设和完善，构成人民群众民生保障的法律基石。

主持人：金琴云　浙江力汇律师事务所主任

参与讨论的法务专家：林　玲　浙江力汇律师事务所律师

张　勤　浙江力汇律师事务所律师

周　丹　浙江力汇律师事务所律师

金琴云：《民法典》物权编首次明确“平等保护私人物权”，虽是此次物权编修改中看似细小的一处，却是对中国40年改革成果的法律确认，也体现了中国人财富观念质的飞跃，有助于强化保护公民财产权利。请大家对涉及财产权利问题发表看法和观点。

林　玲：是的，财产权是人民群众获得美好幸福生活的物质保障，保护财产权就是保障民生。《民法典》在《物权法》和《合同法》等的基础上，采用完善既有规则或增设全新规则的方式实现保障民生的目的。在财产权客体方面,《民法典》适应大数据的发展,将网络虚拟财产等纳入财产保护的范围。《民法典》明确了住宅建设用地使用权自动续期规则,从而建立了财产权保护的长效机制。《民法典》通过完善征收征用、禁止非法限制个人行为自由等制度,防止公权力对私权的不当侵害,使每个人生活在安全的环境中、享受安宁的生活。《民法典》针对业主大会成立难、表决难,以及维修基金使用难的问题,完善了相关制度。

张　勤:《民法典》合同编为实现人民群众居住的需求,注重维持租赁合同的稳定性,完善了承租人优先购买权,新增加承租人的优先承租权,有利于规范租赁市场秩序、保障承租人的居住利益。《民法典》采用租购并举的体系,并辅之以居住权制度,为保障人民群众的居住需求提供了多层次的制度供给。《民法典》增设的居住权制度,对于解决非继承人的居住问题、离婚后需要经济帮助的一方的居住问题等具有重要的现实意义,为实现全体人民"住有所居"提供了法律支撑。

周　丹:为适应农村土地改革的需要,《民法典》完善了土地经营权制度并与土地"三权"分置相衔接。《民法典》规定了土地经营权以约定的方式设立,尊重当事人的意思自治,并明确了土地经营权变动的生效和登记规则,使其融入现有的物权变动规则之内。《民法典》同时明确了土地经营权的权利内容,即在约定期限内占有农村土地,自主开展农业生产经营并获取收益。这些财产权利规则的创设和完善,构成人民群众民生保障的法律基石。

金琴云:概言之,在物权编中对物权的立法体现了七大亮点:一是新设添附制度。添附是指不同所有人的物结合在一起从而形成不可分离的物或者具有新物性质的物。《民法典》规定了加工、附合、混合三种添附形式,如物件加工、材料生产、房屋增建、房屋装修等(《民法典》第 322 条)。二是三权分置——增加规定了土地经营权,以适应"三权分置"后土地经营权入市的需要。《民法典》物权编增加土地经营权的规定,并删除耕地使用权不得抵押的规定(《民法典》第 331、334、399 条)。三是完善建筑物区分所有权制度。其适当降低业主共同决定事项的门槛,特别是使用建筑物及其附属设施维修资金的表决门槛,增加规定紧急情况下使用维修资金的特别程序(《民法典》第 278、281 条)。四是细化住宅建设用地使用权的自动续期规则。《民法典》规定了住宅建设用地使用权届满自动续期,有利于保护房屋产权人的合法权益。如继续使用该住宅用地需再签订合同、缴纳费用。是否缴纳费用、缴纳多少费用等等问题,《民法典》授权单行法律和行政法规以后规定(《民法典》第359条)。五是居住权入法实现物尽其用。为加快建立多主体供给、多渠道保障住房制度的要求,《民法典》增加规定"居住权"这一新型用益物权,明确居住权原则上无偿设立,居住权人有权按照合同约定或者遗嘱,经登记占有、使用他人的住宅,以满足其稳定的生活居住需要(《民法典》第二编第十四章)。六是走向动产质押和权利质押登记制度的统一。《民法典》删除了原《物权法》中动产质押和权利质押具体登记机构的内容,为今后建立统一的动产质押和权利质押登记制度留下空间(《民法典》第402、427条)。七是扩大担保合同的范围。为优化营商环境提供法治保障。《民法典》在原《物权法》规定的基础上,进一步完善了担保物权制度,明确融资租赁、保理、所有权保留等非典型担保合同的担保功能,增加规定担保合同包括抵押合同、质押合同和其他具有担保功能的合同(《民法典》第388条第1款)。

本章权利要目

13. 所有权(《民法典》第240、241、266-268条)
14. 建筑物区分所有权(《民法典》第271-273、287条)
15. 相邻权(《民法典》第288、293、296条)
16. 共有权(《民法典》第297-299、308、309条)
17. 土地承包经营权(《民法典》第331、332、334、335、339条)
18. 建设用地使用权(《民法典》第344、346、350、352条)
19. 宅基地使用权(《民法典》第362-364条)
20. 居住权(《民法典》第366、367、369、370条)
21. 地役权(《民法典》第373、374、381、382条)
22. 抵押权(《民法典》第394-396、407、419条)
23. 质权(《民法典》第425、427、428、440、441、444条)
24. 留置权(《民法典》第447、450-453条)
25. 占有权(《民法典》第458、459、461、462条)

13. 所有权

【漫画】

【事例】

出资者当拥有真正的所有权　擅自登记所有权为非法

某市水产公司欲购买两台桑塔纳轿车，向有关部门提出申请以后，一直未获得批准。该公司因办公急需轿车，便由该公司的办公室主任李某出面，以其个人名义以公款购买两台桑塔纳轿车，共花费35万元。该款全部由水产公司直接向该市汽车销售公司转账支付。在交付车辆后，水产公司将两辆车都以李某的名义办理了所有权登记。半年后，李某下海经商，将这两辆车带走，一辆留作自用，另一辆以10万元价格转让给张某并办理了所有权过户登记。在转让时，李某明确表示该车是个人购买的，并出示了有关权利凭证。本案李某并非二车的真正权利人，即车的所有权人不是李某，而是其单位，所以，李某应返还留作自用的那辆车；其次，所有权登记具有公信力，张某基于此而购买，是善意取得，法律应保护这种交易，所以转让是有效的，水产公司不能向张某主张返还车辆，而应追缴李某出让的车款。

【专家提示】

所有权是指所有权人依法对自己的财产享有占有、使用、收益和处分的权利。财产所有权是产权的核心和主要形式，其他形式的产权，都是由财产所有权派生的。所有权是一种最充分的权利，是一种绝对的权利。所有权包含三层含义：(1)使用权要明确；(2)收入的享受权要清晰；(3)转让权要自由。使用权不是指一定要我自己使用，而是说使用的决定权是我的。转让权，包括出租权在内。当你拥有了这几个权利，产权也就明晰了。

【相关法律条文】

《民法典》第240条　所有权人对自己的不动产或者动产，依法享有占有、使用、收益和处分的权利。

《民法典》第241条　所有权人有权在自己的不动产或者动产上设立用益物权和担保物权。用益物权人、担保物权人行使权利，不得损害所有权人的权益。

《民法典》第266条　私人对其合法的收入、房屋、生活用品、生产工具、原材料等不动产和动产享有所有权。

《民法典》第267条　私人的合法财产受法律保护，禁止任何组织或者个人侵占、哄抢、破坏。

《民法典》第268条　国家、集体和私人依法可以出资设立有限责任公司、股份有限公司或者其他企业。国家、集体和私人所有的不动产或者动产投到企业的，由出资人按照约定或者出资比例享有资产收益、重大决策以及选择经营管理者等权利并履行义务。

《宪法》第13条第2款　国家依照法律规定保护公民的私有财产权和继承权。

14. 建筑物区分所有权

【漫画】

【事例】

共权应同享　共权可区分

某城市一个高档住宅小区,2008 年 9 月,开发商申报时,市规划局以《建筑工程规划设计要点通知书》要求,其规划建筑应按机动车 0.2 车位/户,非机动车 2 车位/户配建停车库。小区建成后,3 幢楼下建有连片整体地下车库,共有 59 个机动车泊位。开发商在销售住宅时也承诺:小区配建地下车库供业主停车。但业主们入住后却发现,只有购买车位才能取得停车权。开发商以至少 8 万元的单价卖掉了其中的 37 个车位,其余车位则被小区物管公司以每月 250 元的租金租了出去。2009 年 6 月,该小区业主委员会向区人民法院起诉开发商,请求法院判决确认该小区地下停车库的占有、使用、收益、处分的权利归全体业主所有。法院判决:开发商将小区地下停车库移交给小区业主委员会管理,并由全体业主享有地下停车库的权益。

涉及具体业主,如:甲有一套三室的住房,和乙是邻居,甲在装修房屋时,请工人在和乙共用的墙壁上掏了一个高 2 米,宽 1.5 米的壁橱,乙不知情,后来乙在挪动家具时不小心碰到了这面共用的墙壁，没想到，墙壁竟然塌了，并砸伤了乙，经过仔细察看，是甲装修时把墙壁掏得过深了，只剩下很薄的一层，所以乙轻微碰撞就使墙塌了。于是，乙要求甲将墙壁恢复原状，并赔偿损失，而甲认为墙壁是他房子的一部分，他已经出钱买了房子，就有权掏墙壁，而且甲还说是因乙自己的碰撞导致墙壁塌的，后诉至法院。

【专家提示】

根据《民法典》第273条的规定，甲和乙的房屋毗连，共用一墙壁，此墙壁应该属于部分区分所有人的共有部分，双方对墙壁都享有一定的权利，但同时必须履行一定的义务，即在行使自己权利的同时，不得损害他人的合法权益。所以本案中，甲应当承担修复墙壁和赔偿乙的损害的责任。建筑物区分所有权人（业主），对建筑物内的住宅、经营性用房等专有部分享有所有权，对专有部分以外的共有部分享有共有和共同管理的权利。一般情况下，业主享有以下三个方面的权利：一是对专有部分享有的专有所有权；二是对共有部分的共有权；三是因共同关系所产生的成员权。成员权又称社员权，是指建筑物区分所有权人基于在一栋建筑物的构造、权利归属及使用上的不可分离的共同关系而产生的，作为建筑物的一个团体组织的成员而享有的权利与承担的义务。共有所有权是指建筑物所有人对建筑物共用部分所享有的占用、使用及收益的权利；其中，全体所有人的公用部分主要有电梯、楼梯、走廊、庭院、管道、屋顶、地下室等等，部分所有人的共用部分主要有各单元内的楼梯、各楼层之间的楼板、两套住宅之间的隔墙等。各共有人在分享权利时应当以共用部分的本来用途使用共用部分，并分担共同的费用和负担，不得擅自对共用部分进行修缮或拆除等。

【相关法律条文】

《民法典》第271条　业主对建筑物内的住宅、经营性用房等专有部分享有所有权，对专有部分以外的共有部分享有共有和共同管理的权利。

《民法典》第272条　业主对其建筑物专有部分享有占有、使用、收益和处分的权利。业主行使权利不得危及建筑物的安全，不得损害其他业主的合法权益。

《民法典》第273条　业主对建筑物专有部分以外的共有部分，享有权利，承担义务；不得以放弃权利为由不履行义务。

业主转让建筑物内的住宅、经营性用房，其对共有部分享有的共有和共同管理的权利一并转让。

《民法典》第 287 条　业主对建设单位、物业服务企业或者其他管理人以及其他业主侵害自己合法权益的行为，有权请求其承担民事责任。

15. 相邻权

【漫画】

【事例】

升高楼层影响邻里生活　相邻权受损者可起诉

位于某市人民西路的供水调度大楼，由原先的 5 层扩建至 13 层后，北面的棉花巷部分居民的室内采光、通风受到较大影响，并且由于 1—3 层出租后变作商用，噪音有所增加。居民多次向有关部门反映后，始终未能得到妥善解决，因而，37 户居民向法院起诉，要求被告供水调度大楼所有权单位停止侵害、排除妨碍、恢复原告采光权和通风权，或赔偿原告损失。人民法院受理此案并委托有关部门分别对各家在大寒日是否受到阳光照射进行测定。测量结果确定，10 户在“大寒日连续日照小于 2 小时”与供水调度大楼建设间存在因果关系，其中有 2 户的日照少于1小时,有8户的日照在1—2小时之间,其余当事人虽有连续日照小于2小时,但与供水调度大楼建设间不存在因果关系,或者与供水调度大楼建设间存在因果关系但连续日照大于2小时(已符合国家标准)等。因此,法院驳回了原告的诉讼请求;对于8户日照在1—2小时之间的经调解达成协议,按每平方米600多元的标准补偿;对于2户日照少于1小时的法院及时按每平方米约800元的补偿标准进行了判决。

【专家提示】

相邻权是指相互毗邻的不动产所有人或占有使用人之间,一方行使不动产的占有、使用、收益、处分权时,享有要求另一方提供便利或接受限制的权利。相邻权是所有权的延伸,它是基于不动产所有权产生的权利。相邻权的主要内容有:相邻土地使用权、用水排水权、土地通行权、防险权、环保权、通风采光权等。不动产相邻权利人应当按照有利生产、方便生活、团结互助、公平合理的原则处理相邻关系。

【相关法律条文】

《民法典》第288条 不动产的相邻权利人应当按照有利生产、方便生活、团结互助、公平合理的原则,正确处理相邻关系。

《民法典》第293条 建造建筑物,不得违反国家有关工程建设标准,不得妨碍相邻建筑物的通风、采光和日照。

《民法典》第296条 不动产权利人因用水、排水、通行、铺设管线等利用相邻不动产的,应当尽量避免对相邻的不动产权利人造成损害。

16. 共有权

【漫画】

【事例】

共有权受损可诉诸法律　应保护善意有偿取得者

梁某有三个儿子梁1、梁2与梁3。梁某去世时留下房屋一间,大儿子梁1为了独吞家产,趁两弟弟出差未归之际,托关系办了房产证,转移了房屋所有权,谎称该房屋是自己一个人所有的并将房屋卖与陈某。梁2、梁3回来后,见到自家的房屋已经住了别人,大为吃惊,问明情况后,两人便找陈某,要求他退还房屋。陈某认为自己买房履行了合法手续并办理了登记,人都住进来了,哪能退呢?依据民法的规定,在共同共有关系存续期间,部分共有人擅自处分共有财产的,应认定无效;但第三人善意有偿取得该财产的,应当维护第三人合法权益,对其他共有人的损失,由擅自处分共有财产的共有人赔偿。最后法院判决本案第三人陈某是"有偿"取得的财产,且陈某并不知道该房屋非梁1一人所有,故购买房屋的协议有效,陈某享有对房屋的所有权;但梁1托关系办房产证、偷卖房屋,是擅自处理共同共有的财产的行为,它损害了梁2、梁3的合法权益,应由梁1赔偿梁2、梁3所受损失。

【专家提示】

财产共有权是指两个以上的公民、法人对同一财产共同享有占有、使用、收益和处分的权利。处分共有的不动产或者动产，以及对共有的不动产或者动产作重大修缮的，应当经占份额2/3以上的按份共有人或者全体共同共有人同意，但共有人之间另有约定的除外。

【相关法律条文】

《民法典》第297条 不动产或者动产可以由两个以上组织、个人共有。共有包括按份共有和共同共有。

《民法典》第298条 按份共有人对共有的不动产或者动产按照其份额享有所有权。

《民法典》第299条 共同共有人对共有的不动产或者动产共同享有所有权。

《民法典》第308条 共有人对共有的不动产或者动产没有约定为按份共有或者共同共有，或者约定不明确的，除共有人具有家庭关系等外，视为按份共有。

《民法典》第309条 按份共有人对共有的不动产或者动产享有的份额，没有约定或者约定不明确的，按照出资额确定；不能确定出资额的，视为等额享有。

17. 土地承包经营权

【漫画】

【事例】

承包合同期不可单方更改 权益受损者可依法索赔

原告吴某等六人分别同其所在的某村委会签订了土地承包合同,约定将从该村宋庄组流转出来的130亩土地分别承包给六原告,并约定了各人承包地的亩数和四至范围,每人承包期为15年。后由于国家对土地政策的调整,农民种地的收入有所提高,于是宋庄组69户村民联合起来,以原告与村里签订的承包合同无效、该土地是其组里的为由,将六原告承包的土地重新丈量分到各户,六原告中有五人也各分到了1份,另一原告则实际耕种了7亩。69位被告的行为给原告造成了较大的经济损失,在协商未果后,六位原告将69户村民告上法庭,要求返还土地并赔偿损失6万元。法院审理后认为,六位原告与村里签订的土地承包合同并没有违反法律规定,是有效的。69户村民无视合同的效力,将流转出去已承包给六位原告的土地,又强行收回统一分配,侵犯了原告的土地承包经营权,并给原告造成了一定的经济损失,结合本案实际,可酌情赔偿4.5万元。原告要求被告返还承包土地、停止侵权并赔偿损失的诉讼请求成立。据此,法院作出判决:被告宋某、彭某等69户村民立即停止耕种原告承包的123亩土地,并连带赔偿原告吴某等六人经济损失4.5万元。

【专家提示】

土地承包经营权是指农村集体经济组织或农村承包经营户依照承包合同的规定,对集体所有的或者国家所有的由集体使用的森林、山岭、草原、荒地、滩涂、水面等资源享有的占有、使用和收益的权利。土地承包经营权人依法有权对其承包经营的耕地、林地、草地等占有、使用和收益。土地承包经营权人可以依照法律规定将土地承包经营权转包、出租、互换、转让等。征收承包期内的土地的,应当对土地承包经营权人给予合理补偿。解决土地承包经营权纠纷的正确处理方式为:首先由农村基层组织和承包合同管理部门调解处理,当事人对调解处理不服的可向人民法院起诉,人民法院应当依法受理。由于有些农村承包合同的履行受自然条件的制约,季节性很强,因此,人民法院对此类合同纠纷要及时立案,尽快审理,必要时可裁定先恢复生产,然后解决纠纷。

【相关法律条文】

《民法典》第 331 条　土地承包经营权人依法对其承包经营的耕地、林地、草地等享有占有、使用和收益的权利，有权从事种植业、林业、畜牧业等农业生产。

《民法典》第 332 条　耕地的承包期为三十年。草地的承包期为三十年至五十年。林地的承包期为三十年至七十年。

前款规定的承包期限届满，由土地承包经营权人依照农村土地承包的法律规定继续承包。

《民法典》第 334 条　土地承包经营权人依照法律规定，有权将土地承包经营权互换、转让。未经依法批准，不得将承包地用于非农建设。

《民法典》第 335 条　土地承包经营权互换、转让的，当事人可以向登记机构申请登记；未经登记，不得对抗善意第三人。

《民法典》第 339 条　土地承包经营权人可以自主决定依法采取出租、入股或者其他方式向他人流转土地经营权。

18. 建设用地使用权

【漫画】

【事例】

强行拆迁不可取　用益物权不可侵

一般人所拥有的住房的土地使用期限是70年。那么,70年后,我们的房子怎么办?这个问题已成为社会关注的焦点。针对这一问题,《民法典》第359条规定:“住宅建设用地使用权期限届满的,自动续期。续期费用的缴纳或者减免,依照法律、行政法规的规定办理。非住宅建设用地使用权期限届满后的续期,依照法律规定办理。该土地上的房屋以及其他不动产的归属,有约定的,按照约定;没有约定或者约定不明确的,依照法律、行政法规的规定办理。”《民法典》第360条规定:“建设用地使用权消灭的,出让人应当及时办理注销登记。登记机构应当收回权属证书。”但现实生活中,有些单位无视法律规定,当自己以出让方式获得建设用地使用权时,不但没有对土地上已经存在的房屋进行补偿,反而强行推倒别人的房屋,这是对已经设立的用益物权人的权利的侵害。

【专家提示】

国有建设用地使用权取得涉及占用集体所有土地,应当办理征收的,要先办理土地征收审批;涉及占用农用地的,须同时办理农用地转用审批。依法开展农用地和未利用地转用,要按规定缴纳新增建设用地土地有偿使用费。如果不按国家规定缴纳,则一律不能下发农用地转用和土地征收批准文件,否则以违法批地处理。建设用地使用权是指建设用地使用权人依法有权对国家所有的土地占有、使用和收益,在该土地上建造并经营建筑物、构筑物及其附属物。新设立的建设用地使用权,不得损害已经设立的用益物权人的权利。在我国,土地属于国家所有,但我们可以在一定期限内有偿使用。

【相关法律条文】

《民法典》第344条　建设用地使用权人依法对国家所有的土地享有占有、使用和收益的权利,有权利用该土地建造建筑物、构筑物及其附属设施。

《民法典》第346条　设立建设用地使用权,应当符合节约资源、保护生态环境的要求,遵守法律、行政法规关于土地用途的规定,不得损害已经设立的用益物权。

《民法典》第 350 条 建设用地使用权人应当合理利用土地,不得改变土地用途;需要改变土地用途的,应当依法经有关行政主管部门批准。

《民法典》第 352 条 建设用地使用权人建造的建筑物、构筑物及其附属设施的所有权属于建设用地使用权人,但是有相反证据证明的除外。

19. 宅基地使用权

【漫画】

【事例】

刘老汉从购买住宅之日起 就拥有了宅基地的使用权

刘老汉是濮阳县海通乡某村农民,在 1960 年回乡定居。因无房居住,通过中间人购买了本村某村民的两间房屋使用至今。因房屋年久失修,已无法居住。2004 年春天,刘老汉在侄子的资助下拆除老屋进行翻建,卖主的侄子以刘老汉只买了房屋没有买地皮为由阻止刘老汉建房,刘老汉只好在街上搭建帐篷艰难度日。当地乡政府为此作出处理决定,将宅基地使用权确定给了卖主的侄子,让卖主的侄子建房让刘老汉居住。这样的处理决定对刘老汉无疑是空中楼阁,无奈之下,刘老汉向濮阳县人民法院提起了行政诉讼,要求法院依法撤销乡政府的处理决定。法院针对刘老汉的特殊情况,当天通知被告应诉,同时确定了开庭时间,争取快审快结。濮阳县人民法院作出判决,认定刘老汉45年前买房事实存在,根据现行土地法律法规,刘老汉享有该宅基地的使用权,遂判决撤销了乡政府的处理决定。

【专家提示】

宅基地使用权是指宅基地使用权人享有对集体所有的土地占有和使用权,在该土地上建造住房及其附属设施等权利。同时,宅基地使用权人可以将建造的住房转让给本集体内符合宅基地使用权分配条件的村民;住房转让时,宅基地使用权一并转让。

【相关法律条文】

《民法典》第362条 宅基地使用权人依法对集体所有的土地享有占有和使用的权利,有权依法利用该土地建造住宅及其附属设施。

《民法典》第363条 宅基地使用权的取得、行使和转让,适用土地管理的法律和国家有关规定。

《民法典》第364条 宅基地因自然灾害等原因灭失的,宅基地使用权消灭。对失去宅基地的村民,应当依法重新分配宅基地。

《土地管理法》第62条第1、5款 农村村民一户只能拥有一处宅基地,其宅基地的面积不得超过省、自治区、直辖市规定的标准。

农村村民出卖、出租、赠与住宅后,再申请宅基地的,不予批准。

20. 居住权

【事例】

子女独立成年　是否享有居住权?

段某与王某某系母子关系,居住在位于东城区某胡同产权归信息产业部机关第一服务局所有的两间房屋。王某某就上述房屋与产权人签有租赁协议。1953年包括段某在内的王某某一家人迁至×号(×号共有两间房)。1989年段某结婚搬至本市东城区××桥其岳父家中居住,离婚后又于1997年回到×号西数第二间,即讼争之房居住。1999年夏至2000年夏,段某对外经营餐馆并居住其中。2002年3月段某与其女儿在讼争之房居住,段某并以该房经营小卖部,工商登记字号为“××食品店”。同年11月王某某及家人因与段某发生矛盾,将讼争之房锁住。段某称自己与王某某系母子关系,一直随其共同生活,因生活困难,经王某某同意后于2001年将讼争之房改建为小卖部。2002年12月3日王某某将房门上锁,致其无法居住经营。其母称,段某并未与之共同居住,其自1989年结婚后即搬出,1997年才搬回。法院经审理认为:段某户籍一直登记在讼争房屋所在的×号,其经王某某同意后自1997年搬回诉争之房,此后长期在内居住生活,并进行个体经营,与王某某即房屋承租人形成了共居关系,对该房应享有合法的居住权。据此判决:段某对本市东城区某胡同×号王某某承租的×号西数第二间享有合法居住权。判决后王某某不服,以段某已成年,一度在外租房居住,且段某在涉讼房屋居住时打架生事影响了其晚年正常生活为由提起上诉,诉求撤销原判。

二审法院经审理确认:王某某除段某之外,另有两子,且均已成年,户口亦登记在×号,其中第三子婚后一度在岳父母家居住,现因妻弟结婚无法继续在岳父母家居住,向王某某要求搬回讼争之房居住,并在此过程中与段某发生矛盾。二审法院经审理认为:确认居住权应全面考虑当事人的年龄、劳动能力及家庭成员情况等,且公民在成年并具备劳动能力后应当自立生存。本案中段某虽曾作为共居人随其母王某某在×号两间房屋内连续居住6年左右,但其自1989年结婚后一度搬离讼争之房在外居住达8年之久,且其自1997年搬回居住后,又曾在外居住1年左右,其与王某某之间的共居关系一度中止。本案审理期间,段某亦在外租房居住。此外,段某作为成年男子并具备劳动能力,不应长期依赖父母生活,其应依靠自己的诚实劳动自立生活。原审法院仅依据段某户籍一直登记在诉争之房,及1997年后一度在诉争之房中居住、生活并进行个体经营等情况,未全面考虑本案的事实,即确认段某对诉争之房有合法居住权不妥,应予改判。据此,法院依照《民事诉讼法》第153条第1款第3项之规定,判决:撤销原判;驳回段某要求确认对北京市东城区某胡同×号第二间房享有居住权的诉讼请求。

【专家提示】

《民法典》规定"居住权"这一新型用益物权，明确居住权原则上无偿设立，居住权人有权按照合同约定或者遗嘱，经登记占有、使用他人的住宅，以满足其稳定的生活居住需要。居住权就是特定人因居住而使用他人房屋的权利。居住权的取得可分别采取以下方式：一是通过合同设定居住权。合同双方当事人应到相应登记机关进行登记，并以登记为生效要件。此种情形多发生于家庭内部，也即配偶之间或者直系亲属间。二是通过遗嘱设定居住权。此种情形下，居住权在立遗嘱人死亡时生效。三是通过法律规定直接设定居住权。例如，法律可以直接规定未成年子女对父母的房屋享有居住权，父母作为监护人对于未成年子女的房屋享有居住权。四是依取得时效取得居住权。居住权的消灭，则可做如下考量：一是作为居住权标的物的房屋灭失；二是房屋的所有权人和居住权人混同为一人；三是依消灭时效，即居住权因居住权人 20 年不行使而消灭；四是居住权人放弃权利；五是居住权人滥用居住权，如居住权人不当使用房屋，擅自改变房屋的结构、用途等；六是父母、子女的法定居住权，因子女的成年而消灭。

本案的争议焦点是：段某作为王某某的成年且具备劳动能力的儿子，一度与王某某在讼争之房中共同居住生活，其对王某某承租的房屋是否享有居住权。这是一个法律判断问题。正确判断这一问题的关键，是对居住权这一法律概念有一个正确的理解与把握。本案中段某作为王某某的子女，他对母亲王某某承租的房屋拥有法定居住权，但这种法定居住权因段某的成年而消灭。二审判决所得结果符合社会正义，合于现代民主法制之精神。但由于我国民事法律之前尚未对"居住权"予以确认，当时最高人民法院亦无"居住权纠纷"这一案由，因此审判实践中，这类纠纷均以"所有权及与所有权相关权利纠纷"冠之。这种归类方法，亦表明目前的审判实践是把"居住权"视为与所有权（物权之一种）相关之权利的。本案二审处理的缺憾是，未能在法无明文规定的情形下，直接适用原则性条文以补充法律具体规定之不足。二审判决事实上没有引用法律条文。此案判决时，我国的《民法典》尚未出台，《民法通则》失之简略。我国经济转轨过程中出现的许多新类型案件在现行法上往往找不到具体的明文规定。而私法领域的重要原则之一，是法官在法无明文的情况下不得拒绝裁判。这就要求法官对现行法中的原则性条文有深刻理解和把握，并且能够熟练运用法律解释学方法弹性解释法律，将各种案件纳入法律规范范围，并作出合理、妥当的判决。以保护当事人合法权益，维持私法领域的法律秩序,实践民法基本精神,维护社会公平正义。

【相关法律条文】

《民法典》第 366 条 居住权人有权按照合同约定,对他人的住宅享有占有、使用的用益物权,以满足生活居住的需要。

《民法典》第 367 条 设立居住权,当事人应当采用书面形式订立居住权合同。

居住权合同一般包括下列条款:

(一)当事人的姓名或者名称和住所;

(二)住宅的位置;

(三)居住的条件和要求;

(四)居住权期限;

(五)解决争议的方法。

《民法典》第 369 条 居住权不得转让、继承。设立居住权的住宅不得出租,但是当事人另有约定的除外。

《民法典》第 370 条 居住权期限届满或者居住权人死亡的,居住权消灭。居住权消灭的,应当及时办理注销登记。

21. 地役权

【事例】

地役权未登记的效力

甲为了能在自己的房子里欣赏远处的风景,便与相邻的乙约定:乙不在自己的土地上从事高层建筑;作为补偿,甲每年支付给乙 4000 元。两年后,乙将该土地使用权转让给丙。丙在该土地上建了一座高楼,与甲发生了纠纷。对此纠纷,甲对该土地不享有地役权。这就说明,地役权自地役权合同生效时设立,当事人要求登记的,可以向登记机关申请地役权登记,不登记,不得对抗善意第三人。

【专家提示】

地役权是物权中用益物权的一种。通俗地说,比如从你家要走到公路上,一般要绕个弯比较远,但是,如果你从邻居家的菜地开一条路,那就很近了。你就跟邻居约定:“我在你家菜地开一条道,我给你 10 万元,我用 10 年时间。”这样你就享有在这个菜地上开路的权利,使用这条道路。但是,这个菜地不是你家的。地役权是指因通行、取水、排水等需要,通过签订合同,利用他人的不动产,以提高自己不动产效益的权利,它属于用益物权的一种。例如,甲工厂原有东门可以出入,后想开西门,借用乙工厂的道路通行,甲工厂与乙工厂约定,甲工厂向乙工厂适当支付使用费,乙工厂允许甲工厂的人员通行,这时甲工厂即取得了“地役权”。

【相关法律条文】

《民法典》第 373 条 设立地役权,当事人应当采用书面形式订立地役权合同。

地役权合同一般包括下列条款:

(一)当事人的姓名或者名称和住所;

(二)供役地和需役地的位置;

(三)利用目的和方法;

(四)地役权期限;

(五)费用及其支付方式;

(六)解决争议的方法。

《民法典》第 374 条 地役权自地役权合同生效时设立。当事人要求登记的,可以向登记机构申请地役权登记;未经登记,不得对抗善意第三人。

《民法典》第 381 条 地役权不得单独抵押。土地经营权、建设用地使用权等抵押的,在实现抵押权时,地役权一并转让。

《民法典》第 382 条 需役地以及需役地上的土地承包经营权、建设用地使用权等部分转让时,转让部分涉及地役权的,受让人同时享有地役权。

22. 抵押权

【事例】

抵押权的范围

李某向张某借款10万元，以自己已经投保的汽车做担保。后来用于担保的汽车被盗，李某获得保险金12万元。张某主张取得抵押物汽车的12万元保险赔偿金的抵押权，李某拒绝，张某该怎么办？张某有权就10万元向李某主张对抵押物保险赔偿金的抵押权。因为，“赔偿金”不仅包括造成抵押物毁损、灭失的责任人赔偿的赔偿金，还包括保险公司理赔的保险金。抵押权人的利益仅局限于主债权的范围，超过主债权的赔偿金仍归抵押人所有，不足主债权的部分，由抵押人补足。

【专家提示】

抵押权是指债权人在债务人不履行债务时，可以依法对债务人和第三人提供的抵押财产折价或者拍卖、变卖抵押财产的价款享有优先受偿的权利。抵押权产生于抵押协议。抵押人和抵押权人应当以书面形式订立抵押合同，以动产抵押的，抵押权自抵押合同生效时设立，未经登记，不得对抗善意第三人。抵押权的内容主要包括变价处分权和优先受偿权。这里提供抵押财产的债务人或第三人为抵押人，债权人为抵押权人，提供担保的财物为抵押物。

【相关法律条文】

《民法典》第394条　为担保债务的履行，债务人或者第三人不转移财产的占有，将该财产抵押给债权人的，债务人不履行到期债务或者发生当事人约定的实现抵押权的情形，债权人有权就该财产优先受偿。

前款规定的债务人或者第三人为抵押人，债权人为抵押权人，提供担保的财产为抵押财产。

《民法典》第395条　债务人或者第三人有权处分的下列财产可以抵押：

（一）建筑物和其他土地附着物；

（二）建设用地使用权；

（三）海域使用权；

（四）生产设备、原材料、半成品、产品；

（五）正在建造的建筑物、船舶、航空器；

（六）交通运输工具；

（七）法律、行政法规未禁止抵押的其他财产。

抵押人可以将前款所列财产一并抵押。

《民法典》第 396 条 企业、个体工商户、农业生产经营者可以将现有的以及将有的生产设备、原材料、半成品、产品抵押，债务人不履行到期债务或者发生当事人约定的实现抵押权的情形，债权人有权就抵押财产确定时的动产优先受偿。

《民法典》第 407 条 抵押权不得与债权分离而单独转让或者作为其他债权的担保。债权转让的，担保该债权的抵押权一并转让，但是法律另有规定或者当事人另有约定的除外。

《民法典》第 419 条 抵押权人应当在主债权诉讼时效期间行使抵押权；未行使的，人民法院不予保护。

23. 质权

【漫画】

【事例】

质押合同的效力认定

刘某与傅某系朋友关系。1999年3月8日,傅某与永新工行签订一份1.5万元借款合同,借款期限为1999年3月8日至2000年3月7日。同日,刘某以储存在永新工行的3.5万元3年定期存款单作为傅某借款的质押担保;刘某与永新工行签订了权利质押合同,合同约定刘某质押担保的债权为1.5万元贷款;刘某在存单背面签署“同意借给傅某作抵押贷款”字样后将存款单交给了永新工行,并向永新工行提供了一份身份证复印件。1999年3月23日,傅某又向永新工行借款2万元,期限为一年,同时偿还了3月8日借款本金1.5万元及利息,仍以刘某3.5万元存款单作质押担保,并由傅某以刘某名义与永新工行签订质押合同。后傅某再次向永新工行借款2.8万元。傅某后两次借款,刘某均不知情。最终因傅某未按期还款,永新工行遂提前支取刘某的3.5万元定期存款单的32391.10元清偿傅某所欠借款本息。刘某得知后,要求永新工行归还该3.5万元存款及利息,未果而向法院提起诉讼。法院审理认为:永新工行和刘某于1999年3月8日在自愿、平等基础上签订的权利质押合同系双方真实意思表示,合法有效。傅某以刘某名义与永新工行在以后订立的两份质押合同,未经刘某的同意或授权,属无权代理行为,且该行为严重损害了刘某的合法权益;而永新工行明知刘某不在场且傅某未被授权的情况下,仍然同意傅某以刘某的名义与其订立质押合同,其行为亦损害了刘某的合法权益。因此,该两份质押合同应属无效。于是法院判决永新工行于判决生效后3日内返还刘某存款本金35,000元及其同期银行定期存款利息,被告傅某承担连带清偿责任。

【专家提示】

质权是指债务人或第三人将其动产或权利凭证移交债权人占有,债务人不履行债务时,债权人有依法以该财产折价或者以拍卖、变卖该动产的价款而优先受偿的权利。质权,亦称质押,为了担保债权的履行,债务人或第三人将其动产或权利移交债权人占有,当债务人不履行债务时,债权人有就其占有的财产优先受偿的权利。通常“质权”是为担保债权的履行而设定的,它是从属于主债权的担保物权。质权是一种动产物权，对不动产不能设定质权。质押合同为要式合同，即质押合同自质物移交于质权人占有时生效。质押合同应当包括六项内容：(1)被担保的主债权种类、数额；(2)债务人履行债务的期限；(3)质物的名称、数量、质量、状况；(4)质押担保的范围；(5)质物移交的时间；(6)当事人认为需要约定的其他事项。

【相关法律条文】

《民法典》第425条 为担保债务的履行，债务人或者第三人将其动产出质给债权人占有的，债务人不履行到期债务或者发生当事人约定的实现质权的情形，债权人有权就该动产优先受偿。

前款规定的债务人或者第三人为出质人，债权人为质权人，交付的动产为质押财产。

《民法典》第427条 设立质权，当事人应当采用书面形式订立质押合同。

质押合同一般包括下列条款：

(一)被担保债权的种类和数额；

(二)债务人履行债务的期限；

(三)质押财产的名称、数量等情况；

(四)担保的范围；

(五)质押财产交付的时间、方式。

《民法典》第428条 质权人在债务履行期限届满前，与出质人约定债务人不履行到期债务时质押财产归债权人所有的，只能依法就质押财产优先受偿。

《民法典》第440条 债务人或者第三人有权处分的下列权利可以出质：

(一)汇票、本票、支票；

(二)债券、存款单；

(三)仓单、提单；

(四)可以转让的基金份额、股权；

(五)可以转让的注册商标专用权、专利权、著作权等知识产权中的财产权；

(六)现有的以及将有的应收账款；

(七)法律、行政法规规定可以出质的其他财产权利。

《民法典》第441条 以汇票、本票、支票、债券、存款单、仓单、提单出质的，质权自权利凭证交付质权人时设立；没有权利凭证的，质权自办理出质登记时设立。法律另有规定的，依照其规定。

《民法典》第 444 条　以注册商标专用权、专利权、著作权等知识产权中的财产权出质的，质权自办理出质登记时设立。

知识产权中的财产权出质后，出质人不得转让或者许可他人使用，但是出质人与质权人协商同意的除外。出质人转让或者许可他人使用出质的知识产权中的财产权所得的价款，应当向质权人提前清偿债务或者提存。

24. 留置权

【漫画】

【事例】

留置权成立的要件

农民李某有一辆跑短途运输的三轮小货车，送到宋某的机动车修理部修理。修好后，李某要求先不付款，跑几趟运输后再付修理费，宋某不同意，便将该小货车留置，申明不付修理费就不能取回汽车。李某因与货主已协商好，于夜晚到宋某的修理部将该车开走。李某在运货回来途中，将车撞在山崖上，汽车严重受损，李某无力清偿债务。宋某以李某侵害其留置权为由，要求李某将撞坏的汽车拍卖,用变价款清偿修理费。宋某的诉讼主张成立。宋某留置该汽车以后,即享有该汽车的留置权,李某将汽车偷偷开走,侵害了宋某的留置权。李某无力清偿债务,又侵害留置权,应当承担民事责任。为保护留置权人的权利,应将留置物追回,实现留置权。

【专家提示】

留置权是指债权人按照合同约定占有债务人的财产(动产),在债务人逾期不履行债务时,有留置该财产并就该财产优先受偿的权利。留置权是一种法定担保物权,在符合一定的条件时依法律的规定产生,而不是依当事人之间的协议而设定。因保管合同、运输合同、加工承揽合同发生的债权,债务人不履行债务时,债权人有留置权,但当事人在合同中可约定不得留置标的物。

【相关法律条文】

《民法典》第447条 债务人不履行到期债务,债权人可以留置已经合法占有的债务人的动产,并有权就该动产优先受偿。

前款规定的债权人为留置权人,占有的动产为留置财产。

《民法典》第450条 留置财产为可分物的,留置财产的价值应当相当于债务的金额。

《民法典》第451条 留置权人负有妥善保管留置财产的义务;因保管不善致使留置财产毁损、灭失的,应当承担赔偿责任。

《民法典》第452条 留置权人有权收取留置财产的孳息。

前款规定的孳息应当先充抵收取孳息的费用。

《民法典》第453条 留置权人与债务人应当约定留置财产后的债务履行期限;没有约定或者约定不明确的,留置权人应当给债务人六十日以上履行债务的期限,但是鲜活易腐等不易保管的动产除外。债务人逾期未履行的,留置权人可以与债务人协议以留置财产折价,也可以就拍卖、变卖留置财产所得的价款优先受偿。

留置财产折价或者变卖的,应当参照市场价格。

25. 占有权

【漫画】

【事例】

承租人的占有

生活中，不时会发生邻居妨害房屋使用的行为，比如隔壁邻居装修时，把房子的墙砸出了洞。如果你只是房屋的承租人，而非房屋的主人，这时你能否起诉要求邻居停止这种侵害行为呢？不少人认为不能，但按照法律规定，你同样可以起诉。这是因为《民法典》不仅保护房东，也同样保护作为房屋占有人的房客。但要提醒的是，占有人返还原物的请求权，自侵占发生之日起 1 年内没有行使的，该请求权消灭。

【专家提示】

占有权是指占有的不动产或者动产被人侵占、损害的，占有人有权请求返还原物或赔偿的权利。对妨害占有的行为，占有人有权请求排除妨害；因侵占或者妨害造成损害的，占有人有权请求损害赔偿。占有在现实生活中广泛发生而又极其复杂。因为它既包括所有权人的占有，又包括非所有权人的占有，既有合法的占有（有权占有），又有非法的占有（无权占有）；在无权占有中，又有善意占有和恶意占有之分。因此，在实践中，我们应准确把握，防止有人钻概念的漏洞。

【相关法律条文】

《民法典》第458条 基于合同关系等产生的占有，有关不动产或者动产的使用、收益、违约责任等，按照合同约定；合同没有约定或者约定不明确的，依照有关法律规定。

《民法典》第459条 占有人因使用占有的不动产或者动产，致使该不动产或者动产受到损害的，恶意占有人应当承担赔偿责任。

《民法典》第461条 占有的不动产或者动产毁损、灭失，该不动产或者动产的权利人请求赔偿的，占有人应当将因毁损、灭失取得的保险金、赔偿金或者补偿金等返还给权利人；权利人的损害未得到足够弥补的，恶意占有人还应当赔偿损失。

《民法典》第462条 占有的不动产或者动产被侵占的，占有人有权请求返还原物；对妨害占有的行为，占有人有权请求排除妨害或者消除危险；因侵占或者妨害造成损害的，占有人有权依法请求损害赔偿。

占有人返还原物的请求权，自侵占发生之日起一年内未行使的，该请求权消灭。

第三章
债 权 权 利

《民法典》圆桌讨论会主题

我国《民法典》的分则体系设计并未采纳德国、法国和瑞士的立法模式，没有设置债法总则，而是从中国实际情况出发，保持了合同法总则体系的完整性和内容的丰富性，并使合同编通则发挥债法总则的功能，这在大陆法系民法典体系中是一个重要的创新。

主持人：叶水荣　浙江泽鼎律师事务所律师

参与讨论的法务专家：廖　远　浙江泽鼎律师事务所律师

黄路路　浙江泽鼎律师事务所律师

项梦颖　浙江泽鼎律师事务所律师

叶水荣：一部好的法典其规定应该适度抽象到足以调整诸多现实问题，又不能因此而偏离其所调整的现实生活而成为纯粹的理论宣言。债法总则的大部分规则都是调整交易关系的，这与总则编的法律行为制度、合同编通则的功能会发生重叠现象。请法务专家对涉及债权问题发表意见和看法。

廖　远：债法包括合同法、侵权法、不当得利法、无因管理法等部分。但自《民法通则》以来，中国民法学和民法体系就将侵权法割裂出来，在该通则中独立成章，在《民法典》中独立成编，从而脱离债法体系，不仅如此，《民法典》还将合同、不当得利、无因管理纳入合同编，以“准合同”统辖不当得利和无因管理。“准”在概念科学、规则严谨、体系严密的民法体系中，并不具备明确性。如果无因管理还可以勉强称之为“法定合同”“准合同”，套用一点合同规则的话，那么，不当得利的法理则更类似于侵权责任，前者祛除不当得利，后者赔偿合法损失，都是矫正扭曲的非正常利益关系，而与含有当事人意思的合同法理相去甚远。因此，即使没有债编，没有无因管理或不当得利的独立地位，那也应当将不当得利纳入侵权责任编，称之为“准侵权行为”，而不能像无因管理一样放置于合同编。《民法典》对无因管理和不当得利都进行更为详尽地规范，丰富了无因管理的构成要件和法律构造，增设了不当得利的例外情形。这些都是原有民事法律和司法解释所没有的内容，可谓《民法典》的一大亮点。

黄路路：细分《民法典》中的合同编有六大亮点：一是电子合同开启无纸化时代。为了适应电子商务的快速发展以及百姓网购需求的增多，《民法典》规定，数据电文也具有法律效力，这意味着纸质合同将逐步退出互联网时代。二是有理有据，向霸座者说“不”。针对近年来客运合同领域出现的旅客霸座、不配合承运人采取安全措施等严重干扰运输秩序和危害运输安全的问题，《民法典》细化客运合同当事人的权利义务。三是对商家的霸王条款说“不”。针对“禁止自带酒水”“特价、促销商品概不退换”等条款，《民法典》完善了格式条款制度。四是物业纠纷不用怕，物业服务合同来维权。针对物业服务领域的突出问题，《民法典》增加规定物业服务合同，为老百姓解决物业纠纷提供法律依据。五是“借一万、还十万”，网贷被套路不用怕。针对近年来各界反映强烈的高利贷问题，《民法典》明确规定禁止高利放贷，借款的利率不得违反国家的有关规定。六是房子被拍卖，承租者享有优先购买权。为落实党中央提出的建立租购同权住房制度的要求，保护承租人的利益，《民法典》增加规定房屋承租人的优先承租权。此外，为适应我国保理行业发展和优化营商环境的需要，《民法典》增加了保理合同；为进一步强化对债权人的保护，《民法典》细化了债权转让、债务移转制度，增加了债务清偿抵充规则，完善了合同解除等合同终止制度；在总结合同法实践经验的基础上，《民法典》通过完善检验期限的规定和所有权保留规则等完善了买卖合同；为适应现实需要，《民法典》吸收了《担保法》中关于保证和定金规则的规定，增加了保证合同，完善了违约责任制度。

项梦颖：在我国，《合同法》已经施行了20余年，人们对于《合同法》的体例安排已经较为熟悉，形成了惯性。在这种情况下，设置债法总则，打破原有的合同法体系将会给司法实践增添高昂的运行成本。《民法典》合同编通则发挥了债法总则的功能，对《民法典》从体例上进行了重大创新。这种体系安排有一定的优点，但是，也存在如下不足：一是这将会导致合同之债与侵权之债发生一定的脱节，使得两种债之间的共性规则被忽视，对法律体系的完整性具有一定的冲击。二是对于合同编通则中的规则而言，如何判断其仅仅适用于合同，还是同样可以适用于合同外的债权债务关系，常常具有一定的难度。虽然在规定中存在一定的标志（如果条文中使用的是“债”“债权”或者“债务”，这意味着该条文能够适用于所有的债。但如果条文中适用的是“合同”“合同的权利”或者“合同的义务”，这意味着该条文仅能够适用于合同之债），但在实践中，法官找法、准确适用法律仍然面临一定的难度。三是准合同的规定容量有限，不能包括不当得利和无因管理之外的法定之债。例如，补偿之债未能够作为独立的债的发生原因在准合同中规定，悬赏广告作为一种单方法律行为规定在合同订立一章中，不是很合适。即使是对于不当得利之债，也主要适用于给付不当得利，而对于非给付不当得利的规则也难以涵盖。这同样会在某种程度上给法律适用带来一定的困扰，未来需要通过法律解释等工作不断克服上述困难。

本章权利要目

26. 债权（《民法典》第118、517、518、552条）
27. 债权人代位权（《民法典》第535－537条）
28. 债权人撤销权（《民法典》第538－542条）
29. 债权转让权（《民法典》第545－548、550条）
30. 合同解除权（《民法典》第562－566条）
31. 赠与撤销权（《民法典》第658、663－666条）
32. 受赠人请求交付权（《民法典》第660条）
33. 保证人的拒绝履行权（《民法典》第702条）
34. 借贷保护权（《民法典》第667、668、670、671、678－680条）
35. 租赁权（《民法典》第704－707、710－712、726、730、734条）
36. 无因管理债权（《民法典》第979、984条）
37. 不当得利债权（《民法典》第985、987、988条）

26. 债权

【漫画】

【事例】

代人讨款出具欠条　承担连带还债责任

金某经汤某介绍，到南京市江宁区的一家建筑工地做工。半年后金某离开工地时经过结算，该工地的承包人袁某应当向金某支付劳动报酬4000元，袁某以工程款未到账为由向金某出具了欠条。介绍人汤某也承诺由其在年底将报酬带回给金某，并向金某索要了欠条。到了年底，汤某未将金某的劳动报酬带回，遂以自己的名义向金某出具了欠条，并承诺明年的12月底还清。然而到期后，汤某仍未兑现承诺。金某遂向法院起诉汤某，要求给付欠款。被告汤某辩称，原告金某应当向袁某主张债权。法院审理认为，原告金某在袁某处做工，依法应当获得劳动报酬，袁某与原告金某之间的债权债务关系是合法有效的。但汤某主动出具欠条，是自愿加入债务的行为，金某起诉汤某要求其偿还债务，符合法律规定。法院判决:被告汤某向原告金某支付劳动报酬4000元,案件受理费及其他诉讼费计565元由被告汤某负担。

【专家提示】

债权是指要求对方支付价款、给付财产、提供劳务或服务的权利。债权的实现依赖于债务人按照债权人的请求完成特定的行为。如果债务人拒不履行义务,则债权无法实现。债权人只能根据债的内容对特定的债务人行使请求权,而无权对债务人以外的第三人行使权利。合同债权是一种特殊的债权,是指债权人与债务人之间基于合同而产生的债权债务关系,合同债权占了债权中的一大部分,所以合同债权极为重要。合同关系是具有特定性的法律关系,债权人在债务人给付之前,不能直接支配给付客体,更不能直接支配债务人的人身,只能通过请求债务人为给付行为来实现权利。就此看来,合同债权为请求权。但合同债权与请求权并非同一概念,因为:从请求权方面看,除合同债权的请求权以外,尚有不当得利返还请求权、无因管理的请求权、侵权损失赔偿请求权、物上请求权、人格权的请求权等;从合同债权本身观察,除请求权以外,尚有选择、处分、解除等权能。

此案中的被告汤某向原告金某承诺,由其向袁某索要劳动报酬并带回交给原告金某,原告金某也将欠条交给了被告,原被告之间形成委托代理关系。在原告金某向汤某索款时,被告又向原告金某出具欠条,对此,被告汤某虽然辩称向原告金某出具欠条系迫不得已,但未提供任何证据证实。故应当认定被告汤某属自愿承担债务,原来的委托代理关系已转化为债权债务关系。被告汤某应与袁某承担连带清偿责任。原告金某向被告汤某一人主张权利,符合法律关于连带责任承担的规定。

【相关法律条文】

《民法典》第118条　民事主体依法享有债权。

债权是因合同、侵权行为、无因管理、不当得利以及法律的其他规定,权利人请求特定义务人为或者不为一定行为的权利。

《民法典》第517条　债权人为二人以上,标的可分,按照份额各自享有债权的,为按份债权;债务人为二人以上,标的可分,按照份额各自负担债务的,为按份债务。

按份债权人或者按份债务人的份额难以确定的，视为份额相同。

《民法典》第518条 债权人为二人以上，部分或者全部债权人均可以请求债务人履行债务的，为连带债权；债务人为二人以上，债权人可以请求部分或者全部债务人履行全部债务的，为连带债务。

连带债权或者连带债务，由法律规定或者当事人约定。

《民法典》第552条 第三人与债务人约定加入债务并通知债权人，或者第三人向债权人表示愿意加入债务，债权人未在合理期限内明确拒绝的，债权人可以请求第三人在其愿意承担的债务范围内和债务人承担连带债务。

27. 债权人代位权

【事例】

债权代位有条件　张冠不可由李戴

A向B购买一古董，还未交付时即将该古董转卖于C，如果A怠于请求B交付，则C的债权也不能实现，因此不论A的资力状况如何，在C的债权到期时，C就可以代A向B请求交付该古董。在特定物的买卖中，债务人的资力状况与债权的实现并无直接关系，债权人无须待债务人资力不足才行使代位权。

那么，北京A公司总承包了北京一工程，经过依法招投标程序，北京A公司确定河南某劳务公司为该工程1标段1、2、3、4号楼的劳务分包单位，并与之签署了《建设工程劳务分包合同》。原告张某是河南某劳务公司的劳务班组负责人，具体负责1标段1、2号楼的劳务施工工作。

因北京A公司拖欠河南某劳务公司劳务款，且河南某劳务公司亦未付清张某劳务工程款，张某可否以北京A公司为被告、河南某劳务公司为第三人，向北京某法院提起代位权诉讼，要求被告北京A公司直接向其支付劳务工程款35万元？

【专家提示】

代位权是债权人的一项权利，代位权是指当债务人怠于行使其对第三人的权利而危及债权人的债权实现时，债权人为了保全自己的债权，得以自己的名义代位行使属于债务人权利的权利。债权人在行使代位权时，应当符合哪些条件？

1. 债务人须享有对第三人的权利。由于代位权是涉及第三人的权利，如果债务人不享有对第三人的权利，代位权就没有行使的目标。并非债务人所有的权利都能成为代位权行使的对象，比如专属于债务人的权利、非财产权利等，不是代位权行使的对象。

2. 债务人怠于行使权利。怠于行使，就是债务人应当行使且能够行使而不行使的行为。

3. 债务人已陷于迟延。若债务还未到履行期限，债权人的权利能否实现还难以预料，这时债务人对第三人权利的怠于行使与债权人权利的实现并无直接关联，则不能行使代位权。

4. 债务人的怠于行使损害了债权人的债权。如果债务人的财产足以清偿其所有债务，债务人应增加的财产不增加都不会危及债权的实现，债权人就不得行使代位权。只有债务人的行为会损害债权时，才有对债权进行保护的必要。

代位权的行使主体是全体债权人，代位权是债权人所享有的一项权利，只能由债权人行使。如果债权人有多个，则各个债权人都可以行使代位权。当然，如果一个债权人已就某项债权行使了代位权，则其他债权人就不得就该项权利再行使代位权。债权人应以自己的名义并通过诉讼的方式行使代位权。债权人在行使代位权时，应当以自己的名义为之，而不能以债务人的名义行使。若以债务人的名义行使，就不存在代位问题，而属于代理制度的调整范围。在诉讼中，债权人应处于原告的地位，次债务人为被告，债务人为第三人。

本案中，张某虽然对北京 A 公司不享有独立的债权，但张某对河南某劳务公司劳务工程款债权与河南某劳务公司对北京 A 公司享有的债权本质上是同一个债权，由于张某的特殊身份，即作为实际施工人，若河南某劳务公司怠于向北京 A 公司行使到期债权，影响其到期债权实现的，张某可以向法院提起代位权诉讼。

【相关法律条文】

《民法典》第 535 条 因债务人怠于行使其债权或者与该债权有关的从权利，影响债权人的到期债权实现的，债权人可以向人民法院请求以自己的名义代位行使债务人对相对人的权利，但是该权利专属于债务人自身的除外。

代位权的行使范围以债权人的到期债权为限。债权人行使代位权的必要费用，由债务人负担。

相对人对债务人的抗辩，可以向债权人主张。

《民法典》第536条 债权人的债权到期前，债务人的债权或者与该债权有关的从权利存在诉讼时效期间即将届满或者未及时申报破产债权等情形，影响债权人的债权实现的，债权人可以代位向债务人的相对人请求其向债务人履行、向破产管理人申报或者作出其他必要的行为。

《民法典》第537条 人民法院认定代位权成立的，由债务人的相对人向债权人履行义务，债权人接受履行后，债权人与债务人、债务人与相对人之间相应的权利义务终止。债务人对相对人的债权或者与该债权有关的从权利被采取保全、执行措施，或者债务人破产的，依照相关法律的规定处理。

28. 债权人撤销权

【事例】

曾某为逃避债务转移财产　李某行使撤销权保全债权

李某与曾某合伙经营生意，因对市场行情判断失误，严重亏损，一年后散伙结算，两人共欠外债28万元。债主多次催讨，而曾某资金紧张，李某一人还清了这28万元欠款。此后，曾某口头答应设法尽快归还由李某为其偿还的应由其分担的14万元债务。然而，曾某背着李某，将其在合伙前购买的一套现价值26万余元的住房无偿赠与与其离婚后尚未再婚的前妻温某，并办理了产权转移手续，以备今后复婚。该住房是曾某的主要财产。李某得知此事后，向曾某讨债，被其回绝说，他的住房已归温某，已无财产偿还14万元债务。为保全债权，李某请求人民法院撤销曾某无偿转让住房的行为。

【专家提示】

曾某拥有价值26万余元的住房，且该住房为其主要财产，而他明显为了避免将此住房偿债，有意将该住房无偿赠与前妻温某。这种出于逃避债务的目的而无偿转让财产的行为，已经危害了合伙人李某债权的实现。因此，李某有权请求法院撤销曾某无偿赠与温某住房的行为，使之归于无效。李某应在其知道之日起1年内行使撤销权。债权人撤销权又称“撤销诉权”或“废罢诉权”，是指当债务人所为的减少其财产的行为危害债权实现时，债权人为保全债权得请求法院予以撤销该行为的权利。债权人撤销权也为债权的保全方式之一，是为防止因债务人的责任财产减少而致使债权不能实现的现象出现。债权人撤销权的行使是撤销债务人与第三人间的行为，从而使债务人与第三人间已成立的法律关系被破坏，当然地涉及第三人，因此，债权人的撤销权也为债的关系对第三人效力的表现之一。

【相关法律条文】

《民法典》第538条 债务人以放弃其债权、放弃债权担保、无偿转让财产等方式无偿处分财产权益，或者恶意延长其到期债权的履行期限，影响债权人的债权实现的，债权人可以请求人民法院撤销债务人的行为。

《民法典》第539条 债务人以明显不合理的低价转让财产、以明显不合理的高价受让他人财产或者为他人的债务提供担保，影响债权人的债权实现，债务人的相对人知道或者应当知道该情形的，债权人可以请求人民法院撤销债务人的行为。

《民法典》第540条 撤销权的行使范围以债权人的债权为限。债权人行使撤销权的必要费用，由债务人负担。

《民法典》第541条 撤销权自债权人知道或者应当知道撤销事由之日起一年内行使。自债务人的行为发生之日起五年内没有行使撤销权的，该撤销权消灭。

《民法典》第542条 债务人影响债权人的债权实现的行为被撤销的，自始没有法律约束力。

29. 债权转让权

【事例】

债权转让受法律保障但需通知债务人

甲公司欠乙公司款3万元，乙公司欠丙公司款4万元，丙公司觉得对乙公司追款无望，遂将其中的3万元债权转让给了好友甲公司，甲公司以此要求与乙公司进行抵销。乙公司则认为，甲公司与丙公司之间的债权转让没有征得其同意，且甲公司与丙公司之间根本就不存在着债权债务关系，因此，该债权转让无效。对此，有人认为：债权转让具有无因性，债权的转让方与受让方只要达成转让债权协议，且通知了债务人，即对债务人发生效力。也有人认为债权转让应在转让方与受让方间存在着某种可转让的原因，不可恶意转让，且为了保障债务人的合法权益，应征得债务人的同意。对此，原《合同法》第79条规定："债权人可以将合同的权利全部或者部分转让给第三人，但有下列情形之一的除外：（一）根据合同性质不得转让；（二）按照当事人约定不得转让；（三）依照法律规定不得转让。"《民法典》第545条也规定："债权人可以将债权的全部或者部分转让给第三人，但是有下列情形之一的除外：（一）根据债权性质不得转让；（二）按照当事人约定不得转让；（三）依照法律规定不得转让。当事人约定非金钱债权不得转让的，不得对抗善意第三人。当事人约定金钱债权不得转让的，不得对抗第三人。"因此，债权人转让债权无需征得债务人的同意。但是债权人如果转让债权未通知债务人的，该转让对债务人不发生效力。

【专家提示】

债权转让，是指合同债权人将其债权全部或者部分转让给第三人的行为。债权转让分为全部转让和部分转让。债权全部让与第三人，第三人取代原债权人成为原合同关系的新的债权人，原合同债权人因合同转让而丧失合同债权人权利；债权部分让与第三人，第三人成为合同债权人加入原合同关系之中，成为新的债权人，合同中的债权关系由一人变数人。债权转让只是主体上的变更，如果存在债的主要内容变更，则发生新的债的关系，而不属于转让性质。债的内容变更包括种类、数量、标的物品质规格、债的性质、期限、履行地和履行方式、结算方式、违约责任变更等方面。

【相关法律条文】

《民法典》第545条　债权人可以将债权的全部或者部分转让给第三人，但是有下列情形之一的除外：

（一）根据债权性质不得转让；

（二）按照当事人约定不得转让；

（三）依照法律规定不得转让。

当事人约定非金钱债权不得转让的，不得对抗善意第三人。当事人约定金钱债权不得转让的，不得对抗第三人。

《民法典》第 546 条 债权人转让债权，未通知债务人的，该转让对债务人不发生效力。

债权转让的通知不得撤销，但是经受让人同意的除外。

《民法典》第 547 条 债权人转让债权的，受让人取得与债权有关的从权利，但是该从权利专属于债权人自身的除外。

受让人取得从权利不因该从权利未办理转移登记手续或者未转移占有而受到影响。

《民法典》第 548 条 债务人接到债权转让通知后，债务人对让与人的抗辩，可以向受让人主张。

《民法典》第 550 条 因债权转让增加的履行费用，由让与人负担。

30. 合同解除权

【事例】

解除合同有条件，单方擅自不可为

原告陕西某某公司与被告咸阳诚信某某公司签署合作协议书，双方约定按照特定要求建造并向陕西某某公司出租一幢商业用房用于经营大型超市。咸阳诚信某某公司同意于 2015 年 3 月 1 日前将符合条件的房屋交付陕西某某公司装修使用。2015 年 11 月 5 日，咸阳诚信某某公司致函陕西某某公司称：鉴于陕西某某公司违背双方约定，大量修改交付标准致使建设工期严重滞后等原因，要求解除双方此前签署的包括合作协议书在内的所有租赁合同。但根据双方签署的合作协议书，此时咸阳诚信某某公司并无合同解除权。次日，陕西某某公司回函明确表示对解除函的异议，要求继续履行合作协议书。

【专家提示】

本案中双方并没有在合同中约定在迟延履行情况下的解除权，而且也不符合法定迟延解除合同的情形，所以咸阳诚信某某公司不能单方面解除合同，其对单方面解除合同给对方造成的损失，需要承担赔偿责任。合同解除权就是合同当事人依照合同约定或法律规定享有的解除合同的权利，它的行使直接导致合同权利义务消灭的法律后果。行使合同解除权，合同自通知到达对方时解除。对方有异议的，可以请求人民法院或者仲裁机构确认解除合同的效力。合同解除权属形成权。所谓形成权，是指权利人依自己的单方意思表示就可以使民事法律关系发生、变更或消灭的权利。根据形成权的法律特征，在通常情况下，形成权以单方意思表示方式行使；也就是说，实现形成权既不需要向法院提出请求，也不需要进行强制执行，所以行使形成权不需要法院的裁判。不过在例外情况下，形成权只能通过司法途径来行使，此类形成权又称为形成诉权，它主要出现在婚姻家庭领域、监护领域和公司领域中，如婚姻关系的解除以及公司代表权限的剥夺、公司解散、开除股东等。而合同解除权为形成权，属于私力救济权，由债权人单方作出意思表示即可。一般而言，主张解除的当事人不必向法院或仲裁机构提起确认之诉，但必须将解除合同的通知送达对方当事人能够控制的地方。

【相关法律条文】

《民法典》第562条　当事人协商一致，可以解除合同。

当事人可以约定一方解除合同的事由。解除合同的事由发生时，解除权人可以解除合同。

《民法典》第563条　有下列情形之一的，当事人可以解除合同：

（一）因不可抗力致使不能实现合同目的；

（二）在履行期限届满前，当事人一方明确表示或者以自己的行为表明不履行主要债务；

（三）当事人一方迟延履行主要债务，经催告后在合理期限内仍未履行；

（四）当事人一方迟延履行债务或者有其他违约行为致使不能实现合同目的；

（五）法律规定的其他情形。

以持续履行的债务为内容的不定期合同，当事人可以随时解除合同，但是应当在合理期限之前通知对方。

《民法典》第564条　法律规定或者当事人约定解除权行使期限，期限届满当事人不行使的，该权利消灭。

法律没有规定或者当事人没有约定解除权行使期限，自解除权人知道或者应当知道解除事由之日起一年内不行使，或者经对方催告后在合理期限内不行使的，该权利消灭。

《民法典》第565条　当事人一方依法主张解除合同的，应当通知对方。合同自通知到达对方时解除；通知载明债务人在一定期限内不履行债务则合同自动解除，债务人在该期限内未履行债务的，合同自通知载明的期限届满时解除。对方对解除合同有异议的，任何一方当事人均可以请求人民法院或者仲裁机构确认解除行为的效力。

当事人一方未通知对方，直接以提起诉讼或者申请仲裁的方式依法主张解除合同，人民法院或者仲裁机构确认该主张的，合同自起诉状副本或者仲裁申请书副本送达对方时解除。

《民法典》第566条　合同解除后，尚未履行的，终止履行；已经履行的，根据履行情况和合同性质，当事人可以请求恢复原状或者采取其他补救措施，并有权请求赔偿损失。

合同因违约解除的，解除权人可以请求违约方承担违约责任，但是当事人另有约定的除外。

主合同解除后，担保人对债务人应当承担的民事责任仍应当承担担保责任，但是担保合同另有约定的除外。

31. 赠与撤销权

【漫画】

【事例】

赠与撤销非儿戏　法律明文可裁决

罗某系一退休干部，在妻子去世后，与比自己小20多岁的方某建立恋爱关系，并同居生活。为此，罗某于2011年10月22日向方某出具借条，载明：“借到方某人民币10万元，大写壹拾万元整，此款定于2012年12月底还，不计利息。”2013年7月，双方发生矛盾，方某诉至法院，要求罗某偿还借款。但在开庭前，经协商达成协议，约定：“方某自愿向法院撤回起诉；撤诉后，罗某做好家庭成员工作，然后双方办理结婚登记手续；罗某给方某出具的10万元借条，系当时罗某对方某的青春损失赔偿费的承诺，此条在双方结婚时销毁。”协议达成后，方某撤诉，但两人仍未和好。2013年9月，方某再次起诉，要求罗某偿还借款。

【专家提示】

该案经一审、二审后，法院终审认为，罗某向方某出具借条的时间在前，双方签订协议的时间在后，且协议明确指出罗某于 2011 年 10 月 22 日给方某出具的 10 万元借条，系罗某对方某的“青春损失赔偿费的承诺”，这就直接否定了双方当事人之间有借款关系存在的事实，方某诉请罗某支付欠款显然没有事实依据，且违背民事活动的诚实信用原则。罗某与方某约定的所谓“青春损失赔偿费”不但没有法律依据，并且违背了公序良俗原则，应属无效的民事行为，不应受到法律的保护。罗某可以以 10 万元赠与尚未履行为名，要求行使赠与人的任意撤销权，撤销此项赠与，不履行“青春损失赔偿费”承诺。罗某与方某虽有恋爱甚至同居关系，但不能据此认定其有“道德义务”而禁用其撤销权。赠与撤销权是指赠与人在赠与合同成立后，基于自己的意思或法律的直接规定，而享有的撤销赠与的权利。赠与合同的撤销权包括赠与人的任意撤销权和法定撤销权。

【相关法律条文】

《民法典》第 658 条 赠与人在赠与财产的权利转移之前可以撤销赠与。

经过公证的赠与合同或者依法不得撤销的具有救灾、扶贫、助残等公益、道德义务性质的赠与合同，不适用前款规定。

《民法典》第 663 条 受赠人有下列情形之一的，赠与人可以撤销赠与：

（一）严重侵害赠与人或者赠与人近亲属的合法权益；

（二）对赠与人有扶养义务而不履行；

（三）不履行赠与合同约定的义务。

赠与人的撤销权，自知道或者应当知道撤销事由之日起一年内行使。

《民法典》第 664 条 因受赠人的违法行为致使赠与人死亡或者丧失民事行为能力的，赠与人的继承人或者法定代理人可以撤销赠与。

赠与人的继承人或者法定代理人的撤销权，自知道或者应当知道撤销事由之日起六个月内行使。

《民法典》第 665 条 撤销权人撤销赠与的，可以向受赠人请求返还赠与的财产。

《民法典》第 666 条 赠与人的经济状况显著恶化，严重影响其生产经营或者家庭生活的，可以不再履行赠与义务。

32. 受赠人请求交付权

【事例】

慈善捐赠有约定，请求交付法支持

某师大基金会系具备基金会法人资格的慈善组织，业务范围为：接受政府资助和社会捐赠；资助困难学生；奖励优秀教师；支持学校的建设与发展。某师大实验学校为全额拨款事业单位，举办单位为某区教育局。2017年8月，某师大基金会与某置业公司、第三人某师大实验学校签订《协议》，约定某置业公司自愿捐赠给某师大基金会37.7万元，用于解决其所开发小区的业主（2016年17户、2017年17户，共计34户）适龄孩子能够正常入读该师大实验学校的问题，同时协议约定所捐赠经费作为"创新人才培养基金"，用于某师大实验学校优秀教师、学生的奖励和"创新人才培养"课题相关的实践教学研究活动。某置业公司在协议中承诺所捐赠资金于2017年12月底前到位，并愿意将其名下的部分开发房产作为担保网签至某师大基金会名下。协议签订后，某师大基金会及第三人某师大实验学校按照协议解决了某置业公司所开发小区的业主适龄孩童入学问题，但某置业公司未按约定支付赠与款37.7万元。后某师大基金会多次向某置业公司催要上述捐赠款项，但某置业公司一直推脱不予支付，无奈某师大基金会只能向法院起诉要求对方履行。

【专家提示】

本案中，某师大基金会与某置业公司签订的协议内容约定了某置业公司给付某师大基金会的37.7万元系作为"创新人才培养基金"，用于优秀教师、学生的奖励和"创新人才培养"课题相关的实践教学研究活动。此种捐赠具有社会公益性质，该协议性质应为公益捐赠合同。某置业公司出于商业目的或其他目的，自愿通过向某师大基金会捐助资金方式，为购买该公司开发小区的业主子女安排入学。该师大基金会系慈善组织，而师大实验学校系为某区教育局主办，两者为独立的法律主体，某师大基金会接受的捐赠资金用于社会公益事业，该协议不违反法律法规禁止性规定，该协议理应履行。现某置业公司开发房产的业主子女已经解决了入学问题，某置业公司拒不履行付款义务，有违诚信原则。原《合同法》第188条规定："具有救灾、扶贫等社会公益、道德义务性质的赠与合同或者经过公证的赠与合同，赠与人不交付赠与的财产的，受赠人可以要求交付。"《民法典》第660条第1款规定："经过公证的赠与合同或者依法不得撤销的具有救灾、扶贫、助残等公益、道德义务性质的赠与合同，赠与人不交付赠与财产的，受赠人可以请求交付。"本案中，某置业公司未按协议约定支付捐赠款项，某师大基金会作为受赠人有权要求向其支付37.7万元的捐赠款。

赠与人不交付赠与财产是否构成违约，应当依照赠与合同的具体情况加以区分。普通赠与合同中，赠与人享有撤销权，在财产权利转移之前，赠与人可以任意撤销赠与。赠与或不赠的选择权在于赠与人，受赠人只能等待赠与人的交付行为，而不能采取积极的行动要求赠与人履行义务。因而，对这类赠与合同，赠与人不给付赠与财产的，受赠人不能请求赠与人给付赠与的财产，赠与人不交付赠与财产不构成违约行为。但对于具有救灾、扶贫等社会公益、道德义务性质的赠与合同或者经过公证的赠与合同，因赠与人并没有任意撤销该合同的权利，在赠与人迟延履行或者拒绝履行给付赠与财产的义务时，即构成违约行为，应当承担违约责任；受赠人也可以请求赠与人给付赠与的财产，赠与人仍不为给付的，受赠人可以申请强制执行。

【相关法律条文】

《民法典》第660条　经过公证的赠与合同或者依法不得撤销的具有救灾、扶贫、助残等公益、道德义务性质的赠与合同，赠与人不交付赠与财产的，受赠人可以请求交付。

依据前款规定应当交付的赠与财产因赠与人故意或者重大过失致使毁损、灭失的，赠与人应当承担赔偿责任。

33. 保证人的拒绝履行权

【事例】

法律允许特殊的担保人拒绝履行

2015年3月，某县财政局、某农村商业银行股份有限公司(以下简称农商行)与某融资担保公司协商后达成一致，形成《某县域经济发展调度资金委托贷款协调会纪要》(以下简称协调会纪要)，纪要约定：由某融资担保公司在农商行开设委托贷款专户，某县财政局根据委托贷款的需要将县域经济调度资金足额拨付到某融资担保公司在农商行开设的委托贷款专户，由某融资担保公司代表县财政局与农商行合作开展委托贷款业务，农商行通过该专用账户向借款单位发放贷款，所有借款必须进入征信系统管理。

2016年1月，农商行按照协调会纪要的约定与借款人某果业股份有限公司签订《委托贷款合同》，约定将县财政局的县域经济发展调度资金100万元贷给该果业股份有限公司，借款期限为2016年1月至2016年12月，借期内不计息，如借款人不按期归还借款本金，则按每日0.5‰支付罚息。另外，某融资担保公司向县财政局出具《担保承诺书》，对借款人的该笔借款向财政局提供连带保证责任，同时，该果业股份有限公司股东某农业开发公司、吴某、冉某等三方为某果业股份有限公司所有义务和责任向某融资担保公司提供反担保。某融资担保公司在受托办理该项资金发放事宜、提供保证业务时收取了某果业股份有限公司担保费、业务办理费共计10万元。借款人某果业股份有限公司贷得100万元后未能按期归还借款本金，县财政局遂催告某融资担保公司履行担保责任，其代借款人向县财政局还款100万元。某融资担保公司履行担保责任后遂向各反担保人要求承担反担保责任。反担保人某农业开发公司、吴某、冉某等三方提出，按照《某省县域经济发展调度资金管理暂行办法》的规定，县域经济发展调度资金是扶持农产品加工业等在内的重点工业企业发展专项资金，明确规定免费使用，不得向企业收取任何资金占用费。某融资担保公司在办理该项资金发放时收取的担保费、业务办理费共计10万元，应当予以抵销。

【专家提示】

本案中某融资担保公司具有双重身份，既是县财政局进行县域经济发展调度资金管理事宜的受托人，也是县财政局的保证人。某融资担保公司向县财政局出具的担保承诺书具有保证合同性质，且保证方式为连带责任保证。某融资担保公司承担保证责任、代为清偿借款人某果业股份有限公司所欠县域经济发展调度资金后即取得债权人地位，有权请求反担保方履行担保责任。对于反担保人提出的按照《某省县域经济发展调度资金管理暂行办法》，不得向企业收取任何资金占用费的规定，某融资担保公司在受托办理该项资金发放事宜、提供保证时收取的担保费、业务办理费共计10万元不合规定，根据《民法典》第702条“债务人对债权人享有抵销权或者撤销权的，保证人可以在相应范围内拒绝承担保证责任”的规定，保证人可在相应数额内不承担保证责任，对于该10万元可以抵销。

保证合同具有从属性，主债务人未及时行使权利必然使主合同法律关系处于不稳定状态继而影响保证合同，甚至可能产生保证人履行保证债务后主债务人才行使撤销权或者抵销权的情形，继而衍生不必要的诉累。因此，立法明确规定保证人享有基于主债务人抵销权和撤销权而拒绝履行的权利。

【相关法律条文】

《民法典》第702条　债务人对债权人享有抵销权或者撤销权的，保证人可以在相应范围内拒绝承担保证责任。

34. 借贷保护权

【事例】

借贷寻常事　合法受保护

2014年3月18日，杨某某与重庆某建材有限公司签订《借款合同》，约定重庆某建材有限公司向杨某某借款1000万元，每月按借款金额的2%支付借款利息，同时每月按借款金额的2%支付综合服务费；借款到期未偿还则每日按借款金额的5‰支付违约金；王某某和张某某为借款提供保证担保。签订合同当日，杨某某向王某某账户转账支付借款500万元。同日,张某某向案外人陈某某账户转账支付20万元。2014年4月10日和4月17日,杨某某与重庆某建材有限公司、王某某和张某某再次签订两份《借款合同》,金额分别为200万元和300万元,合同其他条款内容与2014年3月18日《借款合同》相同。杨某某于合同签订当日分别向王某某账户转账支付借款200万元和300万元。同日,张某某向案外人陈某某账户转账支付8万元和20万元。2014年4月18日至7月17日,张某某、王某某又陆续向案外人陈某某账户转账支付共计132万元。庭审中,杨某某认可陈某某账户收到王某某和张某某支付的所有款项为利息。2014年12月29日,杨某某起诉至法院要求判决重庆某建材有限公司、王某某、张某某连带偿还借款本金1000万元及相应利息、综合服务费等。

某中级人民法院认为,合同中既约定2%的月利率,又约定每月2%的综合服务费,其目的是规避法律规定收取高息,法院对此不予保护,借款人已经支付的利息超出法律规定的部分应冲抵本金。另外,杨某某向借款人提供借款的当日,即通过案外人陈某某的账户收取了共计48万元的利息,属于预扣利息的行为,该48万元应从借款本金中扣除。

《最高人民法院关于审理民间借贷案件适用法律若干问题的规定》第13条规定:“具有下列情形之一的,人民法院应当认定民间借贷合同无效:(一)套取金融机构贷款转贷的;(二)以向其他营利法人借贷、向本单位职工集资,或者以向公众非法吸收存款等方式取得的资金转贷的;(三)未依法取得放贷资格的出借人,以营利为目的向社会不特定对象提供借款的;(四)出借人事先知道或者应当知道借款人借款用于违法犯罪活动仍然提供借款的;(五)违反法律、行政法规强制性规定的;(六)违背公序良俗的。”第25条第1款规定:“出借人请求借款人按照合同约定利率支付利息的,人民法院应予支持,但是双方约定的利率超过合同成立时一年期贷款市场报价利率四倍的除外。”

【专家提示】

在经济高速发展的今天,民间借贷活动日益频繁,法律对此格外注重保护。根据民间借贷在日常生活的具体应用场景,主要需要厘清以下两点:

第一,哪些主体具备民间借贷资格,又有哪些主体属于金融借贷范畴。根据《最高人民法院关于审理民间借贷案件适用法律若干问题的规定》(以下简称《民间借贷规定》)第1条第1款,"本规定所称的民间借贷,是指自然人、法人和非法人组织之间进行资金融通的行为",所以一般民间借贷发生在自然人之间、自然人与企业之间、企业与企业之间等。经金融监管部门批准设立的从事贷款业务的金融机构及其分支机构,因发放贷款等相关金融业务引发的纠纷,不属于民间借贷纠纷,属于金融借贷调整范围。

第二,高利贷界限的标准是什么?《民间借贷规定》取消了之前"两线三区"的规定——借贷利率不超过年利率24%的完全受法律保护、年利率在24%～36%的部分当事人自愿支付有效、年利率超过36%的不受法律保护无效,而是确定一年期贷款市场报价利率(LPR)的4倍为民间借贷最高上限,有利于维护市民财产权益、促进社会经济发展。根据《民间借贷规定》第26条的规定,以中国人民银行授权全国银行间同业拆借中心自2019年8月20起每月发布的一年期贷款市场报价率为标准度量,如2021年4月20日、5月20日、6月21日一年期市场报价率均为3.85%,因此一年期贷款市场报价利率的4倍即为15.4%,远远低于以前规定的年利率24%～36%。此种禁止高利贷的措施,也体现了法律对人民更细致更全面的保护。

【相关法律条文】

《民法典》第667条　借款合同是借款人向贷款人借款,到期返还借款并支付利息的合同。

《民法典》第668条　借款合同应当采用书面形式,但是自然人之间借款另有约定的除外。

借款合同的内容一般包括借款种类、币种、用途、数额、利率、期限和还款方式等条款。

《民法典》第670条　借款的利息不得预先在本金中扣除。利息预先在本金中扣除的,应当按照实际借款数额返还借款并计算利息。

《民法典》第671条　贷款人未按照约定的日期、数额提供借款,造成借款人损失的,应当赔偿损失。

借款人未按照约定的日期、数额收取借款的,应当按照约定的日期、数额支付利息。

《民法典》第678条　借款人可以在还款期限届满前向贷款人申请展期;贷款

人同意的，可以展期。

《民法典》第679条 自然人之间的借款合同，自贷款人提供借款时成立。

《民法典》第680条 禁止高利放贷，借款的利率不得违反国家有关规定。

借款合同对支付利息没有约定的，视为没有利息。

借款合同对支付利息约定不明确，当事人不能达成补充协议的，按照当地或者当事人的交易方式、交易习惯、市场利率等因素确定利息；自然人之间借款的，视为没有利息。

35. 租赁权

【事例】

租赁要擦亮双眼

在租房的过程中常会出现各种纠纷，或者在不知情时误入一些“陷阱”，导致自己的财产和安全受到威胁。这里选择了三组常见的租赁纠纷案例，希望能给大家一个提醒。

（一）新任租客要换锁　买卖不破租赁

大部分租房者都没有换锁的意识，但是这关系着租房者的人身安全和财产安全。曾经就有一位租房者在租下房子后没有换锁，以至于后来有人用钥匙打开门进屋进行盗窃，虽然只损失了小部分的财物，但是，万一出现其他意外就不值得了。有一名客户刚签订了2年的租约，但其房主出售房屋前，并未提前3个月将此消息，予以告知。而新房主不愿续租。租客亦因租约没到期，不愿搬走，遭到新旧房主的逼迁。最终，经中介协调，旧房主愿意赔偿违约金，并答应尽快帮租客另觅住处。

（二）小心“二房东”骗租　合同条款要注明房中物品

小李在街上看到一则出租信息。信息中显示，有一间两房单位出租，地段和环境都不错，租金700元一个月。第二天她约了另一位同学见到了“房东”，看了出租房也算整洁，于是和“房东”签了合同并交了一个季度的房租，共2100元。过了一个星期，一名中年男子叫开了门说要收房租。“我们不是交了钱吗，怎么还要啊?”小李说道。该男子拿出身份证和房地产证后,小李经核对后发现与他签合同的所谓“房东”原来是“二房东”。无独有偶,张某自己张贴出租的告示并找到了租户。这省下了一笔中介费,让他得意不已。可租赁合同期满,张某发现家里的一些小电器都不见踪影。张某让租户赔钱,租户却称原本就没有那些电器。翻出合同一看,这份简陋的合同里的确没有标明原本的电器种类和数量。空口无凭,张某只能吃哑巴亏。

(三)租房须有押金　“口头协议”不可靠

王女士把一套房子租给一位20多岁的女孩居住,岂料这个女孩半年后退房搬走,但却欠下几百元的电话费,而电话费账单上写的却是房东王女士的名字,最后王女士只好为房客买单。类似,小刘租了一套房子,合同签的是一年,但口头谈好了可以租三年,一年签一次合同。结果一年后,对方要收回房子自住。小刘被迫再找房子,花了很多精力和时间,也浪费了冤枉钱。

【专家提示】

租赁权,是指承租人依照财产租赁合同,在租赁物交付后,对租赁物所享有的为使用收益目的所必要的占有权利的总称。租赁权须在合理范围内行使,不依约定或不依租赁物性质而定的方法行使租赁权造成租赁物损坏、灭失的,出租人有权请求赔偿损失或恢复原状。承租人不能随意转让租赁权,转让租赁权一般须经出租人同意。以上三组案例的教训是深刻的:

一是换个锁头不过花费几十元,却能保证租房者的人身和财产安全,因此提醒租客,无论有多忙,租房子后的第一件事就是换锁。但租客必须在征得房东的同意后再换锁,同时保留原有锁芯,等租期结束后向房东移交有关钥匙,或者建议房东更换电子密码锁,以后不同房客只需更换密码即可。同时,“买卖不破租赁”是一个重要的法律原则,租客对租赁的房子还享有优先承租权,若租客遭到房东逼迁,要记得维权。

二是出租房子房主也不能当甩手大掌柜,宜定期巡视出租物业,以防房子被人恶意转租。网络信息鱼龙混杂,租客须多留几个心眼才行,特别是在连家私出租的物业,在交接时房主和租客都应谨记列明家私清单,对家私的详细情况(包括家电品牌、型号、是否有损坏等)一一列清,任何一项细微的条件未规定清楚日后都有可能引起双方的利益冲突。

三是有时候房主为了急于出租房子，往往减收押金或不收押金，这样一时失策容易留有后患。租房子交的是真金白银，签合同也要白纸黑字，合同上每一个条款都要仔细斟酌，毕竟口说无凭。一旦交易因故出现纠纷时，合同上签署的所有条款会作为纠纷的处理依据。

同时，《民法典》第726条规定了房屋承租人的优先购买权，它是指在房屋租赁关系中，承租人依照法律规定所享有的、当出租人将租赁房屋转让给第三人时，在同等条件下优先于当事人而购买房屋的权利。法律确立承租人优先购买权，一方面体现了对租赁关系中相对弱势一方的承租人的保护，另一方面也体现了对因承租人使用、收益租赁房屋而形成稳定的生产生活秩序的维护。此外，《民法典》第734条规定："租赁期限届满，承租人继续使用租赁物，出租人没有提出异议，原租赁合同继续有效，但是租赁期限为不定期。租赁期限届满，房屋承租人享有以同等条件优先承租的权利。"本条规定涉及租赁合同约定的租赁期限届满后，出租人和承租人之间租赁关系延续的两个方面：（1）原租赁合同关系的继续；（2）房屋承租人的优先承租权。二者均旨在确定租赁关系和租赁物的使用状态。

【相关法律条文】

《民法典》第704条 租赁合同的内容一般包括租赁物的名称、数量、用途、租赁期限、租金及其支付期限和方式、租赁物维修等条款。

《民法典》第705条 租赁期限不得超过二十年。超过二十年的，超过部分无效。

租赁期限届满，当事人可以续订租赁合同；但是，约定的租赁期限自续订之日起不得超过二十年。

《民法典》第706条 当事人未依照法律、行政法规规定办理租赁合同登记备案手续的，不影响合同的效力。

《民法典》第707条 租赁期限六个月以上的，应当采用书面形式。当事人未采用书面形式，无法确定租赁期限的，视为不定期租赁。

《民法典》第710条 承租人按照约定的方法或者根据租赁物的性质使用租赁物，致使租赁物受到损耗的，不承担赔偿责任。

《民法典》第711条 承租人未按照约定的方法或者未根据租赁物的性质使用租赁物，致使租赁物受到损失的，出租人可以解除合同并请求赔偿损失。

《民法典》第712条　出租人应当履行租赁物的维修义务，但是当事人另有约定的除外。

《民法典》第726条　出租人出卖租赁房屋的，应当在出卖之前的合理期限内通知承租人，承租人享有以同等条件优先购买的权利；但是，房屋按份共有人行使优先购买权或者出租人将房屋出卖给近亲属的除外。

出租人履行通知义务后，承租人在十五日内未明确表示购买的，视为承租人放弃优先购买权。

《民法典》第730条　当事人对租赁期限没有约定或者约定不明确，依据本法第五百一十条的规定仍不能确定的，视为不定期租赁；当事人可以随时解除合同，但是应当在合理期限之前通知对方。

《民法典》第734条　租赁期限届满，承租人继续使用租赁物，出租人没有提出异议的，原租赁合同继续有效，但是租赁期限为不定期。

租赁期限届满，房屋承租人享有以同等条件优先承租的权利。

36. 无因管理债权

【漫画】

【事例】

善意帮忙　手有余香

王某16岁，系某中学初三学生。一天，王某于晚自习后放学回家途中，见一孩童（5岁）在路边因迷路无法回家而哭泣，王某问清情况后，即乘一出租车将该儿童送回家，花去车费40元。王某向该儿童的父亲张某提出，让张返还其已付车费40元，儿童的父亲出于感激便拿出100元钱给王某，王某仅收了儿童父亲付给其回家的车费40元。

【专家提示】

无因管理之债，是指没有法定或约定的义务，为避免他人的利益受损失而自愿进行管理或者服务的人，可以请求利益被管理的人支付管理事务的必要费用的债的关系。无因管理中的"管理"是个广义概念，其不仅仅是事务上的管理，更包括服务，本案王某的行为就是为他人进行服务；无因管理不要求管理人有专为他人谋利益的目的，王某送迷路的儿童回家自己也搭乘出租车，自己也享受搭乘出租车的利益不影响其行为构成无因管理。所以王某的行为可视为与儿童父亲张某之间发生无因管理债权关系，王某要求返还其已付车费40元是合情合理合法的。

【相关法律条文】

《民法典》第979条　管理人没有法定的或者约定的义务，为避免他人利益受损失而管理他人事务的，可以请求受益人偿还因管理事务而支出的必要费用；管理人因管理事务受到损失的，可以请求受益人给予适当补偿。

管理事务不符合受益人真实意思的，管理人不享有前款规定的权利；但是，受益人的真实意思违反法律或者违背公序良俗的除外。

《民法典》第984条　管理人管理事务经受益人事后追认的，从管理事务开始时起，适用委托合同的有关规定，但是管理人另有意思表示的除外。

37. 不当得利债权

【漫画】

【事例】

捡拾无主物不构成不当得利

原告牟某自己开办一奶牛场,饲养数十头奶牛。一天,其中一头奶牛患病,病因不明,医治无效,牟某就用车将该牛拉至野外丢弃。次日,农民唐某发现,便将该牛牵回家中,精心调治,不出 3 个月,该牛竟病状全消、健壮如初。这一消息一年后传到牟某那里,牟某向唐某要求返还不当得利,领回该牛。本案唐某的行为不构成不当得利。牟某已经将其病牛丢弃到野外,放弃了他对该牛的所有权。该牛属于无主物,唐某拾得该牛,并精心将其治好,可依法取得该财产的所有权。故牟某不能向唐某主张返还这头奶牛。

【专家提示】

不当得利之债,是指没有法律或合同上的根据得到不当利益,而使他人受到损害,受损人有要求受益人返还该不当利益的债的关系 。由于受益人获得利益没有合法根据,其有义务将这种利益返还给合法所有人或利益受到损害的人,二者之间因此产生债的关系。其中，利益受到损害的人是债权人，获得不当利益的人是债务人。例如，因征税人员的计算错误某企业少交了税款，因运输部门疏忽错将甲的货物发送给乙等，某企业和乙因此而获得的利益就属于不当得利，应当自觉将不当得利返还给利益受损人，或者当利益受损人提出返还不当得利要求时，自觉履行返还义务。

【相关法律条文】

《民法典》第985条 得利人没有法律根据取得不当利益的，受损失的人可以请求得利人返还取得的利益，但是有下列情形之一的除外：

（一）为履行道德义务进行的给付；

（二）债务到期之前的清偿；

（三）明知无给付义务而进行的债务清偿。

《民法典》第987条 得利人知道或者应当知道取得的利益没有法律根据的，受损失的人可以请求得利人返还其取得的利益并依法赔偿损失。

《民法典》第988条 得利人已经将取得的利益无偿转让给第三人的，受损失的人可以请求第三人在相应范围内承担返还义务。

第四章

婚姻家庭权利

《民法典》圆桌讨论会主题

“家是最小国，国是千万家”。呵护好每一个家庭，为人民群众的获得感、幸福感、安全感提供法治保障，社会和谐稳定的基石将更加牢固。

主持人：金琴云　浙江力汇律师事务所主任

参与讨论的法务专家：林　玲　浙江力汇律师事务所律师

张　勤　浙江力汇律师事务所律师

周　丹　浙江力汇律师事务所律师

金琴云：家庭文明建设事关个体幸福，关系世道人心，也影响着整个国家的繁荣稳定。民法典对家庭以及构成家庭的夫妻、子女和其他成员，都给予了充分的重视，明确规定“婚姻家庭受国家保护”，还重申了婚姻自由、一夫一妻、男女平等婚姻制度，明确禁止重婚、家庭暴力等行为。请大家对婚姻家庭权利问题发表自己的观点和看法。

林　玲：本章介绍11项权利，源于《民法典》的婚姻家庭编和继承编中的条款。婚姻家庭编更加注重当事人的自主意思。其主要体现在以下两个方面：一是重大疾病对婚姻效力的影响，原《婚姻法》将其规定为无效婚姻，而不论当事人的意愿，《民法典》修正了这一立场，而仅要求患者如实告知对方病情，否则对方可申请人民法院撤销该婚姻。这就赋予当事人以自主选择的空间，实现婚姻法中的意思自治。二是在夫妻共同债务的认定中增加了共债共签的规则，要求人民法院在认定共同债务时不仅要考虑该债务发生的期间以及是否用于了共同生活，而且还要考虑夫妻双方是否存在共同举债的意思，即非用于共同生活的债务，原则上由个人承担，除非另一方认可，从而保护其财产权益和个人意愿。继承编增设了遗产管理人制度。随着私人财富的积累、家庭主义的式微以及个人主义的抬头，兄弟姐妹之间的遗产纠纷日益繁多。为此，《民法典》规定由遗嘱执行人或继承人推选的人充任遗产管理人，执行遗嘱，分配遗产。这不仅可以缓解亲人之间的冲突，而且还可以减少法院负担，增进社会自治能力。另外，继承编还规定了遗产管理人的职责、报酬和责任，为管理人依法履职提供了法律依据。除此之外，继承编还扩大了继承人的范围，规定了无人继承时的处置原则，即收归国有、用于公益，这难能可贵。但如何收归国有，又如何用于公益，《民法典》没有进一步的规定。其实在遗产管理人制度之下，公益目的也是可以实现的，即将遗产委托给公益性管理人，从事公益活动。

张　勤：婚姻家庭编立法有八大亮点：一是与国家计划生育政策的调整相协调。《民法典》将收养人须无子女的要求修改为“收养人无子女或者只有一名子女”（《民法典》第1098条第1项）。二是收养有漏洞，《民法典》来护航。为进一步加强对被收养人利益的保护，在收养人条件中增加“无不利于被收养人健康成长的违法犯罪记录”（《民法典》第1098条第4项）。三是离婚太冲动，30天内可撤回。为减少“头脑发热”式离婚，《民法典》规定了提交离婚登记申请后30日的离婚冷静期，在此期间，任何一方可以向登记机关撤回离婚申请。四是想离婚又多了一条路径。针对离婚诉讼中出现的“久调不判”的现象，《民法典》规定，经人民法院判决不准离婚后，双方又分居满1年，一方再次提起离婚诉讼的，应当准予离婚，还对方一份自由。五是疾病作为婚姻无效的事由被删除。《民法典》不再将“患有医学上认为不应当结婚的疾病”作为禁止结婚的情形，而是规定一方隐瞒重大疾病的，另一方可以向人民法院请求撤销婚姻，并且有权请求损害赔偿（《民法典》第1053、1054条）。六是离婚负债多，法律来辨析。根据社会发展需要，《民法典》明确夫妻共同债务的范围，夫妻一方在婚姻关系存续期间以个人名义超出家庭日常生活需要所负的债务，不属于夫妻共同债务，但是，债权人能够证明该债务用于夫妻共同生活、共同生产经营或者基于夫妻双方共同意思表示的除外（《民法典》第 1064 条)。七是离婚案件中 2 周岁以下子女抚养权不再有争议。法典将之前婚姻法规定的“哺乳期内的子女,以随哺乳的母亲抚养为原则”修改为“不满两周岁的子女,以由母亲直接抚养为原则”,以增强可操作性。八是规范亲子关系确认和否认之诉。对亲子关系有异议且有正当理由的,父或者母可以向人民法院提起诉讼,请求确认或者否认亲子关系(《民法典》第 1073 条)。

周　丹:继承编立法也有六大亮点:一是扩大遗产范围。《民法典》删除此前对遗产的列举,以“合法的财产”一言概之,扩大了遗产的范围。随着现代社会的发展,公民财产类型、财产形式日益丰富、增多,虚拟财产等新型财产可纳入遗产范围(《民法典》第 1122 条)。二是丧失继承权受遗赠权可“失而复得”。《民法典》新增丧失继承权情形的同时补充规定了宽宥制度。被继承人已知继承人对其实施了相应的违法行为,却愿意对继承人的过错行为予以宽恕,恢复其已丧失的继承权,应对其意愿予以尊重(《民法典》第 1125 条)。三是扩大法定继承人范围至侄、甥。为了财产更多流转在血亲家族中,而非收归国家,《民法典》将代位继承扩大至被继承人的兄弟姐妹先于被继承人死亡的情形,使得被继承人的侄、甥获得第二顺位法定继承人资格,突破了原先晚辈直系血亲的限制(《民法典》第 1128 条)。四是增加打印、录像遗嘱的新形式。《民法典》增设了打印遗嘱与录像遗嘱两种法定遗嘱形式(《民法典》第 1136、1137 条)。五是废除公证遗嘱效力优先规则。为尊重遗嘱人的真实意愿,《民法典》修改了遗嘱效力规则,删除了之前继承法关于公证遗嘱效力优先的规定,以更好保护民法当事人意思自治原则(《民法典》第 1142 条)。六是增加遗产管理人制度。为确保遗产得到妥善管理、顺利分割,更好地维护继承人、债权人利益,《民法典》增加规定了遗产管理人制度,明确了遗产管理人的产生方式、职责和权利等内容(《民法典》第 1145 条)。

本章权利要目

38. 婚姻自由权(《民法典》第 1041、1042 条)
39. 男女婚姻家庭平等权(《民法典》第 1055、1057、1058 条)
40. 夫妻相互受扶养权(《民法典》第 1059 条)
41. 夫妻财产权(《民法典》第 1061－1066 条)
42. 受赡养权(《民法典》第 1067 条)

43. 受抚养教育权(《民法典》第1067、1068条)
44. 非婚生子女与婚生子女同等权(《民法典》第1071条)
45. 收养权(《民法典》第1093、1098－1102条)
46. 收养解除权(《民法典》第1115、1116、1118条)
47. 探望权(《民法典》第1086条)
48. 继承权(《民法典》第16、1061、1120－1123条)

38. 婚姻自由权

【漫画】

【事例】

谈婚论嫁寻常事　骗取证书该当罚

肖某与温某经人介绍谈婚，半年后协商结婚。村民小组为两人出具了办理结婚登记所需要的证明。同日，温某之父持村民小组证明来到村委会，找村委会会计开具婚姻状况证明。肖某、温某双方到乡民政所进行了结婚登记，因未交两人结婚合影照片，当日未领取结婚证书。两天后，双方因彩礼问题发生争执，肖某提出悔婚，温某同意。后肖某从温某处取回结婚证，发现结婚证男方持证人姓名不是温某，而是其哥哥温三（化名），遂诉至县人民法院，要求宣布其与温三的婚姻无效。法院受理本案后，经审查认为：起诉人肖某与被告温三冒他人之名办理的结婚登记无效，应由婚姻登记机关撤销登记，收回双方已取得的结婚证书；被告温三之父与村委会干部恶意串通，采取欺诈手段骗取婚姻登记机关为温三办理结婚登记，依法应予民事制裁处罚。

【专家提示】

我国婚姻法对于“男女双方完全自愿”的规定既严谨又周密：一是双方自愿而不是一方自愿，这就排除了一方对另一方的强迫；二是本人自愿而不是仅需父母、家长等同意，这就排除了第三人对婚事的包办；三是完全自愿而不是勉强允诺，这就排除了各种外来的干涉和影响。当然，关于结婚必须男女双方自愿的规定，并不排斥当事人就此向父母、亲友等征询意见，后者出于对当事人的关心和爱护，不仅可以而且也完全应该按照法律和道德的要求，提出各种有益的建议，是否采纳则只能由当事人决定。在这个问题上，一定要划清善意的帮助和非法干涉的界限。

【相关法律条文】

《宪法》第 49 条第 4 款 禁止破坏婚姻自由，禁止虐待老人、妇女和儿童。

《民法典》第 1041 条第 2 款 实行婚姻自由、一夫一妻、男女平等的婚姻制度。

《民法典》第 1042 条 禁止包办、买卖婚姻和其他干涉婚姻自由的行为。禁止借婚姻索取财物。

禁止重婚。禁止有配偶者与他人同居。

禁止家庭暴力。禁止家庭成员间的虐待和遗弃。

39. 男女婚姻家庭平等权

【事例】

家暴不容小觑

某地，一个遭受丈夫18年虐待的女工，在丈夫当街殴打她时用刀将丈夫捅死。事发后，该女工单位、社区居民及亲人180多人先后多次联名向当地政法机关和妇联等有关部门反映该女工长期受虐待情况，强烈要求司法部门对其量刑时从轻。法院以故意杀人罪判处该女工有期徒刑3年，缓期5年执行。这是一起典型的因家庭暴力引发的杀人案件，家庭虐待和暴力是对妇女婚姻家庭平等权利的严重侵害。

【专家提示】

国家虽然颁布了一系列保护女性公民基本权利和特殊权益的法律法规，在保护妇女权益方面取得了巨大的成绩，但从目前现实情况看，有法不依、执法不严的现象还时有发生，传统生育文化的影响依旧存在，加上一些客观因素，妇女的权益经常受到侵害的事实依旧存在，特别是在我国农村地区。因此，加强法治建设，从制度上革除传统生育文化和家庭暴力现象，是建设新型生育文化、切实保护妇女权益的重要条件之一。

【相关法律条文】

《宪法》第48条第1款 中华人民共和国妇女在政治的、经济的、文化的、社会的和家庭的生活等各方面享有同男子平等的权利。

《民法典》第1055条 夫妻在婚姻家庭中地位平等。

《民法典》第1057条 夫妻双方都有参加生产、工作、学习和社会活动的自由，一方不得对另一方加以限制或者干涉。

《民法典》第1058条 夫妻双方平等享有对未成年子女抚养、教育和保护的权利，共同承担对未成年子女抚养、教育和保护的义务。

40. 夫妻相互受扶养权

【漫画】

【事例】

夫妻分居不排除扶养义务

1966 年，张某与杨某结为夫妻，先后生育了 3 个子女。1996 年 7 月，一直在老家宣威市相夫教子的杨某与退休在家的张某发生争执。张某一怒之下离家分居生活至今。9 年来，双方一直处于冷战状态，互不来往。2005 年年初，体弱多病又无其他生活来源的杨某，生活陷入窘境，无奈之下将现居住在曲靖市的张某告上法庭，要求从 2005 年 4 月起，张某每月给付扶养费 406.5 元。宣威市法院经审理认为，夫妻双方有法定的扶养义务，现杨某无生活来源且体弱多病，而张某有固定的退休金，有相应的负担能力，应从每月退休金中支付一定扶养费给杨某。2005 年 9 月 19 日，云南省曲靖市中级人民法院审结了这起扶养纠纷案，依法判令丈夫张某于 2005 年 4 月始每月支付给妻子杨某扶养费 300 元。一审判决后，张某以 3 个孩子有赡养能力、杨某有土地耕种等理由申诉，请求法院改判。曲靖市中级人民法院经审理认为，张某与杨某是合法夫妻，杨某需要扶养，张某有义务，子女有赡养能力，并不能否定夫妻之间的法定扶养义务，遂依法作出驳回上诉、维持原判的二审判决。

【专家提示】

受扶养权就是公民在生活困难的情况下依法接受平辈亲属扶助和供养的权利。夫妻、兄弟姐妹之间享有受扶养权，与其承担的扶养义务是一致的、完全平等的。一方享有的受扶养权就是对方所应承担的扶养义务。有扶养能力的一方，在对方伤、病、残或者丧失劳动能力时，应当自觉履行扶养义务，不能置对方生活困难于不顾。因扶养发生纠纷时，可以请求有关部门调解，也可以如上述案件向人民法院起诉。负有扶养义务而拒绝扶养，情节恶劣的，可以依法追究刑事责任。《刑法》第261条规定："对于年老、年幼、患病或者其他没有独立生活能力的人，负有扶养义务而拒绝扶养，情节恶劣的，处五年以下有期徒刑、拘役或者管制。"

【相关法律条文】

《民法典》第1059条 夫妻有相互扶养的义务。

需要扶养的一方，在另一方不履行扶养义务时，有要求其给付扶养费的权利。

41. 夫妻财产权

【漫画】

【事例】

离婚中被隐匿的财产可分割

唐女士因与前夫金先生性格不合，向法院提出了离婚诉讼。法院在作出离婚判决的同时，对双方的财产、子女、住房等问题也进行了处理。金先生对判决不服，提出了上诉。二审判决后，金先生仍拒不履行法院判决。其间，唐女士多次通过执行法官进行催讨，金先生再三表示自己没有财产，执行一度陷入僵局。然而，唐女士在一次整理物品时，偶然发现了一张记有一串数字的小纸，她记起前夫曾提起过有一笔存款，莫非这就是银行账号。唐女士将这一线索提供给了执行法官，经过执行法官的认真核查，一笔在离婚案中未曾处理的6万余元存款浮出了水面。夫妻已经离婚，前夫名下的存款还能够分吗？抱着一丝希望，唐女士将前夫告上了法庭，要求分割其中的3万元。在审理过程中，金先生始终未露面，只是写了封信给承办法官，称该款是为买车而向其父亲借的。但唐女士不认可这一说法，坚持认为该款是前夫在离婚案件中故意隐瞒的夫妻共同财产。法院认为，由于存款形成时间是在婚姻关系存续期间，金先生未能提供该存款系向其父亲所借的证据，应依法认定该存款为夫妻共同财产，同时，基于金先生在离婚过程中隐匿了该存款，唐女士的诉请符合《民法典》的有关规定，最终支持了她的诉请。法院对这起财产案进行判决，判令前夫支付3万元给前妻。

【专家提示】

分割夫妻财产的原则是：双方有夫妻财产协议的，按照协议分割。如果无协议或者协议不成，则由人民法院根据具体情况，遵循男女平等，保护妇女、儿童的合法权益、照顾无过错方等原则予以分割。同时，离婚时分割财产前要先偿还夫妻共同债务。离婚时一方将夫妻共同财产非法隐藏、转移拒不交出的，或非法变卖、毁损的，分割财产时，对其应予以少分或不分。法院对唐女士与前夫财产权案的判决是正确的。

【相关法律条文】

《民法典》第1061条　夫妻有相互继承遗产的权利。

《民法典》第1062条　夫妻在婚姻关系存续期间所得的下列财产，为夫妻的

共同财产,归夫妻共同所有:

（一）工资、奖金、劳务报酬;

（二）生产、经营、投资的收益;

（三）知识产权的收益;

（四）继承或者受赠的财产,但是本法第一千零六十三条第三项规定的除外;

（五）其他应当归共同所有的财产。

夫妻对共同财产,有平等的处理权。

《民法典》第1063条 下列财产为夫妻一方的个人财产:

（一）一方的婚前财产;

（二）一方因受到人身损害获得的赔偿或者补偿;

（三）遗嘱或者赠与合同中确定只归一方的财产;

（四）一方专用的生活用品;

（五）其他应当归一方的财产。

《民法典》第1064条 夫妻双方共同签名或者夫妻一方事后追认等共同意思表示所负的债务,以及夫妻一方在婚姻关系存续期间以个人名义为家庭日常生活需要所负的债务,属于夫妻共同债务。

夫妻一方在婚姻关系存续期间以个人名义超出家庭日常生活需要所负的债务,不属于夫妻共同债务;但是,债权人能够证明该债务用于夫妻共同生活、共同生产经营或者基于夫妻双方共同意思表示的除外。

《民法典》第1065条 男女双方可以约定婚姻关系存续期间所得的财产以及婚前财产归各自所有、共同所有或者部分各自所有、部分共同所有。约定应当采用书面形式。没有约定或者约定不明确的,适用本法第一千零六十二条、第一千零六十三条的规定。

夫妻对婚姻关系存续期间所得的财产以及婚前财产的约定,对双方具有法律约束力。

夫妻对婚姻关系存续期间所得的财产约定归各自所有,夫或者妻一方对外所负的债务,相对人知道该约定的,以夫或者妻一方的个人财产清偿。

《民法典》第1066条 婚姻关系存续期间,有下列情形之一的,夫妻一方可以向人民法院请求分割共同财产:

（一）一方有隐藏、转移、变卖、毁损、挥霍夫妻共同财产或者伪造夫妻共同债务等严重损害夫妻共同财产利益的行为；

（二）一方负有法定扶养义务的人患重大疾病需要医治，另一方不同意支付相关医疗费用。

42. 受赡养权

【漫画】

【事例】

赡养老人协议有效

刘某有两个女儿，大女儿刘1大学毕业后在省城工作，二女儿刘2高中毕业后出嫁到邻村。2005年下半年，刘1将父亲接到省城居住。但老人不习惯城市生活，又回到了老家。为了使老爸生活有个依靠，刘1与邻居越某签订了一份《赡养老人协议》，协议约定：刘某的饮食起居由越某夫妇照顾，刘1每月付给越某现金50元；刘某的医药费和将来的丧葬费由刘1照实负担；刘某死后，其房屋归越某所有。刘某见越某夫妇谦和，素来尊敬他，也很乐意地在协议书上签了字。后刘2与丈夫离婚，回到娘家居住，她起诉至县人民法院，要求解除其父、姐与越某签订的《赡养老人协议》，其理由是：赡养父母是子女的法定义务，其胞姐的赡养义务不能转让给越某；她本人的赡养义务也不许越某剥夺。越某辩称：刘某与他在一起生活得很开心，他又没有阻挠刘2对父亲尽孝心，《赡养老人协议》应予维持。法院经审理认为：刘某父女与越某签订的《赡养老人协议》合法有效，遂驳回了刘2的诉讼请求。

【专家提示】

刘1将父亲的日常生活有偿交给越某负责，这是一种赡养义务的有偿转让，既方便了子女父母，也为社会创造了就业岗位，显然有利无弊。虽然目前我国法律没有关于赡养义务可有偿转让的明确规定，但由于上述《赡养老人协议》是刘某父女和越某的真实意思表示，并不违反法律或社会公共利益，且他们三人均是具备完全民事行为能力之人。根据《民法典》的规定，他们签订该协议的行为是合法的民事法律行为，受法律的保护。

【相关法律条文】

《宪法》第49条第3款 父母有抚养教育未成年子女的义务，成年子女有赡养扶助父母的义务。

《民法典》第1067条第2款 成年子女不履行赡养义务的，缺乏劳动能力或者生活困难的父母，有要求成年子女给付赡养费的权利。

《老年人权益保障法》第14条第1款 赡养人应当履行对老年人经济上供养、生活上照料和精神上慰藉的义务，照顾老年人的特殊需要。

43. 受抚养教育权

【漫画】

【事例】

父母帮带孙不是法定义务

徐某离婚后，将其应抚养的儿子扔给父母，不闻不问，父母一气之下将徐某告上法庭，要求徐某给付为孙子垫付的抚育费。法院经审理查明，1995 年 12 月，徐某与前妻登记结婚，1996 年 7 月生育一儿子。1997 年 10 月，徐某夫妻俩感情不和，在法院的主持下调解离婚，儿子随徐某共同生活，由前妻一次性给付儿子抚育费 3 万元，此款已经履行交付给徐某。徐某离婚后，其儿子一直随祖父母共同生活至今。现徐某的儿子已就读小学四年级。2006 年 2 月，徐某的父母以徐某对儿子不闻不问、多年不付抚育费为由诉至法院，要求徐某给付原告为孙子垫付的生活费及教育费共计 2.2 万余元。法院审理后认为，徐某离婚后，应由其抚养的儿子一直随祖父母共同生活，由其父母代儿子履行了抚养教育义务，由此而支出的抚育费理应由徐某负担。但因当时抚育费案件追索期为 2 年，故法院只能支持自起诉前 2 年垫付的抚育费。

法院对此案作出一审判决:徐某应给付父母为其儿子垫付的2年抚育费共计7200元。

【专家提示】

未成年人或不能独立生活的人依法享有在经济上受长辈亲属抚养、供养或教育的权利。对抚养权原《婚姻法》只规定了"有利于子女的身心健康,保障子女的合法权益。"生父与继母或生母与继父离婚时,对曾受其抚养教育的继子女,继父母不愿意继续抚养的,认为抚养关系已经解除,该子女仍由生父母抚养。继父母和继子女之间的关系和一般的父母子女关系不同,具有姻亲关系和教育抚养关系,但不具备血缘关系,这种权利和义务是可以解除的,只能推论:生父与继母或生母与继父离婚时,生父(母)和继母(父)都要求抚养该子女的,抚养权归生父母所有。现行《民法典》对此有明确规定。

【相关法律条文】

《民法典》第1067条第1款 父母不履行抚养义务的,未成年子女或者不能独立生活的成年子女,有要求父母给付抚养费的权利。

《民法典》第1068条 父母有教育、保护未成年子女的权利和义务。未成年子女造成他人损害的,父母应当依法承担民事责任。

44. 非婚生子女与婚生子女同等权

【漫画】

【事例】

非婚生子女与婚生子女权利同等

2002 年,刘某在上海打工期间通过手机短信息与肖某相识,经过半年左右的交往,双方建立了恋爱关系。2004 年 5 月,肖某与刘某按民俗举行了结婚仪式。因刘某当时尚未达到法定婚龄,双方即未领取结婚证。2004 年 9 月,肖某因早产在上海某医院剖宫产下一对双胞胎女婴,大女儿出生以后经抢救无效死亡,小女儿和肖某于 2004 年 10 月出院,住院费、医药费、抢救费共花去 28,872.08 元,这些费用都是由肖某向他人所借,因双方为上述费用的支出产生矛盾并未能妥善解决,肖某即向海安县人民法院起诉,要求刘某负担其生育住院费用、小女儿的医疗费及抚育费。后刘某经县人民法院合法传唤,无正当理由拒不到庭参加诉讼。人民法院缺席审理后作出判决:(1)被告刘某于判决发生法律效力后 10 日内给付原告肖某因生育和抢救非婚生女所支出费用 14,389.11 元;(2)非婚生女随原告肖某生活,被告刘某从 2005 年 4 月起每月给付原告肖某非婚生女抚育费 200 元,直至小女儿独立生活时止,于每年 12 月 30 日前给付;(3)案件受理费由被告刘某负担。

【专家提示】

我国法律之所以规定非婚生子女同婚生子女一样享有平等的继承权,就是因为,非婚生子女和婚生子女一样,与生父母有直接的血缘关系,是直系血亲。而且非婚生子女和婚生子女一样,都是社会的一个成员,是国家的一个公民。所以,国家法律应当一视同仁,加以保护。

【相关法律条文】

《民法典》第 1071 条　非婚生子女享有与婚生子女同等的权利,任何组织或者个人不得加以危害和歧视。

不直接抚养非婚生子女的生父或者生母,应当负担未成年子女或者不能独立生活的成年子女的抚养费。

45. 收养权

【漫画】

【事例】

收养孩子当注意收养生效要件

2002年2月,刘某与戚某所生的半岁的儿子意外被开水烫伤,发生了巨额医疗费。为筹借孩子的看病钱,戚某与刘某及其家人发生矛盾并赌气回四川娘家居住,后又到上海打工。后戚某回到家中时才发现孩子不见了,经向丈夫刘某追问,才得知她出去不久,孩子就被刘某送养给了周某夫妇。戚某费尽周折才找到周某,但多次索要孩子均遭到拒绝。无奈,戚某与丈夫一同将周某诉至法院。被告辩称,刘某因无力抚养受伤儿子将其送养,当时双方订有收养协议,被告按约支付了刘某1.38万元的补偿费。现在孩子已经办理了收养登记和周姓的户口,被告对孩子享有合法的收养权,且在收养期间被告投入了大量的感情和财力来抚养孩子,故原告无权要回孩子。法院审理后判决原告刘某单方与被告周某夫妇订立的收养协议无效，原告刘某夫妇享有对亲生儿子的抚养权，同时判决原告返还被告因送养获取的补偿款 1.38 万元及支付被告实际抚养期间支付的各项费用 6.9 万余元。

【专家提示】

收养作为变更亲属身份的民事法律行为，须合法、自愿、意思表示真实，被收养人年满 10 周岁的应亲自到场。审理收养登记的机关为县级以上人民政府的民政部门。被收养人为查找不到生父母的弃婴和儿童的应在登记前予以公告。民政部门对证明材料齐全、合法、有效，符合收养条件的，应准予登记并颁发《收养证书》，公安部门应依法办理户口登记手续。

【相关法律条文】

《民法典》第 1093 条 下列未成年人，可以被收养：

（一）丧失父母的孤儿；

（二）查找不到生父母的未成年人；

（三）生父母有特殊困难无力抚养的子女。

《民法典》第 1098 条 收养人应当同时具备下列条件：

（一）无子女或者只有一名子女；

（二）有抚养、教育和保护被收养人的能力；

（三）未患有在医学上认为不应当收养子女的疾病；

（四）无不利于被收养人健康成长的违法犯罪记录；

（五）年满三十周岁。

《民法典》第 1099 条 收养三代以内旁系同辈血亲的子女，可以不受本法第一千零九十三条第三项、第一千零九十四条第三项和第一千一百零二条规定的限制。

华侨收养三代以内旁系同辈血亲的子女，还可以不受本法第一千零九十八条第一项规定的限制。

《民法典》第 1100 条 无子女的收养人可以收养两名子女；有子女的收养人只能收养一名子女。

收养孤儿、残疾未成年人或者儿童福利机构抚养的查找不到生父母的未成年人,可以不受前款和本法第一千零九十八条第一项规定的限制。

《民法典》第1101条 有配偶者收养子女,应当夫妻共同收养。

《民法典》第1102条 无配偶者收养异性子女的,收养人与被收养人的年龄应当相差四十周岁以上。

46. 收养解除权

【漫画】

【事例】

养父子关系恶化 可解除收养关系

原告王某明的前妻身有残疾,不能生育,夫妻想收养一子女。经人介绍,王某明和前妻于1971年10月19日收养了刚出生的被告王某星。收养后,王某明和前妻共同抚养王某星,养父母子女关系一直融洽。1988年6月,王某明前妻病故。王某明拟再婚,遭到王某星的反对。经亲友劝说,王某星勉强同意。1989年3月,王某明再婚。此后,养父子之间产生隔阂,双方在新的家庭生活中,常为琐事发生矛盾,特别是王某星与继母相处不睦,时常争吵,并借故辱骂养父、继母,伤害了养父子之间的感情。王某明遂于1991年5月起诉到法院,要求解除与王某星的收养关系。经法院调解，王某明撤回了起诉，并希望通过此举及今后的努力来改善养父子关系。但在这以后，双方关系不但没有改善，反而进一步恶化，以致王某明夫妇从1992年2月起租房另过。为此，王某明再次向法院起诉，法院经审理认为：王某明与王某星之间的收养关系成立。王某明将王某星收养并养大成人，尽到了养育子女的义务。王某星本应尽孝敬父母的义务，但却在养父再婚后，不尊重、不孝敬养父，经常吵闹，致使王某明夫妇无法安居生活。养父子关系已经恶化到无法共同生活的程度。判决准予王某明与王某星解除收养关系。

【专家提示】

养父母与养子女的关系，是法律拟制的血亲关系，不是自然的血缘关系。收养关系既是因一定的法律行为而产生，又可因一定的法律行为而解除。收养解除就是通过一定程序解除拟制在父母子女间权利义务关系的行为，具体包括收养协议解除和收养诉讼解除。收养关系解除后，养子女与养父母及其他近亲属间的权利义务关系即行消除，与生父母及其他近亲属的权利义务关系自行恢复，但成年养子女与生父母及其他近亲属间的权利义务关系是否恢复，可以协商确定。由养父母抚养成人的养子女，对缺乏劳动能力且缺乏生活来源的养父母，应当给付生活费。因养子女成年后虐待、遗弃养父母而解除收养关系的，养父母可以要求养子女补偿收养期间支出的生活费和教育费；对于生父母要求解除收养关系的，养父母可以要求生父母适当补偿收养期间支出的生活费和教育费，但因养父母虐待、遗弃养子女而解除收养关系的除外。对于养父母要求解除收养关系的，一般不予补偿其支出的生活费与教育费。

【相关法律条文】

《民法典》第1115条　养父母与成年养子女关系恶化、无法共同生活的，可以协议解除收养关系。不能达成协议的，可以向人民法院提起诉讼。

《民法典》第1116条　当事人协议解除收养关系的，应当到民政部门办理解除收养关系登记。

《民法典》第1118条　收养关系解除后，经养父母抚养的成年养子女，对缺乏劳动能力又缺乏生活来源的养父母，应当给付生活费。因养子女成年后虐待、遗弃养父母而解除收养关系的，养父母可以要求养子女补偿收养期间支出的抚养费。

生父母要求解除收养关系的,养父母可以要求生父母适当补偿收养期间支出的抚养费;但是,因养父母虐待、遗弃养子女而解除收养关系的除外。

47. 探望权

【漫画】

【事例】

离婚后父母享有探望权

李某经人介绍与比自己大6岁的赵某相识,经过3个多月的闪电恋爱,双方登记结婚,生育一女孩。由于二人婚前相互了解不够,加上李某婚后与赵家父母生活在一起,在性格、爱好、处理问题的方式上差异较大,不久双方就经常为生活琐事吵架、打闹。之后,二人再次因家务琐事发生争执,李某被赶出了原告家,无奈的李某只得借宿到同事处,二人分居生活。3年来,李某多次要求见女儿都遭到拒绝,想离婚又交不起诉讼费。赵某到法院起诉要求离婚,并认为自己与女儿长期生活,已经建立了深厚的感情,坚决要求抚养孩子。而李某认为双方已无夫妻感情,同意与赵某离婚,但也坚决要求抚养女儿。法院审理认为:原、被告在婚前相互了解不够,草率结婚,婚姻基础较差,在婚后的共同生活中,不能相互谅解,经常吵闹,长期分居生活,互不尽夫妻义务,夫妻感情已经彻底破裂。双方协商离婚,法院予以支持。由于婚生女儿长期随原告及原告父母共同生活,已经建立了深厚的感情,李某虽也坚持要求抚养孩子,但其目前又无固定居所,结合本案的实际情况,婚生女儿由赵某带领抚养较妥。但李某依法享有定期对女儿探望的权利,赵某应当予以协助。法院作出判决:被告李某在每月法定的双休日和节假日中有不少于4天行使对女儿的探望权利,到女儿独立生活时止。

【专家提示】

探望权,指父母离婚后,不直接抚养子女的父母一方定期或不定期探望子女的一种权利。法律赋予没有监护权的父或母的探望权是其作为父母的一项基本权利,无正当理由是不能剥夺的。但夫妻离婚后,小孩的爷爷奶奶或外公外婆是否享有探望权呢? 这就得另当别论了。若已离婚的夫妻双方无异议,在适当的场合,有条件地探望孙子外孙是人之常情。

【相关法律条文】

《民法典》第1086条　离婚后,不直接抚养子女的父或者母,有探望子女的权利,另一方有协助的义务。

行使探望权利的方式、时间由当事人协议;协议不成的,由人民法院判决。

父或者母探望子女,不利于子女身心健康的,由人民法院依法中止探望;中止的事由消失后,应当恢复探望。

48. 继承权

【漫画】

【事例】

遗产分割时应保留胎儿继承份额

李某与孙某于2017年年底结婚，婚后夫妇二人经营皮鞋生意。因未分家，夫妻二人几年来共有的6万元存款在李某的公婆处保存。2021年5月，李某到医院检查身体时发现怀有身孕。6月18日，李某之夫孙某在回家途中突发脑出血不治身亡。李某欲改嫁他乡，但其公婆只给李某人民币4万元，其中1万元是丈夫的个人遗产份额。李某认为，尽管自己无法在公婆家生活，但自己留有孙家的骨血，所以要求公婆给其腹中胎儿的应得部分。可李某的公婆认为，李某人都走了，孩子是不是能生育还是未知数，所以不同意李某的请求。李某无奈之下向法院起诉。法院经审理认为，根据《民法典》的规定，遗产分割时应当保留胎儿的继承份额，胎儿出生时是死体的，保留的份额按照法定继承处理，原告怀有身孕，胎儿应分得3万元的四分之一，交给其母保管，后视胎儿出生后的情形按法定继承处理。山东省商河县人民法院判令二被告从继承的份额中拿出5000元交给原告李某保管。

【专家提示】

继承权是指公民依照法律的规定或者被继承人生前立下的合法有效的遗嘱而承受被继承人遗产并排斥他人非法干涉的权利。本《民法典》规定了胎儿享有继承权。继承权的内容主要包括：一是法定继承权。继承顺序分为第一顺序（配偶、子女、父母）和第二顺序（兄弟姐妹、祖父母、外祖父母）。有第一顺序继承人的，则第二顺序继承人无权继承。二是代位继承权。被继承人的子女先于被继承人死亡，由被继承人子女的晚辈直系亲属代位继承。三是转继承权。继承人或受遗赠人在继承开始后遗产分割前死亡的，其应得的遗产份额，转由其法定继承人、遗嘱继承人或者受遗赠人继承。四是遗嘱继承权，还有遗赠权和遗赠扶养协议权等。继承权同继承人的主观意志相联系，不仅可以接受、行使，而且还可以放弃。继承权的实现从被继承人死亡或宣告死亡时开始。在被继承人有合法遗嘱的情况下，遗嘱继承优先于法定继承。

【相关法律条文】

《民法典》第 16 条 涉及遗产继承、接受赠与等胎儿利益保护的，胎儿视为具有民事权利能力。但是，胎儿娩出时为死体的，其民事权利能力自始不存在。

《民法典》第 1061 条 夫妻有相互继承遗产的权利。

《民法典》第 1120 条 国家保护自然人的继承权。

《民法典》第 1121 条 继承从被继承人死亡时开始。

相互有继承关系的数人在同一事件中死亡，难以确定死亡时间的，推定没有其他继承人的人先死亡。都有其他继承人，辈份不同的，推定长辈先死亡；辈份相同的，推定同时死亡，相互不发生继承。

《民法典》第 1122 条 遗产是自然人死亡时遗留的个人合法财产。

依照法律规定或者根据其性质不得继承的遗产，不得继承。

《民法典》第 1123 条 继承开始后，按照法定继承办理；有遗嘱的，按照遗嘱继承或者遗赠办理；有遗赠扶养协议的，按照协议办理。

第五章
法人、非法人组织的权利

《民法典》圆桌讨论会主题

《民法典》主体制度中的法人制度是总则编最具创新点的地方。《民法典》承认法人的独立主体地位,法人具有民事权利能力和民事行为能力。完善法人制度,对全面深化改革、促进社会主义市场经济发展意义重大,通过法律与经济社会发展的良性互动,能激发未来中国经济发展的无限创造力。

主持人:叶水荣　浙江泽鼎律师事务所律师
参与讨论的法务专家:廖　远　浙江泽鼎律师事务所律师
黄路路　浙江泽鼎律师事务所律师
项梦颖　浙江泽鼎律师事务所律师

叶水荣:《民法典》完善了自然人(个体工商户)、法人、非法人组织主体制度,为各类主体设立营利法人、非营利法人创造了条件,同时还通过大量的典型合同为民商事交易提供了行为指南。主体制度使得自然人得到法律的合理庇护,让自然人居于企业之中从事创造性活动,企业仅仅以其投资为限度来承担有限责任,成为接受诉讼等各种外部压力的屏障。根据《民法典》的规定,营利法人包括有限责任公司、股份有限公司和其他企业法人等,各类主体借助于企业从事各种交易,从而简化了合同关系,有利于提高交易的效率,同时也有利于通过团体协作的力量挖掘创造性生产的潜力。法人制度是民事主体制度的重要组成部分,《民法典》中的法人制度是一项重大制度创新,创造性地规定了法人的分类以及特别法人制度。请法务专家对涉及法人权利问题发表意见和看法。

廖　远：为了挖掘经济发展潜力，《民法典》特别规定民事主体可以通过代理人实施民事法律行为。法律行为最核心的价值是私法自治和信赖保护，代理则进一步补充和扩大了私法自治的范围和能力，大大拓展了民事主体的能力领域，从而扩展了民事法律行为和民事法律关系的范围，有力地促进了社会经济的繁荣发展。为了给市场经济发展提供良好的融资环境，此次《民法典》编纂就担保物权部分，进一步完善了动产担保和权利担保的体系，促进了其在现代市场经济条件下融资功能的发挥。整个物权编构建了市场经济中财产归属和利用的基本秩序，体现了定纷止争和促进效率两大法律价值。市场经济的发展需要通过市场这只“看不见的手”，也需要通过公权力这只“看得见的手”。《民法典》的颁布，标志着我国社会主义市场经济模式的成熟，法律与经济社会发展的良性互动，将激发未来中国经济发展的无限创造力。

黄路路：市场经济充满各种风险。营利法人的法律风险伴随企业整个过程，从企业的成立，到企业的运营，包括决策、管理、交易、人事、财务、税务，再到企业的注销，营利法人的法律风险在哪里？营利法人所面临的法律风险主要体现为刑事法律风险、民事法律风险、行政处罚法律风险。民事法律风险责任承担方式，在《民法典》第179条规定：“承担民事责任的方式主要有：（一）停止侵害；（二）排除妨碍；（三）消除危险；（四）返还财产；（五）恢复原状；（六）修理、重作、更换；（七）继续履行；（八）赔偿损失；（九）支付违约金；（十）消除影响、恢复名誉；（十一）赔礼道歉。法律规定惩罚性赔偿的，依照其规定。本条规定的承担民事责任的方式，可以单独适用，也可以合并适用。”在民事法律风险中，更为重要的还是合同风险（如应收账款催收风险），以及《民法典》第577条所规定的，当事人一方不履行合同义务或者履行合同义务不符合约定的，应当承担继续履行、采取补救措施或者赔偿损失等违约责任。应收账款催收存在以下问题：（1）催债意识淡漠；（2）忽视交易对手的经营变化；（3）做催收的表面文章；（4）关注大额欠款，忽视小额欠款；（5）维权手段欠缺。如何化解应收账款催收难题？一是源头预防：（1）使用规范合同文本；（2）审查交易对手履约能力。二是事中关注：（1）履约规范；关注对方；（2）保存证据。三是及时维权：（1）协商催债；（2）留下书面材料；（3）函件催债;(4)诉讼收债。

项梦颖:防止和避免法人在经营中遇到的各类法律风险,应该首先了解法人有哪些权利。法人与法定代表人不一样,前者指具有民事权利能力和民事行为能力、依法独立享有民事权利和承担民事义务的组织,后者是指依照法律或者法人章程规定、代表法人从事民事活动的负责人,是法人的代表人。《公司法》规定法定代表人由董事长、执行董事、经理担任,在授权范围内对外代表法人行使职权。法定代表人的权利,通常指法定代表人的职权,有的是法律直接规定的,有的是由公司章程规定的。具体说来,法定代表人的职权有:一是对外代表公司的权利,可以签署法律性文件资料。例如,法定代表人在办理公司重大事项时为代理人签署授权委托书,在报刊上为公司公开发表声明等。二是代表公司签订合同的权利。在订立合同过程中,法定代表人签字常常是合同的生效条件之一,无特别约定下一经法定代表人签署,合同即为有效。三是公司发行债券、股票的,必须由法定代表人签名、公司盖章。四是法律、行政法规和公司章程规定的职权。例如,法定代表人可以主持股东会、董事会等。

本章权利要目

49. 法人权利(《民法典》第 59、60 - 62 条)
50. 营利法人权利(《民法典》第 76、85 条)
51. 非营利法人权利(《民法典》第 87 - 90、95 条)
52. 特别法人权利(《民法典》第 96 - 101 条)
53. 非法人组织权利(《民法典》第 102、104、105 条)
54. 法人、非法人组织解散权利(《民法典》第 68、69 条)
55. 法人、非法人组织破产权利(《民法典》第 73 条)
56. 法人、非法人组织享有的名称权、名誉权和荣誉权(《民法典》第 110、1013、1014 条)

49. 法人权利

【漫画】

【事例】

法律面前人人平等国营民营都要依法保护

2017年1月3日，某市铁路建设协调领导小组办公室发文《关于印发高铁某地区征地拆迁工作布置会会议纪要的通知》，明确沿线县（区）政府作为征地拆迁工作的责任主体。同年1月10日，某园林建设有限公司、某镇政府以及某房地产土地资产价格评估有限公司，共同对被征迁苗木地块进行现场勘验，并制作相应笔录，对案涉苗木树种、规格、数量予以确认，各方均签字确认。同年3月1日，镇政府向该园林建设有限公司送达《客专红线范围内苗木迁移的通知》，要求该园林建设有限公司在3月8日前将案涉苗木迁出红线范围外，逾期不迁，视作自动放弃。同年3月3日，该园林建设有限公司向镇政府递交《关于某园林公司苗圃拆迁事宜的报告》，表示无力按照前述要求完成搬迁工作，并请镇政府按照评估价回购。同年3月10日，镇政府组织人员将案涉苗木予以铲除。该园林建设有限公司对此不服，起诉至法院，请求确认案涉拆除行为违法。某市中级人民法院依法确认镇政府铲除、毁损原告流转的某镇陶店村50多亩土地上附着物（苗木、鱼塘）的行政行为违法。宣判后，被告某镇政府及县人民政府未提出上诉。

【专家提示】

本案明确在行政审判工作中，应依法对行政机关违法行为予以纠正，对不规范行为予以指引，维护民营企业的合法权益和自主经营权。行政强制必须依法设定、由法授权、按法实施、受法约束。政府推进重大工程建设，是利国利民的好事，自然人、法人或者非法人组织予以配合亦属应有之义。但若因此要征收或者征用自然人、法人或者非法人组织合法财产的，应当给予权利人合法合理的补偿，并且这种补偿也要按照法定程序进行。此外，对于因重大工程进度要求，而要求自然人、法人或者非法人组织在短期内予以配合的时候，政府亦应给予自然人、法人或者非法人组织充分的准备时间。对于自然人、法人或者非法人组织因客观原因无法按期予以配合并已经向政府予以提出的情况下，政府则应当以服务型政府的标准和要求积极采取相应措施，不能只考虑行政效能，而忽视程序正义，采用强制拆除的方式予以处理。人民法院的行政判决应当充分发挥司法的评价、引导功能，加大对侵犯财产权行为的监督力度，根据行政强制法的相关规定对本案被告的强制拆除行为予以确认违法，正是这种评价、引导功能的体现。

【相关法律条文】

《民法典》第59条　法人的民事权利能力和民事行为能力，从法人成立时产生，到法人终止时消灭。

《民法典》第60条　法人以其全部财产独立承担民事责任。

《民法典》第61条　依照法律或者法人章程的规定，代表法人从事民事活动的负责人，为法人的法定代表人。

法定代表人以法人名义从事的民事活动，其法律后果由法人承受。

法人章程或者法人权力机构对法定代表人代表权的限制，不得对抗善意相对人。

《民法典》第62条　法定代表人因执行职务造成他人损害的，由法人承担民事责任。

法人承担民事责任后，依照法律或者法人章程的规定，可以向有过错的法定代表人追偿。

50. 营利法人权利

【事例】

投资签合同权益有保障

被告嘉美德公司由被告陈某美独资经营。2012 年 8 月 2 日，原告应某峰、两被告及案外人陈某坚（陈某美丈夫）签订《投资合同》，约定应某峰对嘉美德公司进行投资并持有该公司股权。合同特别约定：签约后的 3 个月内，若应某峰对两被告在签约前和签约后所提供的财务报表、经营报表有不同意见或者两被告违约时，应某峰有权单方面书面通知终止投资协议，嘉美德公司必须无条件退还应某峰已投资资金。合同签订后，应某峰向嘉美德公司支付 2,081,633 元人民币。随后，原告应某峰委托会计师事务所对两被告提供的财务资料进行审计，发现嘉美德公司的财务、资产状况与签约前两被告所告知的财务数据严重不符。据此，应某峰依据约定通知两被告终止《投资合同》，两被告同意退还 400,000 元，同时对余款 1,681,633 元如何归还做出声明。但此后，应某峰多次致电、致函，两被告均拒绝退还余款。应某峰遂提起诉讼，要求判令：(1) 嘉美德公司返还投资款 1,681,633 元；(2) 嘉美德公司支付上述投资款的利息损失，自 2013 年 5 月 30 日起至判决生效之日止，按银行同期贷款利率计算；(3) 陈某美对上述付款义务承担连带清偿责任。

【专家提示】

公司股东依法和依章程正当行使权利，是股东的基本义务。本着权利、义务平等的原则，公司股东在享受各项权利的同时，负有履行相应的义务的责任。股东在行使权利时，一是要遵守法律有关权利行使的规定，二是要依照法律规定的程序行使。股东行使权利不得损害公司和其他股东的利益。股东不得滥用公司法人独立地位和股东有限责任损害公司债权人的利益。公司法为保护和鼓励投资，同时也为保证公司经营的灵活性和高效性，创制了股东有限责任和公司独立法人地位的制度。但是，实际经济生活中，有的公司的股东通过各种途径控制公司，为赚取高额利润或逃避债务，常常擅自挪用公司的财产，或者将公司的财产与自己的财产混同、账目混同、业务混同。有的股东为达到非法目的,设立一个壳公司从事违法活动,实际控制该公司,但又以有限责任为掩护逃避责任。在这些情况下,公司在实际上已失去了独立地位,该独立法人地位被股东滥用了。面对这一现实问题,一些国家在维护公司股东有限责任的基本原则的同时,本着权利和义务相一致的原则,为切实保护债权人的利益、维护正常的交易秩序,创制了公司法人人格否认(在普通法系国家称为"揭开公司面纱")的制度,即当符合法定条件时,将公司股东和公司视为一体,追究股东和公司共同的法律责任,股东滥用公司法人独立地位和股东有限责任的,应当对公司债务承担连带责任。

本案主要的争议焦点问题是:嘉美德公司是否应返还应某峰投资款余额?被告陈某美是否应对嘉美德公司的还款义务承担连带清偿责任?第一,嘉美德公司是否应返还应某峰投资款余额?根据《投资合同》的约定,签约后3个月内,若应某峰对于嘉美德公司的财务报表和经营报表有不同意见,且双方无法协调取得共识时,应某峰有权解除《投资合同》,嘉美德公司同意无条件返还应某峰的投资资金,并终止此合同。合同履行中,应某峰于2012年9月29日通知嘉美德公司终止《投资合同》,并要求退还全部投资款。被告陈某美代表嘉美德公司于同年11月21日回复称,尊重应某峰的选择,已向应某峰汇出40万元,同时提出其余投资款已用于支付货款及各种费用等。由此可以看出,应某峰要求嘉美德公司返还全额投资款的诉请符合双方的合同约定,在应某峰通知解除《投资合同》后,嘉美德公司对应当全额返还投资款也未提出异议,至于投资款是否已经用于经营以及嘉美德公司是否无力还款的事实并不能改变双方的合同约定,也不能据此免除嘉美德公司的还款义务。因此,嘉美德公司应返还应某峰投资款余额。第二,被告陈某美是否应对嘉美德公司的还款义务承担连带清偿责任?根据《公司法》第63条之规定,一人有限责任公司的股东不能证明公司财产独立于股东自己的财产的,应当对公司债务承担连带责任。上述法律规定要求一人有限责任公司的股东将公司财产与个人财务严格分离,且股东应就其个人财产是否与公司财产相分离负举证责任。本案中,陈某美提供了嘉美德公司的相关审计报告,可以反映嘉美德公司有独立完整的财务制度,相关财务报表亦符合会计准则及国家外汇管理的规定,且未见有公司财产与股东个人财产混同的迹象,据此可以基本反映嘉美德公司财产与陈某美个人财产相分离的事实。因此,陈某美对嘉美德公司的债务不应承担连带清偿责任。

【相关法律条文】

《民法典》第 76 条　以取得利润并分配给股东等出资人为目的成立的法人，为营利法人。

营利法人包括有限责任公司、股份有限公司和其他企业法人等。

《民法典》第 85 条　营利法人的权力机构、执行机构作出决议的会议召集程序、表决方式违反法律、行政法规、法人章程，或者决议内容违反法人章程的，营利法人的出资人可以请求人民法院撤销该决议。但是，营利法人依据该决议与善意相对人形成的民事法律关系不受影响。

51. 非营利法人权利

【事例】

让非营利法人无后顾之忧

一农户节衣缩食盖了三层小楼，为了解决入园难的问题，准备拿出两层办幼儿园。若选择营利性的，他小本经营，纳不起税；若选择非营利性的，当他办不下去的时候，剩余财产不能分配给他，只能用于公用目的，他自己的两层楼就没了。为了保护自己的财产，他只有选择营利，当办不下去的时候，他的财产保不住了，而幼儿园所接纳的儿童必须转入他园，社会有能力接纳这些儿童吗？这样的幼儿园如果多了、倒闭了，将给社会造成什么影响？

【专家提示】

《民法典》将法人按照营利性与非营利性来划分，并明确规定了二者的区别。《民法典》规定：以取得利润并分配给股东等出资人为目的成立的法人，为营利法人；为公益目的或者其他非营利目的成立，不向出资人、设立人或者会员分配所取得利润的法人，为非营利法人。判断一个法人是否属于非营利法人，核心标准就是“非营利目的 + 不分配利润原则”。一直以来，民办学校等民办非企业单位是否可以营利一直没有明确的说法，法人划分方式可以解决这类机构的发展困境。一方面民办学校、民办医院、民办艺术文化团体赚钱，另一方面法律上不允许它赚钱，所以其一直处于扭曲状态。《民法典》这次确定了从事这些活动完全可以以营利为目的，很多民办学校、民办医疗机构发展的困境得到彻底解决。

非营利法人终止时剩余财产怎么办？按照新修订的《民办教育促进法》，今后所有的民办学校都可以自主选择登记为营利或者非营利法人。如果选择登记为非营利法人，如果终止办学了，剩余财产是不能自行分配的。为公益目的成立的非营利法人终止时，不得向出资人、设立人或者会员分配剩余财产。剩余财产应当按照法人章程的规定或者权力机构的决议用于公益目的。因而，营利法人、非营利法人的分类增强了法人的可识别性，方便国家对不同法人的治理；同时，这种分类还顺应了我国当前事业单位改革和发展的态势。营利法人、非营利法人的分类，有利于健全社会组织法人治理结构，有利于加强对法人组织的引导和规范、促进社会的治理和创新。在设立非营利法人的时候，国家要严格把关。

对于营利法人而言，他们在市场中追逐利益，就应当竭尽他们的能力，竭尽他们的智慧，竭尽法律允许的一切手段，而不要指望国家和社会对他们有多少的优惠。国家还指望着他们在实现利益最大化的过程中，为国家税收、承担社会责任等方面作出新贡献。然而对于非营利法人而言，国家将从财政、税收、土地等方面给他们提供一系列政策性优惠。

现在的事业单位职能包括三类，即承担行政职能、从事生产经营活动、从事公益服务。承担行政职能的事业单位将逐步划归或者直接转为行政单位；从事生产经营活动的事业单位将逐步转为营利法人；从事公益的事业单位将继续保留在事业单位的序列之中。很明显，我国当前正在进行事业单位的改革，也是以营利法人、非营利法人的区分为引领。

【相关法律条文】

《民法典》第 87 条　为公益目的或者其他非营利目的成立，不向出资人、设立人或者会员分配所取得利润的法人，为非营利法人。

非营利法人包括事业单位、社会团体、基金会、社会服务机构等。

《民法典》第 88 条　具备法人条件，为适应经济社会发展需要，提供公益服务设立的事业单位，经依法登记成立，取得事业单位法人资格；依法不需要办理法人登记的，从成立之日起，具有事业单位法人资格。

《民法典》第 89 条　事业单位法人设理事会的，除法律另有规定外，理事会为其决策机构。事业单位法人的法定代表人依照法律、行政法规或者法人章程的规定产生。

《民法典》第90条 具备法人条件,基于会员共同意愿,为公益目的或者会员共同利益等非营利目的设立的社会团体,经依法登记成立,取得社会团体法人资格;依法不需要办理法人登记的,从成立之日起,具有社会团体法人资格。

《民法典》第95条 为公益目的成立的非营利法人终止时,不得向出资人、设立人或者会员分配剩余财产。剩余财产应当按照法人章程的规定或者权力机构的决议用于公益目的;无法按照法人章程的规定或者权力机构的决议处理的,由主管机关主持转给宗旨相同或者相近的法人,并向社会公告。

52. 特别法人权利

【事例】

"特别法人"诞生记

2018年11月16日,在江苏南京一间极为普通的会议室里,农业农村部召开的全国农村集体产权制度改革试点推进会正在进行。主持人宣布,向10个新成立的农村集体经济组织颁发印有18位统一社会信用代码的组织登记证书。当章村社区股份经济合作社理事长汤忠华领到一本编号为320115—1000001、名称为章村社区股份经济合作社、发证机关为江宁区农业局的证书,他笑得合不拢嘴:"这下好了,有了合法身份,可以大干一场了!"这天,南京市江宁区东山街道章村、安徽凤阳小岗村等10个农村集体经济组织,从农业农村部领导手里领过登记证,他们是我国第一批拥有法人身份的集体经济组织。这对集体经济发展有何重大意义?既然赋予了其法人身份,为何又要界定其为"特别法人"?为此,笔者寻访了章村社区。只见新改造的文靖路两旁,店铺、超市、酒店顾客盈门,一家家苏果社区店,年租金有800万元,还引进了几十家企业,一栋楼相当于一个工业园。目前,村集体账面上经营性资产已有6亿多元,现值达十几亿元,经济实力名列南京涉农社区第一。现在,这一法人地位确立了集体经济组织的"市场主体地位",打通了其在市场、税务、金融等多部门间的身份认同,集体经济组织可以据此办理银行开户，独立对外签订合同、开发票。有了法人身份，江宁众多的集体经济组织准备放开手脚大干一场。

【专家提示】

在中国，有一类“特别法人”，它像公司一样参与市场经营，却与一般性企业有很大不同。如村庄的大量土地、房屋乃至山林，都是它的资产构成，它的成员并不对村庄以外的主体开放，兼具地域性、社区性和内部性，这就是农村集体经济组织。特别法人有以下四类：机关法人、农村集体经济组织法人、城镇农村的合作经济组织法人和基层群众性自治组织法人。赋予农村集体经济组织、村委会等组织“特别法人”地位，使其可以独立开展经营业务，打官司也可以独立成为原告或被告，有利于其更好地参与民事生活，也有利于保护其成员和与其进行民事活动的相对人的合法权益。例如，江苏南京章村社区股份经济合作社，过去，由于不具有法人身份，村集体经济组织不能在银行单独开户，只在街道集体账号下挂个分账号，没有统一信用代码证，签订的合同也不规范。决策中的“条条框框”也很多，重大经营事项村委会讨论后，还要向上级报备，一些日常支出也需经有关部门审批。虽然农村集体经济组织拥有法律地位，却没有被赋予参与市场活动的“通行证”。有法律地位，却没有法人地位，身份的尴尬，束缚了集体经济组织的手脚。南京670家集体经济组织，既不同于企业法人，也区别于社会团体，又不是基层行政组织。虽然许多经济合作组织在工商部门领取营业执照，再以村集体名义营业，但“村社不分”，无合法身份，签合同人家不认；缴税，只能列为“其他类”；打官司也遇到难题。现在，江宁作为全国农村综合改革试点区，将利用此次发证契机，为集体经济组织松绑，全面拓展其权能。立足“政企分开”“村社分开”，改革将做到“五分开、三清晰”：村委会和经济组织在责任、管理、人员、财务、选举上“五分开”，做到边界清晰、权责清晰、产权归属清晰“三清晰”，改变“眉毛胡子一把抓”的状况，村委会着力于社区治理，经济组织专注于经营管理。

但是，这张农村集体经济组织登记证的背后，是一整套明晰产权的程序和纳入国家正规法律系统的严密体系。《民法典》的实施和各地集体经济组织登记工作的全面展开，将为乡村集体经济发展添一把火，让集体经济组织这样一个“特别法人”成为活跃乡村经济的重要单元。不过，我们还需清晰地认识到，登记发证只是农村集体经济组织“入市”的第一步，接下来，还要谋划好、落实好相关后续保障工作。例如，积极引导、扶持集体经济薄弱的乡村开展资产盘活、资源开发、乡村旅游等，支持经济条件较好的村庄发展物业租赁、股份经营，同时在税费减免、财政项目等方面给予登记组织更多支持，不断提高农村集体经济组织“身份证”的含金量。

【相关法律条文】

《民法典》第96条　本节规定的机关法人、农村集体经济组织法人、城镇农村的合作经济组织法人、基层群众性自治组织法人，为特别法人。

《民法典》第97条　有独立经费的机关和承担行政职能的法定机构从成立之日起，具有机关法人资格，可以从事为履行职能所需要的民事活动。

《民法典》第98条　机关法人被撤销的，法人终止，其民事权利和义务由继任的机关法人享有和承担；没有继任的机关法人的，由作出撤销决定的机关法人享有和承担。

《民法典》第99条　农村集体经济组织依法取得法人资格。

法律、行政法规对农村集体经济组织有规定的，依照其规定。

《民法典》第100条　城镇农村的合作经济组织依法取得法人资格。

法律、行政法规对城镇农村的合作经济组织有规定的，依照其规定。

《民法典》第101条　居民委员会、村民委员会具有基层群众性自治组织法人资格，可以从事为履行职能所需要的民事活动。

未设立村集体经济组织的，村民委员会可以依法代行村集体经济组织的职能。

53. 非法人组织权利

【事例】

非法人组织的厂长为何不能代表企业成为诉讼当事人

一家非法人组织与一家法人企业在经营业务上发生纠纷诉诸法院。这家非法人组织的厂长以原告的身份参与了案件诉讼，被法院要求更换原告，被告知根据法律规定，非法人组织在涉及法律诉讼时，应当由组织作为诉讼当事人（即原告）。只有法人企业的法定代表人（如董事长）可以对外代表企业，其职务行为引起的法律后果，由其所代表的法人企业享有或者承担。

【专家提示】

非法人组织在我国主要包括个人独资企业、合伙企业、不具有法人资格的专业服务机构等。在民法中，权利对应着义务，义务的违反，构成了责任。非法人组织不具有独立承担民事责任的能力。因为它没有独立的财产和经费，不能独立承担民事责任，所以有人称其没有权利能力。其实不是这样的，非法人组织是具有民事权利能力和民事行为能力，依法成立并享有民事权利和承担民事义务，但不具备能独立承担民事责任的法人资格的组织。非法人组织负责人享有的权益包括管理组织、享有利益，非法人组织在涉及法律诉讼时，不是由组织的业主或者投资者，而是由组织作为诉讼当事人，它是不具有法人资格、但是能够依法以自己的名义从事民事活动的组织。非法人组织主要包括个人独资企业、合伙企业、办理登记的法人分支机构（如商业银行的分支机构）、律师事务所、会计师事务所等。非法人组织不具有法人资格，不能独立承担民事责任，不能独立支配和处分所经营管理的财产，但经营单位可以刻制印章、开立往来账户、单独核算、依法纳税，也可以签订商业合同并作为执行人。非法人组织与法人组织的重要区别是非法人组织不能像法人那样能够独立承担民事责任。由于非法人组织没有完全独立的财产和经费，当其对外进行经营业务活动而负债时，如其自身拥有财产和经费，则由自身承担，如其自身所拥有的财产和经费不足以清偿债务时，则由其出资人对其所欠债务承担连带还款责任，即非法人组织成员承担的是无限责任。

【相关法律条文】

《民法典》第102条 非法人组织是不具有法人资格，但是能够依法以自己的名义从事民事活动的组织。

非法人组织包括个人独资企业、合伙企业、不具有法人资格的专业服务机构等。

《民法典》第104条 非法人组织的财产不足以清偿债务的，其出资人或者设立人承担无限责任。法律另有规定的，依照其规定。

《民法典》第105条 非法人组织可以确定一人或者数人代表该组织从事民事活动。

54. 法人、非法人组织解散权利

【事例】

公司董事长有没有权解散公司法人

某有限公司因经营管理发生严重困难，已经有2年多无法召开股东会，公司董事长想解散公司法人，但股东表决时无法达到法定或者公司章程规定的比例，在这种情况下公司董事长可以单独宣告公司解散吗？

【专家提示】

公司继续存续会使股东利益受到重大损失的情形下，如大股东故意规避的，可委托律师处理，形成有效决议。法定代表人一般无权解散公司，解散公司是属于股东的权利。股东要解散公司，具体可以按如下方法操作：(1)根据公司章程规定的其他解散事由，要求公司解散。根据《公司法》第180条第1项规定，公司章程规定的其他解散事由出现，公司解散，所以公司章程中规定的解散事由出现的，公司可以解散。但是如果公司股东会通过决议修改公司章程中关于公司解散事由的条款使公司继续存续的，根据《公司法》第74条的规定，对股东会该项决议投反对票的股东可以请求公司按照合理的价格收购其股权，自股东会会议决议通过之日起60日内，股东与公司不能达成股权收购协议的，股东可以自股东会会议决议通过之日起90日内向人民法院提起诉讼。(2)可以通过召开股东会或者股东大会，决议解散。根据《公司法》第180条第2项规定，股东会或者股东大会决议解散的，公司解散，由此股东可以通过提议召开股东会的方式，来决议公司解散。如果股东会或者股东大会通过解散公司决议的，公司解散的事由即为成就。(3)在公司经营管理发生严重困难情况下请求法院判决公司解散。根据《公司法》第182条规定，公司经营管理发生严重困难，继续存续会使股东利益受到重大损失，通过其他途径不能解决的，持有公司全部股东表决权10%以上的股东，可以请求人民法院解散公司。《最高人民法院关于适用〈中华人民共和国公司法〉若干问题的规定(二)》中，明确了认定公司经营管理发生严重困难的四种情形为：

(1)公司持续2年以上无法召开股东会或者股东大会,公司经营管理发生严重困难的;(2)股东表决时无法达到法定或者公司章程规定的比例,持续2年以上不能做出有效的股东会或者股东大会决议,公司经营管理发生严重困难的;(3)公司董事长期冲突,且无法通过股东会或者股东大会解决,公司经营管理发生严重困难的;(4)经营管理发生其他严重困难,公司继续存续会使股东利益受到重大损失的情形。由此可见,如果持有公司全部股东表决权10%以上的股东能证明存在以上四种情形之一的,可以向人民法院提起诉讼,由法院判决强制公司解散。

【相关法律条文】

《民法典》第68条 有下列原因之一并依法完成清算、注销登记的,法人终止:

(一)法人解散;

(二)法人被宣告破产;

(三)法律规定的其他原因。

法人终止,法律、行政法规规定须经有关机关批准的,依照其规定。

《民法典》第69条 有下列情形之一的,法人解散:

(一)法人章程规定的存续期间届满或者法人章程规定的其他解散事由出现;

(二)法人的权力机构决议解散;

(三)因法人合并或者分立需要解散;

(四)法人依法被吊销营业执照、登记证书,被责令关闭或者被撤销;

(五)法律规定的其他情形。

55. 法人、非法人组织破产权利

【事例】

企业有破产权利

江南某织造厂有限公司,是原中外合资企业,这家织造厂有限公司是于1993年10月股权转让后,经工商变更登记而成立的港商独资企业,经营范围是生产加工餐巾、毛巾、医用纱布等。该公司由于变更前后各方股东对变更前的债务及重大决策无法达成一致意见，变更后的独资公司面对沉重的债务无法偿还，于1994年向某市中级人民法院申请破产。某市中级人民法院于1994年5月10日受理此案。经查该公司到期债务有400多万元人民币，而申请人资产账面值只有130多万人民币，已实属资不抵债。法院依法裁定宣告该公司破产还债，并在裁定送达后成立清算组接管该公司。

经审核本案具有债权人资格的共计13家，有效债权合计为416.7万元。清算组在接管企业时，该企业仍在运作，承揽一些来料加工合同，机器设备为六七十年代的国产设备，陈旧落后，不宜搬迁，并且有员工80多人，欠发工人工资10多万元。清算组根据企业当时的生产情况及资产状况，征得法院同意，要求破产企业股东：(1)提供担保；(2)保证在清算过程中，不得以原企业名义进行业务往来，在不发生新的债务这一前提下，清算组请求法院不查封该公司的机器设备，不停止生产。用加工费支付工人工资的办法，使企业在整个清算工作过程中，没有遣散员工，同时在没有发生新的债务情况下将破产财产整体变卖，对破产企业从机器设备到生产人员整体转让，是破产清算工作的一个新探索。

《企业破产法》第112条规定："变价出售破产财产应当通过拍卖进行。但是，债权人会议另有决议的除外。破产企业可以全部或者部分变价出售。企业变价出售时，可以将其中的无形资产和其他财产单独变价出售。按照国家规定不能拍卖或者限制转让的财产，应当按照国家规定的方式处理。"清算组考虑到了该破产企业资产特点：该破产企业除财务状况恶化外，生产销售等组织较为完善，如果将设备拍卖、人员遣散，所有生产设备无法实现最大价值，同时，又有80多名员工是生产熟练工，而且对80多名员工进行遣散工作，又需要发放10万元的工资、遣散费及其他费用，这无疑增加了破产费用，也使劳动力资源趋于闲置和浪费。这是目前诸多破产企业及濒于破产的企业所面临的较为严重的问题，给社会劳动力就业增加许多压力，因此，也是一项政策性强、敏感复杂、亟待政府部门解决的社会问题。

综合上述诸多因素，清算组将从机器设备到生产人员整体转让这一思路和利弊提交债权人会议讨论，债权人会议一致通过并授权清算组全权处理资产变现等工作。债权人会议之后，清算组全力协调各方关系，在债权人的支持配合下，将破产企业财产及人员在破产宣告后2个月得以整体转让，使债权人的利益得到了最大限度的保护，同时没有产生因员工失业而造成的社会震荡。

【专家提示】

有限责任公司破产时，股东不需要用自己的财产偿还债务，仅以自己在公司的出资为限承担义务就行，而合伙企业、个人独资企业的财产不足以清偿债务的，其出资人或者设立人要承担无限责任。法人到期无法偿还债务，企业要进行破产清算，变卖公司财产以偿还债务。在现代企业运行中，破产对于一个企业来说是最后的资产保全措施，在申请破产之后，才能够不至于对生活造成不可磨灭的伤害，所以说确定破产也是身为企业法人来说必要的权益保障措施了。

《企业破产法》第125条第1款规定："企业董事、监事或者高级管理人员违反忠实义务、勤勉义务，致使所在企业破产的，依法承担民事责任。"有前款规定情形的人员，自破产程序终结之日起3年内不得担任任何企业的董事、监事、高级管理人员。因为法定代表人必然具有"董事、监事或者高级管理人员"这些身份中的一个或者多个，如果被认定为"违反忠实义务、勤勉义务，致使所在企业破产"，则可能承担民事责任，而且对今后的任职会有影响。中国以往基本只有国企和集体企业由于政府干涉才会履行破产程序，民企是财务崩溃后直接丢着不管，执照被吊销了也不去履行破产清算义务，所以实际中这条很少适用。

从这家企业破产清算的案例中我们可以看出，破产清算是非常复杂的，清算组接管破产企业后，要通知债权人来申报债权，而且如果企业还在经营之中，只要企业不发生新的债务，清算组是可以要求法院不查封企业的设备的，企业是可以不停止生产的，这样还可以用获得的利润来作为破产财产弥补债权人的损失。

【相关法律条文】

《民法典》第73条 法人被宣告破产的，依法进行破产清算并完成法人注销登记时，法人终止。

56. 法人、非法人组织享有的名称权、名誉权和荣誉权

【事例】

某足球俱乐部诉某通公司侵害名称权纠纷案

某俱乐部下属的某足球队在1995年度的全国足球甲A联赛中获得冠军，提

高了该足球队的知名度，使这一名称不再仅仅是某俱乐部享有独立法人人格的标志，还具有了荣誉象征，在一定条件下能够发挥号召公众作用的属性。某通公司为了扩大商业广告效应以获取商业利益，在未经名称权人同意的情况下，将专属于某俱乐部所有的名称使用在其商业广告中，造成了某俱乐部无法控制自己这一项无形财产并从中受益。某俱乐部诉诸法律，认为某通公司的行为对该俱乐部的名称权已构成侵害，应当承担侵权的民事责任。

【专家提示】

法人、非法人组织的名称权、名誉权、荣誉权受到侵害的，有权要求停止侵害，恢复名誉，消除影响，赔礼道歉，并可以要求赔偿损失。“某”是原告某俱乐部的名称，某俱乐部对此享有法人名称权，有权使用这一名称，其他人不得盗用、假冒。在商品经济社会中，由于名称的这种属性能够带来商业上的利益，名称成为名称权人的一项无形财产。任何人想通过使用他人名称获取商业利益，必须要经过名称权人的同意，否则即构成对名称权的侵权。足球俱乐部的名称能够带来商业上的利益，从而成为名称权人的一项无形财产。除法人和非法人组织外，有些自然人主体、特别法人也有名称，如个体工商户可以起字号，农村专业合作社也有自己的名称权，这些都应该比照适用名称权的规则进行法律保护。

【相关法律条文】

《民法典》第 110 条第 2 款 法人、非法人组织享有名称权、名誉权和荣誉权。

《民法典》第 1013 条 法人、非法人组织享有名称权，有权依法决定、使用、变更、转让或者许可他人使用自己的名称。

《民法典》第 1014 条 任何组织或者个人不得以干涉、盗用、假冒等方式侵害他人的姓名权或者名称权。

第六章
侵权责任追究权利

《民法典》圆桌讨论会主题

我国《民法典》侵权责任编置于各编的最后，是对我国既有立法经验的总结。自《民法通则》以来，我国立法就采取了将民事责任置于末尾的立法模式，《民法总则》也保持了这一传统。将侵权责任编置于最后，也体现了从权利到救济的过渡，因为侵权责任编以人格权、物权、身份权等权利为保护对象，在确权的基础上，同时提供了完整的权利救济措施和权益侵害预防手段，各项绝对权的保护都适用侵权责任编的规定。这一模式充分体现了从权利到救济的逻辑顺序，从而与传统大陆法系债法将侵权作为债的发生原因、围绕债权构建体系的模式相区别，实现了侵权责任编以权利救济为中心的功能。

主持人：叶水荣　浙江泽鼎律师事务所律师

参与讨论的法务专家：廖　远　浙江泽鼎律师事务所律师

黄路路　浙江泽鼎律师事务所律师

项梦颖　浙江泽鼎律师事务所律师

叶水荣：我国从21世纪初开始着手起草独立的《侵权责任法》，并于2009年颁行了《侵权责任法》。可以说，单独制定《侵权责任法》本身就是一个重大创新。我国的《侵权责任法》按照总分结构，通过92个条文构建了完整的侵权责任体系，与传统民法中的侵权责任规则相比，内容大为充实，体系更为完整。可以说，这是在成文法体系下构建了一个新型的现代侵权法体系。我国《民法典》第七编延续了这一立法经验,在总结《侵权责任法》立法经验的基础上,基本吸纳《侵权责任法》的内容,并作了必要的修改补充和完善,在此基础上,单独设置了侵权责任编。从《民法典》侵权责任编的规定来看,其仍然是按照"总则+分则"的模式构建其自身的体系。下面请大家对涉及侵权责任追究权利问题发表自己的观点和看法。

廖　远:有权利必有保障。《民法典》不仅是"权利宣言书",也是权利保障和救济的法典,让人们切实感受到公平正义。根据保障主体和基础的不同,民法典中权利保障体系可划分为公力保障体系和私力保障体系。其中,公力保障体系包括立法保障、司法保障、行政保障;私力保障体系则有正当防卫、紧急避险和自助行为。在确认对人身权、人格权、财产权保护的基础上,《民法典》通过各项民事责任制度充分保障人民的合法权益的实现。例如,在产品责任制度中规定了惩罚性赔偿,可以有效保护人民"舌尖上的安全"。鉴于高楼抛物行为频频发生,《民法典》在总结我国《侵权责任法》立法和实践经验的基础上,于侵权责任编中专门规定了高楼抛物致人损害责任规则,强化了公安机关等在查找行为人方面的职责,有力保护了人们"头顶上的安全"。

黄路路:21世纪是风险社会,随着新技术、新科技的不断发展和运用,人们也不断承受着由此所开启的新风险。如果仍将侵权法置于债法之中,一方面将导致侵权法难以建立自身的逻辑体系,另一方面则可能导致规定过于简单,如《法国民法典》只有区区9条规定侵权责任,《德国民法典》也只有20余条,这显然无法为风险社会所需要的各种损害的救济和预防提供足够的规范。事实上,从比较法经验来看,《侵权责任法》已经成为民法中最具有活力的增长点,其似有突破传统债法而独立成编的势不可挡之势。许多学者认为,侵权责任法独立成编适应了社会的发展和法律文明的发展趋势。《民法典》对于民事责任承担方式可以分为救济性的责任方式、预防性的责任方式和惩罚性的责任方式。所谓救济性的责任方式,是以救济受害人为目的的侵权责任方式,最典型的责任方式是赔偿损失,其也是适用最为广泛的责任方式。所谓预防性的责任方式,是以预防损害的实际发生为目的的民事责任方式,如停止侵害、排除妨碍、消除危险等。所谓惩罚性的责任方式,是以惩罚侵权人为目的的民事责任方式。这些救济方法既可以单独适用,也可以合并使用,主要根据具体案件、具体情况来判断。

项梦颖：《民法典》侵权责任编以《侵权责任法》和相关司法解释为基础，对《侵权责任法》中的多数规则进行了承继，对实践运行中出现问题的少数规则进行了修正，并且结合当今社会经济发展的新情态进行了增补与完善。同时，为适应时代需要，彰显中国特色，弘扬社会主义核心价值观，《民法典》侵权责任编也补充了一些新的规则。《民法典》侵权责任编除了在一般规定方面进行变更外，在机动车交通事故责任、产品责任、医疗损害责任、饲养动物损害责任、建筑物和物件损害责任等诸多方面进行变革，亮点颇多。侵权责任编有七大亮点：一是确立"自甘风险"规则。自愿参加具有一定风险的文体活动，因其他参加者的行为受到损害的，受害人不得请求没有故意或者重大过失的其他参加者承担侵权责任。二是规定"自助行为"制度。其明确合法权益受到侵害，情况紧迫且不能及时获得国家机关保护，不立即采取措施将使其合法权益受到难以弥补的损害的，受害人可以在保护自己合法权益的必要范围内采取扣留侵权人的财物等合理措施，但是应当立即请求有关国家机关处理。三是加强对知识产权的保护。故意侵害他人知识产权，情节严重的，被侵权人有权请求相应的惩罚性赔偿。四是完善生产者、销售者召回缺陷产品的责任。依照相关规定采取召回措施的，生产者、销售者应当负担被侵权人因此支出的必要费用。五是规范医患关系与患者隐私保护。其进一步保障患者的知情同意权，明确医务人员的相关说明义务，加强医疗机构及其医务人员对患者隐私和个人信息的保护。六是加强生态环境保护。其规定了生态环境损害的惩罚性赔偿制度，并明确规定了生态环境损害的修复和赔偿规则。七是完善高空抛物坠物治理规则。其禁止从建筑物中抛掷物品，同时针对此类事件处理的主要困难是行为人难以确定的问题，强调公安机关应当依法及时调查、查清责任人，并规定物业服务企业等建筑物管理人应当采取必要的安全保障措施防止此类行为的发生。

本章权利要目

57. 民事权益保全请求权（《民法典》第 462、1167 条）
58. 连带责任追偿权（《民法典》第 178、519、1168 – 1172 条）
59. 损害赔偿请求权（《民法典》第 1179 – 1181 条）
60. 精神损害赔偿权（《民法典》第 185、990、1183 条）
61. 向教育机构和第三人追偿权（《民法典》第 1200、1201 条）

62. 产品责任追偿权(《民法典》第 1203 条)
63. 机动车交通事故责任追偿权(《民法典》第 1209－1217 条)
64. 医疗损害责任追偿权(《民法典》第 1219－1228 条)
65. 环境破坏责任追偿权(《民法典》第 1232－1235 条)
66. 高度危险责任追偿权(《民法典》第 1236、1239－1242 条)
67. 饲养动物损害责任追偿权(《民法典》第 1166、1245－1251 条)
68. 建筑物和物件损害责任追偿权(《民法典》第 1253－1258 条)

57. 民事权益保全请求权

【事例】

陈某高返还涉案建筑物案

黄某兴(黄某枝、陈某笑之女,黄某超之姐)因犯职务侵占罪被判处有期徒刑 7 年,案外人福十小组追讨赃款未果,便以福海工业园 C 区债务追讨小组的名义,将黄某枝、陈某笑夫妻兴建并由其子黄某超对外出租的涉案建筑物进行处置。陈某高在福十小组组织的“拍卖”活动中竞得涉案建筑物,并对建筑物进行控制。黄某超等人随即以其占有的涉案建筑物被侵占为由,要求陈某高、福永居委会、福星公司返还。法院经审理认为,涉案建筑物未取得合法权属,亦未经行政主管部门就其合法性作出处理,在行政部门未对涉及土地及地上建筑物、构筑物和其他设施进行处理之前,该案不符合起诉条件,故裁定驳回黄某超等人的起诉。黄某超等人不服,提起上诉。深圳市中级人民法院裁定撤销一审裁定,改判陈某高返还涉案建筑物。

【专家提示】

为了调整占有人与非占有人之间因财产的占有利用而发生的财产关系,《民法典》确立了我国的占有制度。在司法实践中,因权利人的占有源于某种特定的权利,其可直接基于本权对占有进行权利主张,故基于占有的事实状态提出保护主张的当事人多属于无权占有人。在此类案件中,人民法院需在当事人双方均无合法权利来源证明的情况下，对占有人进行识别，确认非占有人的侵占事实，进而对返还原物请求权进行司法保护，回复占有人对占有物的占有。

1. 占有人仅需证明占有存在即有权主张返还原物请求权。占有作为占有人对不动产或者动产实际控制与支配的事实状态，其本身并不一定反映产权关系；占有制度所保护的也仅仅是占有的事实状态，而非通过确认、保护占有而对占有物进行权属判断，故占有人提出返还原物请求权仅以其长期、持续、和平地占有标的物为前提。在司法实践中，权利保护需以权利人提供相应的权利依据为前提，可能存在举证困难的问题，但在占有制度的框架内，是有权占有还是无权占有，是基于债权、物权还是人身关系的占有均无须考虑，占有人仅需证明其持续稳定地实际占有标的物这一事实即可，这无疑减轻了当事人的维权负担。本案中现有证据均不能证明黄某超等人为涉案不动产的合法产权人，但黄某超、黄某枝、陈某笑基于对涉案房产的建造、出租和长期控制，已对该不动产形成稳定的占有，应受法律保护。

2. 无权占有人的返还原物请求权需在 1 年内行使。有权占有人对动产或者不动产的占有有其背后的本权为依据，但对无权占有人而言，其对动产或者不动产的控制与支配状态并无权利基础。而一旦占有的事实状态被打破，非占有人基于其侵占事实，亦可能形成新的占有，故为了维护社会秩序，在区分占有与侵占时，需以 1 年的和平、稳定控制作为界限。《民法典》第 462 条对此也明确规定，占有人提出返还原物请求权亦应以 1 年为除斥期间。本案中，黄某兴职务侵占罪一案的案发时间是 2013 年 7 月，之后因追讨赃款引发“拍卖”事件，出现侵占涉案建筑物的行为。黄某枝、陈某笑在 2014 年 1 月即提起占有保护之诉，请求人民法院回复原有的占有状态，未超过 1 年的除斥期间，属于占有制度的保护范围。

3. 占有的事实状态非因权利人的合法权利主张不得破坏。破坏占有的事实状态的行为，除非有权利人之授权或追认，可径行排除；否则，即便有权利人提出权利主张，有权占有人亦可依据其占有背后的本权与之对抗。故占有虽然并非终局性的确认权属，但强化了占有人的法律地位，使其占有得以和平公开的方式维持。本案中，占有人黄某超等人已提供证据证明其对涉案建筑物形成长期、持续的占有，陈某高虽通过“拍卖”形式控制了该建筑物，但前述所谓的“拍卖”并非基于合法权利人的意思表示或者授权，本身即为无权处分行为，故黄某超等人可行使返还原物请求权，以回复其原本的占有。

4. 非占有人的侵占行为应予排除。占有制度的目的在于稳定社会秩序，维护对物的和平控制，故占有人的身份、占有的事实状态一经确认，即受法律保护，非因合法事由、合法程序，非占有人均不得以私力加以破坏。本案中，福十小组在黄某兴职务侵占罪一案案发后，不按照法律程序追讨黄某兴的违法所得，而私自以全体村民的名义对其父黄某枝、其母陈某笑、其弟黄某超占有的建筑物组织所谓“拍卖”，并根据“拍卖”结果将该建筑物交由陈某高强行接收，破坏了原有的占有状态，严重扰乱社会秩序，造成恶劣的社会影响，应当予以纠正。

民事权益保全请求权，是指侵权行为危及人身、财产安全时，被侵权人对侵权人享有停止侵害、排除妨碍、消除危险等请求权。这几种侵权责任的适用条件，都是侵权行为危及他人人身、财产案件，但尚未造成实际损害的情形。事实上，即使这种侵权行为已经造成了受害人的损害，除了损害赔偿之外，被侵权人也可以请求这些救济方法。侵权行为危及人身、财产安全，停止侵害就是保全请求权。在发生这种情况时，向法院请求停止侵害，法院裁判停止侵害，就是禁止行为人继续实施侵权行为。排除妨碍、消除危险其实也是保全请求权的具体措施，是在侵权行为实施中，虽然没有造成损害，但是造成了妨碍，或者存在权利损害的危险，要在停止侵害的基础上，排除对权利构成妨碍的行为，消除权利受到损害的危险。民事权益保全请求权在网络时代更有用武之地，网络不但为民事权益保全请求权带来了新的、更为广阔的施展空间，还使之在这个虚拟空间中获得了自己存在的必要性。

【相关法律条文】

《民法典》第 462 条　占有的不动产或者动产被侵占的，占有人有权请求返还原物；对妨害占有的行为，占有人有权请求排除妨害或者消除危险；因侵占或者妨害造成损害的，占有人有权依法请求损害赔偿。

占有人返还原物的请求权，自侵占发生之日起一年内未行使的，该请求权消灭。

《民法典》第 1167 条　侵权行为危及他人人身、财产安全的，被侵权人有权请求侵权人承担停止侵害、排除妨碍、消除危险等侵权责任。

58. 连带责任追偿权

【事例】

王某肇事逃逸案

王某无证驾驶张某的货车运输铁砂，与行人李某发生交通事故，致李某受伤、车辆受损。造成交通事故后，王某驾车逃逸。交警部门认定，王某肇事逃逸，应承担事故的全部责任。王某系张某雇的驾驶员，发生事故时，是履行职务行为。李某诉张某、王某道路交通事故损害赔偿纠纷一案，法院作出民事调解书，协议张某向李某赔偿医疗费、误工费、伤残赔偿金等各项损失共计 12 万元，王某与张某承担连带赔偿责任，后张某向李某如数支付赔偿款。现张某诉至法院向王某追偿垫付的赔偿款 12 万元。王某主张，其作为雇员不应完全承担赔偿责任。法院经审理认为，王某在履行职务行为时致人损害，由于交通肇事后逃逸，承担事故的全部责任，属重大过错，应当与张某承担连带赔偿责任。张某雇没有驾驶资格的王某，安排其超载运输，埋下安全隐患，故对本案交通事故亦存在重大过错。因此，法院认为，张某、王某应承担同等民事赔偿责任，各承担赔偿数额 6 万元，判决王某向张某返还赔偿款 6 万元。

【专家提示】

连带责任人被连带后如何行使追偿权，即如何划分连带责任人的具体责任份额？我国《民法典》第 178 条、第 519 条是在连带责任人履行义务后，对其他连带责任人享有追偿权的依据。

连带责任的追偿权分为完全追偿权和部分追偿权。完全追偿权是指连带责任人履行义务后可向其他连带责任人要求偿还其所支付的全部费用。部分追偿权是指连带责任人履行义务后可向其他连带责任人要求偿还一定份额的费用，剩余份额的费用应当由自己承担。“法定”与“约定”是构成产生连带责任的前提。连带责任的完全追偿权与连带责任的部分追偿权的区别在于：完全追偿人在履行义务后可向其他连带责任人追偿全部的费用，而部分追偿人只能追偿部分的费用。

连带责任部分追偿权的行使，是审判实务中的难点，可考虑以下几个因素：

一是根据公平和利益平衡原则来确定。我国《民法典》确认了民事活动应当遵循公平原则，公平以利益均衡作为价值判断标准来调整民事主体间的财产和人身关系、确定当事人间的民事权利和民事义务。本案王某是张某雇的司机，王某的收益来自给张某提供劳动而获得的工资报酬，而张某的收益是依靠王某履行职务带来的商业效益。因此，所受损失可参照双方的收益比例，合理划分追偿份额。

二是根据过错程度进行区分。过错程度分为故意、重大过失和轻微过失。在区分过错程度时，根据责任人的主观能动性区分故意和过失。在划分重大过失和轻微过失时，从责任人的岗位责任和选任、管理、监督、转委托等职权义务及与年龄、知识水平相适宜的常识、能力等方面进行综合考虑。本案中张某的过错表现在雇了没有驾驶资格的驾驶员和安排超载运输任务。没有驾驶资格、不具备驾驶机动车上路的专业技能，是造成此次交通事故的根源；安排超载运输，又为此次交通事故的发生埋下重大隐患。王某的过错表现在因交通肇事后逃逸而承担事故的全部责任、造成经济赔偿，二者的过错责任相当。对各自的过错程度进行比较，可确定追偿份额。

三是根据其他情况确定。比如，损失原本可转嫁由保险公司承担，但追偿人应办理保险而未办理保险，对应由保险公司承担的损失，则由追偿人自行承担。对于教唆、帮助未成年人侵权的，应由教唆、帮助人承担全部责任，也不产生追偿问题。对一些损失较小、被追偿人主观恶性大的赔偿，追偿人可行使全部的追偿权。

【相关法律条文】

《民法典》第178条　二人以上依法承担连带责任的，权利人有权请求部分或者全部连带责任人承担责任。

连带责任人的责任份额根据各自责任大小确定；难以确定责任大小的，平均承担责任。实际承担责任超过自己责任份额的连带责任人，有权向其他连带责任人追偿。

连带责任，由法律规定或者当事人约定。

《民法典》第519条　连带债务人之间的份额难以确定的，视为份额相同。

实际承担债务超过自己份额的连带债务人，有权就超出部分在其他连带债务人未履行的份额范围内向其追偿，并相应地享有债权人的权利，但是不得损害债权人的利益。其他连带债务人对债权人的抗辩，可以向该债务人主张。

被追偿的连带债务人不能履行其应分担份额的，其他连带债务人应当在相应范围内按比例分担。

《民法典》第 1168 条 二人以上共同实施侵权行为，造成他人损害的，应当承担连带责任。

《民法典》第 1169 条 教唆、帮助他人实施侵权行为的，应当与行为人承担连带责任。

教唆、帮助无民事行为能力人、限制民事行为能力人实施侵权行为的，应当承担侵权责任；该无民事行为能力人、限制民事行为能力人的监护人未尽到监护职责的，应当承担相应的责任。

《民法典》第 1170 条 二人以上实施危及他人人身、财产安全的行为，其中一人或者数人的行为造成他人损害，能够确定具体侵权人的，由侵权人承担责任；不能确定具体侵权人的，行为人承担连带责任。

《民法典》第 1171 条 二人以上分别实施侵权行为造成同一损害，每个人的侵权行为都足以造成全部损害的，行为人承担连带责任。

《民法典》第 1172 条 二人以上分别实施侵权行为造成同一损害，能够确定责任大小的，各自承担相应的责任；难以确定责任大小的，平均承担责任。

59. 损害赔偿请求权

【事例】

对损害事实无过错不担责

2014 年 8 月 20 日中午，甲在外务工不在家，其同居女友乙带着他们的儿子丙准备午休。同村邻居丁打电话约乙打麻将，乙称自己要照看孩子不能去，丁告诉乙可以将孩子带来，这里有小孩一起玩。这样乙就将孩子带到丁家中，和已经在场的丁、戊、己四人打麻将。丙就和年龄相仿的孩子们在丁家中玩，后出门到外面玩。下午约 16 点时，有孩子跑来说丙掉到水塘里了，乙在孩子指引下来到与丁家相距不到100米的院门口水塘，路过闻声而来的村民庚从塘里将丙救起，但丙已无生命体征。事故发生后，乙通知了甲，甲、乙二人一合计，都认为自己的儿子丙溺水死亡跟同乙打麻将的丁、戊、己及院门口水塘所有人村委会和承包人辛有一定的关系。甲、乙二人遂为儿子丙溺水死亡一事，请求村所在乡镇的派出所组织调解。经多次调解，无果。甲、乙二人遂具状诉至人民法院，请求判令：五被告承担甲、乙二人之子丙溺水死亡的人身损害赔偿98,680元、并由五被告承担本案诉讼费。法院经审理认为，被告辛、丁、所在村委会、戊、己，在丙溺水死亡这一损害事实中，并无过错，亦无任何因果关系，其不构成侵权。法院最后判决驳回原告甲、乙的诉讼请求。案件受理费2267元，由原告甲、乙承担。

【专家提示】

损害赔偿请求权是指因权利人受到侵害而享有的要求加害人承担损害赔偿责任的权利。如因侵权行为造成他人的损害，受害人享有损害赔偿请求权。损害赔偿请求权的类型包括：一是因侵权行为造成他人的损害，产生的损害赔偿请求权，包括因侵害财产权（物权、知识产权、继承权和债权）所引起的损害赔偿请求权和因侵害人身权所引起的损害赔偿请求权。二是因违约产生的损害赔偿请求权。三是因其他原因产生的损害赔偿请求权。

本案在过错责任的归责原则下，对“过错”事实的举证责任在受害人原告一方，原告应对行为人具有主观过错承担证明责任。结合原告的举证，从侵权责任的构成要件方面，现将被告辛、丁、所在村委会、戊、己等对受害人丙溺水死亡这一损害事实是否构成侵权，作如下评析：

1. 关于被告辛对丙溺水死亡是否构成侵权的认定，两原告认为被告辛是院门口池塘的承包人，并提供被告村委会出具的《证明》来证实其诉求。但是被告辛否认与被告村委会签订承包合同，只承认自己私下在该池塘放养鱼，且被告村委会负责人卯在庭审中也否认了被告辛是该池塘的承包人。法院在庭后与给原告出具《证明》的人——该村委会的治保主任进行核实，他也否认了被告辛是该池塘的承包人。因此原告所举证据不足以证实被告辛是该池塘承包人，由此应认定被告辛不是该池塘承包人，也就没有管理该池塘的义务。被告辛在丙溺水死亡这一损害事实中，并无过错，亦无任何因果关系，其不构成侵权。

2. 关于被告丁对丙溺水死亡是否构成侵权的认定，两原告认为被告丁是麻将场所的经营业主,也是玩牌的邀约人,是娱乐场所的管理人及群众性活动组织者,具有提醒他人安全注意的义务,对丙溺水死亡,被告丁没有尽安全保障及提醒义务,应承担一定的赔偿责任。

经庭审查证,法院认为,被告丁是开小卖部的,在家放一台麻将机供村民自娱自乐,只收取一些水电费的成本,并不是以营利为目的,不应认定被告丁是娱乐场所的管理人及群众性活动组织者。被告丁电话邀约原告乙打牌,原告乙是否去打牌是由其自己决定的。即便被告丁邀约原告乙去其家中打牌,作为房主,应对受邀约的相关打牌人员,包括原告乙和被告戊、己的人身及财产安全承担责任,但对受邀约人员之外的任何人没有安全保障的义务和责任。两原告未能提供证据证实,被告丁承诺原告乙在其家中打牌期间,由其照看丙。原告乙在打牌期间,也并未将其子丙托付给被告丁照看。故被告丁没有临时照看丙的义务,被告丁在丙溺水死亡这一损害事实中,并无过错,亦无任何因果关系,其不构成侵权。

3. 关于被告村委会对丙溺水死亡是否构成侵权的认定,两原告认为被告村委会是院门口池塘的所有人,明知该池塘是生活区内的高度危险源,并在 2011 年挖深致使加大了该塘潜在的危险,虽然在塘边建有约 1.8 米高的护栏,但设立了两个开放的洞口,使护栏形同虚设,留下重大安全隐患,所以造成无民事行为能力、识别能力的丙的溺水死亡事故发生,故该村委会应承担相应的赔偿责任。法院认为,该池塘是历史形成的,由来已久,附近居民对其现状也习以为常。被告村委会在 2011 年挖深该塘没有加大丙溺水死亡的系数,对 3 岁多的丙来说池塘的深浅并无意义,不加深也能致其溺水死亡。该池塘深挖后被告村委会在该池塘周围建有护栏,设立了两个开放的洞口是为了方便村民日常生活需要,且设立了警告标志,已经履行了安全义务。故被告村委会在丙溺水死亡这一损害事实中,并无过错,亦无任何因果关系,其不构成侵权。

4. 关于被告戊、己对丙溺水死亡是否构成侵权的认定,两原告认为被告戊、己作为同桌打牌的人应有提醒原告乙看护丙的义务。法院认为原告乙作为丙的监护人,明知道自己打牌将无法看管丙,也未将丙托付给被告戊、己照看,被告戊、己既没有照看丙的义务,也没有提醒原告乙看管自己儿子的法定义务。因此,被告戊、己在丙溺水死亡这一损害事实中,并无过错,亦无任何因果关系,其不构成侵权。

【相关法律条文】

《民法典》第1179条 侵害他人造成人身损害的，应当赔偿医疗费、护理费、交通费、营养费、住院伙食补助费等为治疗和康复支出的合理费用，以及因误工减少的收入。造成残疾的，还应当赔偿辅助器具费和残疾赔偿金；造成死亡的，还应当赔偿丧葬费和死亡赔偿金。

《民法典》第1180条 因同一侵权行为造成多人死亡的，可以以相同数额确定死亡赔偿金。

《民法典》第1181条 被侵权人死亡的，其近亲属有权请求侵权人承担侵权责任。被侵权人为组织，该组织分立、合并的，承继权利的组织有权请求侵权人承担侵权责任。

被侵权人死亡的，支付被侵权人医疗费、丧葬费等合理费用的人有权请求侵权人赔偿费用，但是侵权人已经支付该费用的除外。

《民法典》第1182条 侵害他人人身权益造成财产损失的，按照被侵权人因此受到的损失或者侵权人因此获得的利益赔偿；被侵权人因此受到的损失以及侵权人因此获得的利益难以确定，被侵权人和侵权人就赔偿数额协商不一致，向人民法院提起诉讼的，由人民法院根据实际情况确定赔偿数额。

60. 精神损害赔偿权

【事例】

请求精神抚慰金案

某婚庆中心系个体工商户，于2012年3月8日注册成立，并于2017年10月16日办理注销登记。原告周某、南某作为甲方，某婚庆中心作为乙方，双方签订《某婚礼服务合同》一份，分别就婚礼时间、地点、服务内容、合同价款及支付时间、各自权利义务、争议解决方式等内容进行约定。合同签订后，原告依约支付定金2500元，并于2017年9月10日前支付余款14,000元。2017年10月10日晚，两原告在乐清市某酒店举行婚礼并举办婚宴。婚礼开始前，某婚庆中心确定的司仪即被告于某因故未能到场，临时邀请其他司仪主持婚礼，主持时间10余分钟。婚礼结束后，原告因司仪未到婚礼现场与某婚庆中心发生争执，后被告谢某退还合同价款16,500元。原告认为某婚庆中心侵害了其享有关于结婚美好回忆这一具有人格象征意义的特定纪念权利,故起诉要求三被告赔偿精神抚慰金50,000元。法院经审理认为,原告无证据证明某婚庆中心及被告于某侵权的事实,亦未提交证据证明其存在精神损害,且原告主张的结婚美好回忆这一具有人格象征意义的特定纪念权利,不符合现行法律规定的人格权或人格权益,缺乏请求权基础,故判决驳回原告诉讼请求。

【专家提示】

并非只要侵害到人身权益,被侵害人就可以获得精神损害赔偿,法典中"造成严重精神损害"是构成精神损害赔偿的法定条件。同时,本案当事人自己认为自身人格权益受到侵害,而该权益不属于法定人格权范畴,又不符合其他人格利益条件,受害人请求精神损害赔偿的,人民法院不予支持。其争议焦点在于:原告主张的结婚美好回忆这一具有人格象征意义的特定纪念权利是否符合现行法定人格权范畴,能否请求精神损害赔偿。

1. 人格权法定主义。人格权是指以主体依法固有的人格利益为客体,以维护和实现人格平等、人格尊严、人身自由为目标的权利。权利设定的模式,无外乎法定主义与意定主义两种形态。但不管从理论研究还是立法实践层面,人格权法定主义均占据主流观点。首先,人格权是一项绝对权。绝对权,又称对世权,是指无须义务人实施一定行为即可实现,并能对抗不特定人的权利。绝对权的权利主体特定,义务主体是不特定的。因此,人格权的正当性与否不仅应考虑全面保护受害者的人格利益,而且也应充分考虑负有不得妨碍权利主体行使权利以及侵害其权利的义务和社会大众的利益。在人格权的设定上采取法定主义模式,一方面为权利主体自己享有权利所带来的利益界定了范围,另一方面也为其他民事主体不侵害该权利提供了警戒线和合理预期,明确了容许他人自由行为的空间。其次,人格权作为绝对权,若允许民事主体基于己意、任意创设一种法律没有规定的人格权,势必会严重损害其他人的利益,使日常民事交往陷入严重的不安定的状态。因此人格权亦应坚持法定主义。最后,《民法典》对人格权作列举式规定。

2. 民法保护的我国自然人人格权类型。人格权可分为具体人格权和一般人格权。《民法典》所保护的自然人人格权类型主要包括以下九种:生命权、身体权、健康权、姓名权、名称权、肖像权、名誉权、荣誉权、隐私权。除前述之外,法律还规定了一般人格权,包括人格尊严、人身自由和其他人格利益。本案中,原告主张的权利显然不属于以上九种具体人格权,因而只能将其归入一般人格权中寻求保护的可能性。判断自然人人格尊严是否受到侵害,不能仅考虑该自然人的主观自尊感受,更要从客观角度考虑其在通常社会范围内所享有的作为"人"之最基本的尊重是否被贬损。本案中被告并未对原告采取侮辱、诽谤等作为行为,对于婚庆中心未按原告要求安排司仪,且新司仪主持不到 10 分钟的事实,原告认为婚礼的不完整使其在亲朋好友间失了"面子",但是需从客观角度分析他人对其的社会评价有无因此受到减损。由于其他人格利益具有不可穷尽性,为防止权利之滥用,其范围不是无限制的,至少应该满足以下两个条件:正当性要求,即该人格利益必须是合法的权益;必要性要求,即该人格利益具有受保护的重要价值。本案原告并未就该两项要求提供充足的证据进行合理说明。本案中若将原告主张纳入其他人格利益保护,需要侵害人以"违反社会公共利益"的方式进行,显然被告的行为不符合上述条件,且原告未能举证证明被告以"违反社会公共利益"的方式实施侵权,也未能举证证明因司仪提前退场对其造成严重精神损害后果,不符合"其他人格利益受侵害请求精神损害赔偿"的条件。原告也无法基于"具有人身意义的特定物"要求精神损害赔偿。因此,原告无权请求被告赔偿精神损害抚慰金,但原告可以要求被告承担赔礼道歉、赔偿损失等其他侵权责任,或者基于合同约定要求被告承担支付违约金等违约责任。

【相关法律条文】

《民法典》第 185 条 侵害英雄烈士等的姓名、肖像、名誉、荣誉,损害社会公共利益的,应当承担民事责任。

《民法典》第 990 条 人格权是民事主体享有的生命权、身体权、健康权、姓名权、名称权、肖像权、名誉权、荣誉权、隐私权等权利。

除前款规定的人格权外,自然人享有基于人身自由、人格尊严产生的其他人格权益。

《民法典》第 1183 条 侵害自然人人身权益造成严重精神损害的,被侵权人有权请求精神损害赔偿。

因故意或者重大过失侵害自然人具有人身意义的特定物造成严重精神损害的,被侵权人有权请求精神损害赔偿。

61. 向教育机构和第三人追偿权

【事例】

教育机构担责后可否追偿

2010年9月13日中午休息期间，某初中二年级学生王某的哥哥因事到学校找王某。同学张某见王某哥哥的头较大，便说“猪头来了”，王某哥哥闻言怒将身旁课桌上的三角尺朝张某扔去，致张某的眼睛受伤。张某由其家人送至医院救治，花去医疗费3万余元，但张某的左眼仍不幸失明，经鉴定为伤残五级。某中学因之承担了补充赔偿责任，付给学生张某医疗费、残疾赔偿金、精神损害抚慰金等5万余元。2011年9月，某中学诉至法院要求王某哥哥偿还学校付给学生张某的补充赔偿款5万余元。

【专家提示】

这种情况，现行《民法典》明确规定，某中学对受害学生张某承担补充赔偿责任后可以向加害人即第三人王某哥哥进行追偿。

【相关法律条文】

《民法典》第1200条 限制民事行为能力人在学校或者其他教育机构学习、生活期间受到人身损害，学校或者其他教育机构未尽到教育、管理职责的，应当承担侵权责任。

《民法典》第1201条 无民事行为能力人或者限制民事行为能力人在幼儿园、学校或者其他教育机构学习、生活期间，受到幼儿园、学校或者其他教育机构以外的第三人人身损害的，由第三人承担侵权责任；幼儿园、学校或者其他教育机构未尽到管理职责的，承担相应的补充责任。幼儿园、学校或者其他教育机构承担补充责任后，可以向第三人追偿。

62. 产品责任追偿权

【事例】

生产者的无过错责任

甲公司制造了一缺陷产品，但主观上不知情，连同其他产品一并销售给了乙，乙在使用中该产品爆炸，造成其右眼失明，诉至法院。甲公司辩解，公司在制造产品中已尽了足够的注意，主观上无过错，不应承担责任。法院会怎么判？

【专家提示】

甲公司以其主观上没过错来抗辩的理由是不成立的。根据《产品质量法》《民法典》对产品责任的规定，生产者对生产的产品承担的是无过错责任，即不管生产者对其生产的产品主观上是否知道存在缺陷，只要有缺陷并对消费者造成损害了，就要承担侵权赔偿责任，除非生产者能证明所生产的产品有《产品质量法》中规定的三种免责事由，那就不承担赔偿责任：（1）未将产品投入流通的；（2）产品投入流通时，引起损害的缺陷尚不存在的；（3）将产品投入流通时的科学技术水平尚不能发现缺陷的存在的。如果乙是销售者，其销售的产品造成消费者损害的话，跟生产者一样，承担的是无过错责任。销售者赔偿后，如果是生产者的原因导致产品存在缺陷的，销售者可以向生产者追偿。

【链接】

销售者承担产品质量责任有两种方式：一是承担修理、更换、退货的责任。这是指承担产品的瑕疵责任。产品售出以后，消费者在使用中发现其性能达不到说明书的要求或者出现性能故障不能正常使用，这时销售者应对产品进行修理或者更换，经修理、更换仍不能达到正常使用标准的，应予以退货。二是承担赔偿损失责任。这是指因产品质量问题造成消费者人身、财产损失的，销售者赔偿因此给消费者带来的损失。

【相关法律条文】

《民法典》第1203条 因产品存在缺陷造成他人损害的，被侵权人可以向产品的生产者请求赔偿，也可以向产品的销售者请求赔偿。

产品缺陷由生产者造成的，销售者赔偿后，有权向生产者追偿。因销售者的过错使产品存在缺陷的，生产者赔偿后，有权向销售者追偿。

63.机动车交通事故责任追偿权

【事例】

事故责任是否等同赔偿责任

2015年10月8日16时50分许，何某驾驶苏E牌轿车沿苏州工业园区现代大道由东向西行驶至现代大道星华街交叉路口时，撞到冯某驾驶的沿星华街由南向北行驶的载有汪某某的电动自行车，致冯某及汪某某受伤。后冯某经苏州九龙医院抢救无效于2015年10月9日死亡。该起事故经苏州市公安局交通巡逻警察支队工业园区大队认定：冯某主责、何某次责、汪某某无责。截至2015年12月25日汪某某已经花费医疗费228,093.68元，因生活困难而先行起诉请求支付医药费。原告汪某某诉求为：何某、谢某某、冯某某等（冯某法定继承人）支付医疗费228,093.68元，后续费用待确定数额后另行起诉，此赔偿由人保公司、太保公司在其承保限额内对汪某某先行承担保险责任，超出部分由何某、谢某某等承担连带责任。何某辩称超出保险范围应当按照事故责任划分来赔偿，谢某某等辩称汪某某主动要求搭车，其自身有责，应当承担部分责任。一审法院经审理认为，交警部门就本起交通事故各方责任已作明确认定，判决超出保险范围的医疗费，按照事故责任划分：由何某承担40%责任，因为何某在太保公司处投保了包含不计免赔险在内的商业三者险，故何某应承担的费用，依法由太保公司在商业三者险限额内赔偿；因谢某某等对汪某某主动搭乘而存在责任未提出相应证据，故超出保险范围的60%全部由冯某承担，由于冯某已死亡，依法应由其继承人谢某某等在冯某的遗产范围内承担相应的赔偿责任。后汪某某不服原审判决，向江苏省苏州市中级人民法院提起上诉，请求二审法院撤销原判决，依法改判何某承担50%的赔偿责任，且何某与谢某某等承担连带责任。理由是：涉案交通事故中，何某系机动车且有责，汪某某无责，故要求何某承担50%的赔偿责任，虽交警队对此次事故明确认定各方责任，但此责任只是对事故责任的划分，而非对赔偿责任的划分，且汪某某受伤的结果系何某与冯某直接结合造成的，故何某与谢某某等承担连带责任。最后二审法院判决：冯某与何某对此次交通事故的发生均有责任，交警部门对责任的认定合法有据，超出保险范围的应由何某承担40%的赔偿责任，由冯某承担60%的赔偿责任，此事故中，冯某与何某虽无共同故意或者共同过失，但两人的侵害行为直接结合造成汪某某受伤的后果，故冯某与何某构成共同侵权，应当承担连带责任。

【专家提示】

本案法院判决合法公正，理由：(1)机动车与非机动车发生交通事故，并非按照各自过错比例来承担赔偿责任，而是根据非机动车驾驶人的过错适当减轻机动车一方责任。(2)二人以上共同故意或共同过失致人损害，或者虽无共同故意、共同过失，但其侵害行为直接结合发生同一损害后果的，构成共同侵权，应承担连带责任。(3)《道路交通安全法》第76条规定：机动车发生交通事故造成人身伤亡、财产损失的，由保险公司在机动车第三者责任强制保险责任限额范围内予以赔偿。不足的部分，按照下列规定承担赔偿责任：

第一，机动车之间发生交通事故的，由有过错的一方承担赔偿责任；双方都有过错的，按照各自过错的比例分担责任。

第二，机动车与非机动车驾驶人、行人之间发生交通事故，非机动车驾驶人、行人没有过错的，由机动车一方承担赔偿责任；有证据证明非机动车驾驶人、行人有过错的，根据过错程度适当减轻机动车一方的赔偿责任；机动车一方没有过错的，承担不超过10%的赔偿责任。

【相关法律条文】

《民法典》第1209条　因租赁、借用等情形机动车所有人、管理人与使用人不是同一人时，发生交通事故造成损害，属于该机动车一方责任的，由机动车使用人承担赔偿责任；机动车所有人、管理人对损害的发生有过错的，承担相应的赔偿责任。

《民法典》第1210条　当事人之间已经以买卖或者其他方式转让并交付机动

车但是未办理登记，发生交通事故造成损害，属于该机动车一方责任的，由受让人承担赔偿责任。

《民法典》第1211条 以挂靠形式从事道路运输经营活动的机动车，发生交通事故造成损害，属于该机动车一方责任的，由挂靠人和被挂靠人承担连带责任。

《民法典》第1212条 未经允许驾驶他人机动车，发生交通事故造成损害，属于该机动车一方责任的，由机动车使用人承担赔偿责任；机动车所有人、管理人对损害的发生有过错的，承担相应的赔偿责任，但是本章另有规定的除外。

《民法典》第1213条 机动车发生交通事故造成损害，属于该机动车一方责任的，先由承保机动车强制保险的保险人在强制保险责任限额范围内予以赔偿；不足部分，由承保机动车商业保险的保险人按照保险合同的约定予以赔偿；仍然不足或者没有投保机动车商业保险的，由侵权人赔偿。

《民法典》第1214条 以买卖或者其他方式转让拼装或者已经达到报废标准的机动车，发生交通事故造成损害的，由转让人和受让人承担连带责任。

《民法典》第1215条 盗窃、抢劫或者抢夺的机动车发生交通事故造成损害的，由盗窃人、抢劫人或者抢夺人承担赔偿责任。盗窃人、抢劫人或者抢夺人与机动车使用人不是同一人，发生交通事故造成损害，属于该机动车一方责任的，由盗窃人、抢劫人或者抢夺人与机动车使用人承担连带责任。

保险人在机动车强制保险责任限额范围内垫付抢救费用的，有权向交通事故责任人追偿。

《民法典》第1216条 机动车驾驶人发生交通事故后逃逸，该机动车参加强制保险的，由保险人在机动车强制保险责任限额范围内予以赔偿；机动车不明、该机动车未参加强制保险或者抢救费用超过机动车强制保险责任限额，需要支付被侵权人人身伤亡的抢救、丧葬等费用的，由道路交通事故社会救助基金垫付。道路交通事故社会救助基金垫付后，其管理机构有权向交通事故责任人追偿。

《民法典》第1217条 非营运机动车发生交通事故造成无偿搭乘人损害，属于该机动车一方责任的，应当减轻其赔偿责任，但是机动车使用人有故意或者重大过失的除外。

64. 医疗损害责任追偿权

【事例】

就医中延误治疗该如何划分责任

李某于2016年1月5日因病到A医院治疗。1月8日11时,A医院对李某在局麻下进行左侧腹股沟斜疝无张力修补术。术中出现一过性言语不利等症状。经治科室于12时40分申请神经内科会诊并进行治疗。16时,李某出现右侧肢体活动不利等症状。17时30分,A医院向李某家属做出了建议转上级医院诊治告知。22时李某被转至B医院急诊。1月9日李某被转至C医院住院治疗,被诊断为急性脑梗死等。李某以A医院存在过错为由诉至法院。鉴定意见载明:医方在患者"首症"出现后的5小时向患者家属做出建议转上级医院诊治的告知,此后又延迟了4小时33分钟方予转院,该延迟因素由谁所致及相应责任比例应由法院进行认定。

【专家提示】

本案的焦点问题是延迟因素的过错方是谁的问题。A医院在17时30分建议转院,李某家属听取后表示需要商量。A医院有数次与李某家属沟通转院一事,李某家属在与医生多次沟通后,才在22时左右同意转院。上述期间,A医院履行了告知义务,而是否转院的主动权应系李某家属决定,在A医院医生多次解释后,李某家属才同意转院,故此该延迟主要系李某家属所致;A医院在履行转诊附随义务中,在患者"首症"出现后的5小时向患者家属做出建议转上级医院诊治的告知,但未能及时消除李某家属对转院的各种疑虑,导致李某家属对转院的迟疑,对此,医院对造成转院迟延的发生存在次要责任。故法院酌定医院对李某的损害后果承担15%的责任。

【相关法律条文】

《民法典》第1219条　医务人员在诊疗活动中应当向患者说明病情和医疗措

施。需要实施手术、特殊检查、特殊治疗的，医务人员应当及时向患者具体说明医疗风险、替代医疗方案等情况，并取得其明确同意；不能或者不宜向患者说明的，应当向患者的近亲属说明，并取得其明确同意。

医务人员未尽到前款义务，造成患者损害的，医疗机构应当承担赔偿责任。

《民法典》第1220条 因抢救生命垂危的患者等紧急情况，不能取得患者或者其近亲属意见的，经医疗机构负责人或者授权的负责人批准，可以立即实施相应的医疗措施。

《民法典》第1221条 医务人员在诊疗活动中未尽到与当时的医疗水平相应的诊疗义务，造成患者损害的，医疗机构应当承担赔偿责任。

《民法典》第1222条 患者在诊疗活动中受到损害，有下列情形之一的，推定医疗机构有过错：

（一）违反法律、行政法规、规章以及其他有关诊疗规范的规定；

（二）隐匿或者拒绝提供与纠纷有关的病历资料；

（三）遗失、伪造、篡改或者违法销毁病历资料。

《民法典》第1223条 因药品、消毒产品、医疗器械的缺陷，或者输入不合格的血液造成患者损害的，患者可以向药品上市许可持有人、生产者、血液提供机构请求赔偿，也可以向医疗机构请求赔偿。患者向医疗机构请求赔偿的，医疗机构赔偿后，有权向负有责任的药品上市许可持有人、生产者、血液提供机构追偿。

《民法典》第1224条 患者在诊疗活动中受到损害，有下列情形之一的，医疗机构不承担赔偿责任：

（一）患者或者其近亲属不配合医疗机构进行符合诊疗规范的诊疗；

（二）医务人员在抢救生命垂危的患者等紧急情况下已经尽到合理诊疗义务；

（三）限于当时的医疗水平难以诊疗。

前款第一项情形中，医疗机构或者其医务人员也有过错的，应当承担相应的赔偿责任。

《民法典》第1225条第1款 医疗机构及其医务人员应当按照规定填写并妥善保管住院志、医嘱单、检验报告、手术及麻醉记录、病理资料、护理记录等病历资料。

《民法典》第1226条 医疗机构及其医务人员应当对患者的隐私和个人信息保密。泄露患者的隐私和个人信息，或者未经患者同意公开其病历资料的，应当承担侵权责任。

《民法典》第1227条 医疗机构及其医务人员不得违反诊疗规范实施不必要的检查。

《民法典》第1228条 医疗机构及其医务人员的合法权益受法律保护。

干扰医疗秩序，妨碍医务人员工作、生活，侵害医务人员合法权益的，应当依法承担法律责任。

65. 环境破坏责任追偿权

【事例】

某浴池诉某石化公司案

2005年11月13日，中石油某石化公司双苯厂发生爆炸，排出的苯类污染物和污水进入了松花江，造成了重大的环境污染事件。松花江污染造成哈尔滨市停水数日。一个浴池因此停业9日而发生营业收入的巨大损失，遂起诉某石化公司，请求赔偿损失。

【专家提示】

污染环境造成损害时污染者承担无过错责任。比如，某油轮发生泄漏导致他人养殖的鱼虾死亡，自然应赔偿其所有权被侵害所发生的损失。但是此时也可能发生纯粹经济损失，如受污染影响的旅游城市因而乏人光顾，景点经营者、旅馆和餐饮业者、出租车司机等均可能因此发生损失。又如，化工厂的有毒化学制剂泄漏在河流中，导致沿岸城市的某些企业停产、自来水公司无法供水、居民被迫购买瓶装水用于日常生活等。对此，污染环境者的责任该如何追究？此次《民法典》体现了这一精神，而且规定了惩罚性赔偿金。

【相关法律条文】

《民法典》第1232条 侵权人违反法律规定故意污染环境、破坏生态造成严重后果的，被侵权人有权请求相应的惩罚性赔偿。

《民法典》第1233条 因第三人的过错污染环境、破坏生态的，被侵权人可以向侵权人请求赔偿，也可以向第三人请求赔偿。侵权人赔偿后，有权向第三人追偿。

《民法典》第1234条 违反国家规定造成生态环境损害，生态环境能够修复的，国家规定的机关或者法律规定的组织有权请求侵权人在合理期限内承担修复责任。侵权人在期限内未修复的，国家规定的机关或者法律规定的组织可以自行或者委托他人进行修复，所需费用由侵权人负担。

《民法典》第1235条 违反国家规定造成生态环境损害的，国家规定的机关或者法律规定的组织有权请求侵权人赔偿下列损失和费用：

（一）生态环境受到损害至修复完成期间服务功能丧失导致的损失；

（二）生态环境功能永久性损害造成的损失；

（三）生态环境损害调查、鉴定评估等费用；

（四）清除污染、修复生态环境费用；

（五）防止损害的发生和扩大所支出的合理费用。

66. 高度危险责任追偿权

【事例】

燃放爆竹伤人案

吴某为庆贺新房竣工，请来亲朋好友在某酒店摆酒宴并在酒店门口燃放喜爆，此时正遇朱某一行骑车队骑车经过，喜爆当场击伤朱某左眼。随行队员连忙将朱某扶送到医院，后经伤残鉴定评定为十级伤残。

【专家提示】

本案属于典型的燃放爆竹击伤行人的案子，属于高度危险作业侵权中的易爆物品致人损害的情况。在本案中，侵权人对伤害没有明显的故意，实施了危险作业行为，且该行为最终致使朱某受到伤害，符合高度危险作业侵权责任的构成要件，侵权人应负赔偿责任，由于该侵权行为主要是吴某在胡某的酒店门口实施的，吴某承担主要责任，而胡某作为酒店店主，负有管理义务，亦应承担一定的责任。高度危险作业是指从事高空、高压、易燃、易爆、剧毒、放射性、高速运输工具等对周围环境有高度危险的作业。高度危险责任是指持有或经营某特定具有危险的物品、设施或活动之人，于该物品、设施或活动所具危险的实现，致侵害他人权益时，就所生损害负赔偿责任。

【相关法律条文】

《民法典》第1236条　从事高度危险作业造成他人损害的，应当承担侵权责任。

《民法典》第1239条　占有或者使用易燃、易爆、剧毒、高放射性、强腐蚀性、高致病性等高度危险物造成他人损害的，占有人或者使用人应当承担侵权责任；但是，能够证明损害是因受害人故意或者不可抗力造成的，不承担责任。被侵权人对损害的发生有重大过失的，可以减轻占有人或者使用人的责任。

《民法典》第1240条　从事高空、高压、地下挖掘活动或者使用高速轨道运输工具造成他人损害的，经营者应当承担侵权责任；但是，能够证明损害是因受害人故意或者不可抗力造成的，不承担责任。被侵权人对损害的发生有重大过失的，可以减轻经营者的责任。

《民法典》第1241条　遗失、抛弃高度危险物造成他人损害的，由所有人承担侵权责任。所有人将高度危险物交由他人管理的，由管理人承担侵权责任；所有人有过错的，与管理人承担连带责任。

《民法典》第1242条　非法占有高度危险物造成他人损害的，由非法占有人承担侵权责任。所有人、管理人不能证明对防止非法占有尽到高度注意义务的，与非法占有人承担连带责任。

67. 饲养动物损害责任追偿权

【事例】

饲养的狗伤人案

2020年8月17日下午，广东佛山顺德区罗水市场前，一位老人被一只狗身上的牵引绳绊倒重摔在地，后不幸去世。据当地通报，罗水村村民罗某（女，12 岁）把另一村民罗某拴养在家门口的狗牵出来玩，途经罗水市场时狗挣脱约束绳，在奔跑过程中狗绳意外将村民麦某（女，88 岁）绊倒，导致麦某受伤，经送医院救治无效死亡。当地初步判断该事件为意外事件。

【专家提示】

《民法典》第 1245 条规定，饲养的动物造成他人损害的，动物饲养人或者管理人应当承担侵权责任。这意味着饲养动物损害责任适用无过错责任原则。通常情况下，行为人造成他人民事权益损害的，只有存在过错才应当承担侵权责任，无过错则不担责，这契合了民众朴素的正义观念。但是，《民法典》也规定了无过错责任原则。根据这一原则，只要损害后果客观存在，行为人的活动以及所管理的人或物的危险性与损害结果存在因果关系，行为人就要承担侵权责任，即“行为人造成他人民事权益损害，不论行为人有无过错，法律规定应当承担侵权责任的，依照其规定”。为了公平起见，在制定无过错责任制的同时，《民法典》在无过错责任原则的基础上，增加了过错相抵的新规定，即“能够证明损害是因被侵权人故意造成的，可以减轻责任”。

从第一个案例可知，这只狗的饲养人为村民罗某。但是，当时这只狗并不在罗某的控制之下，而是由 12 岁的小女孩罗某牵出去玩。此时，女孩应该有足够的措施保证狗的安全，不至于造成他人损害。而女孩没有尽到管理义务，当然应当担责。《民法典》第 1250 条规定，因第三人的过错致使动物造成他人损害的，被侵权人可以向动物饲养人或者管理人请求赔偿，也可以向第三人请求赔偿。动物饲养人或者管理人赔偿后，有权向第三人追偿。

这起意外事件让人心痛，也引发了我们对宠物伤人问题的重视。事件发生后，大家关注最多的是该如何担责。有报道称老人家属打算放弃追责，如果属实，就直接免除了侵权人的赔偿责任。但是，这并不妨碍我们思考这起事件背后的责任划分问题。从本案来看，正站在路上的老人毫无防备，此时一只拴着狗绳的白狗突然跑来，巨大的冲击力让狗绳绊倒了老人。可见，老人对事故的发生不存在任何过错，责任应该完全由这只狗的饲养人或管理人来承担。

这意味着，被侵权一方可以向狗的主人要求赔偿，也可以要求作为第三人的女孩来赔偿。作为狗的主人，如果明知女孩是未成年人，而将狗交给其牵领，应当与女孩承担共同赔偿责任。如果狗的主人对女孩牵狗不知情,则在其承担责任后,可以向女孩追偿。但是女孩只有12岁,作为限制民事行为能力人,不能独立承担民事责任。依据《民法典》规定,无民事行为能力人、限制民事行为能力人造成他人损害的,由监护人承担侵权责任。有财产的无民事行为能力人、限制民事行为能力人造成他人损害的,从本人财产中支付赔偿费用;不足部分,由监护人赔偿。这意味着在女孩和宠物狗主人的责任划分完毕后,若女孩有独立财产,应从其本人财产中支付赔偿金,若女孩财产不足以赔偿损失的,不足部分由其监护人赔偿。

近年来,随着居民生活水平的提高,闲暇之余养猫、养狗已经成为一种时尚。这些宠物丰富了人们的日常生活,给人们带来精神上的慰藉,宠物的陪伴已经成为人们生活中很常见的现象。与此同时,由养宠物引发的相关问题逐渐多发,如恶犬伤人、遛狗不拴绳、随地排泄、街头狂叫等问题招致很多人的不满,由此引发的矛盾纠纷频频引发关注。《民法典》第1251条规定,饲养动物应当遵守法律法规,尊重社会公德,不得妨碍他人生活。各地也出台了饲养宠物方面的法律法规,如案发当地也出台了《佛山市养犬管理条例》,规定了市区范围内遛狗应当遵守的七种行为规范。所以,文明养犬既是社会公德,也是法律的强制性要求,饲养者当谨记在心。

【相关法律条文】

《民法典》第1166条　行为人造成他人民事权益损害,不论行为人有无过错,法律规定应当承担侵权责任的,依照其规定。

《民法典》第1245条　饲养的动物造成他人损害的,动物饲养人或者管理人应当承担侵权责任;但是,能够证明损害是因被侵权人故意或者重大过失造成的,可以不承担或者减轻责任。

《民法典》第1246条　违反管理规定,未对动物采取安全措施造成他人损害的,动物饲养人或者管理人应当承担侵权责任;但是,能够证明损害是因被侵权人故意造成的,可以减轻责任。

《民法典》第1247条　禁止饲养的烈性犬等危险动物造成他人损害的,动物饲养人或者管理人应当承担侵权责任。

《民法典》第1248条　动物园的动物造成他人损害的,动物园应当承担侵权责任;但是,能够证明尽到管理职责的,不承担侵权责任。

《民法典》第1249条 遗弃、逃逸的动物在遗弃、逃逸期间造成他人损害的,由动物原饲养人或者管理人承担侵权责任。

《民法典》第1250条 因第三人的过错致使动物造成他人损害的,被侵权人可以向动物饲养人或者管理人请求赔偿,也可以向第三人请求赔偿。动物饲养人或者管理人赔偿后,有权向第三人追偿。

《民法典》第1251条 饲养动物应当遵守法律法规,尊重社会公德,不得妨碍他人生活。

68. 建筑物和物件损害责任追偿权

【事例】

高空抛物伤人案一

2015年12月7日中午12时许,湖南某县一名女童搭乘爷爷的摩托车经过一栋高楼时,被楼上掉下来的一砖块砸中头部,经诊断为重症颅脑损伤、硬膜下积液、脑积水等,经司法鉴定构成三级伤残。事发后,当地公安机关结合现场视频、当事人陈述等,确定楼内一名男童就是加害人。因为找到了加害人,法院审理时认为,该案属一般侵权责任纠纷,即谁侵权谁担责,由男童的监护人承担侵权责任。可是经法院释明后,受害女童方仍坚持认为,原《侵权责任法》第87条对高空抛物作出了规定,应该照此办理。但法院认为,“87条”并不适用于女童案,最终驳回了女童方的诉讼请求。

高空抛物伤人案二

2012年9月24日下午,李某到附近的石堰镇赶集,走在燕集街上,突觉头上一痛,一阵头昏眼花,险些摔倒,用手一摸,发现两手满满的都是血。四处打量,发现正是脚边的一块木板砸中了自己,抬头一看,见头顶二楼有人正在阳台上敲敲砸砸,顿时怒火中烧上楼理论。正在自家二楼修缮阳台的杨家兄妹不承认是自己的原因导致李某受伤，但见李某血流不止，还是把她送到了石堰镇卫生院进行治疗。经诊断，李某头皮裂伤、颅脑外伤，有外伤性头痛、脑外伤后综合征，治疗共花去医疗费1万余元。伤愈后，李某多次找杨家兄妹协商赔偿事宜，均被拒绝，无奈之下，李某一纸诉状将二人告上法庭。李某诉称杨家兄妹在修缮阳台时没有尽到安全保障责任，施工中木板掉落导致自己受伤，现自己治疗花去医疗费1万余元，还留下了脑外伤后综合征，要求两人赔偿各项损失2万余元。杨家兄妹坚称不是自家的木板砸到了李某，但不能证明自己在修缮阳台时做好了安全保护措施。经法庭调查，砸伤李某的木板与杨家兄妹修缮阳台所用木板一致，且时间、地点相吻合。在事实基本确认后，法官主持双方进行调解，经过多次协商，最终达成协议：杨家兄妹赔偿李某医疗费1万元，误工费3000元，共计1.3万元，杨家兄妹当庭支付了赔偿费用。

【专家提示】

长期以来，高空抛物问题受到社会的广泛关注。尽管《侵权责任法》对此予以了规定，但是问题并没有得到根本性的解决。相较于《侵权责任法》的规定，《民法典》有以下主要变化：一是规定了物业服务企业等建筑物管理人应当采取必要的安全保障措施防止高空抛物的发生，否则应当依法承担未履行安全保障义务的侵权责任；二是强调了公安机关等应当依法及时调查，查清责任人。

《侵权责任法》第87条被形容为“一人得病，全楼吃药”，针对找不到抛物人的情形，规定全楼业主共同承担赔偿。此前，法律对高空抛物作出明确具体规定的，就是第87条。不过《侵权责任法》施行以来，第87条备受质疑。现在《民法典》侵权责任编修改了第87条，进一步厘清了高空抛物的侵权责任，明确谁侵权谁担责，由抛物者承担侵权责任，找不到抛物者，才适用过错推定原则，由可能加害者给予补偿，同时对有关机关的调查责任、物业的安全保障责任均作出了规定。我国《民法典》第1253条明确了搁置物、悬挂物致人损害系特殊侵权，适用过错推定原则，在举证责任分配上适用举证责任倒置，即起诉时原告只需要证明自身受到损害的事实及管理人与该物件具有支配关系，由被告举证自己没有过错的证据，若被告举证不出，就推定其具有过错并承担相应的民事赔偿责任。

【相关法律条文】

《民法典》第1253条 建筑物、构筑物或者其他设施及其搁置物、悬挂物发生脱落、坠落造成他人损害，所有人、管理人或者使用人不能证明自己没有过错的，应当承担侵权责任。所有人、管理人或者使用人赔偿后，有其他责任人的，有权向其他责任人追偿。

《民法典》第1254条 禁止从建筑物中抛掷物品。从建筑物中抛掷物品或者从建筑物上坠落的物品造成他人损害的，由侵权人依法承担侵权责任；经调查难以确定具体侵权人的，除能够证明自己不是侵权人的外，由可能加害的建筑物使用人给予补偿。可能加害的建筑物使用人补偿后，有权向侵权人追偿。

物业服务企业等建筑物管理人应当采取必要的安全保障措施防止前款规定情形的发生；未采取必要的安全保障措施的，应当依法承担未履行安全保障义务的侵权责任。

发生本条第一款规定的情形的，公安等机关应当依法及时调查，查清责任人。

《民法典》第1255条 堆放物倒塌、滚落或者滑落造成他人损害，堆放人不能证明自己没有过错的，应当承担侵权责任。

《民法典》第1256条 在公共道路上堆放、倾倒、遗撒妨碍通行的物品造成他人损害的，由行为人承担侵权责任。公共道路管理人不能证明已经尽到清理、防护、警示等义务的，应当承担相应的责任。

《民法典》第1257条 因林木折断、倾倒或者果实坠落等造成他人损害，林木的所有人或者管理人不能证明自己没有过错的，应当承担侵权责任。

《民法典》第1258条 在公共场所或者道路上挖掘、修缮安装地下设施等造成他人损害，施工人不能证明已经设置明显标志和采取安全措施的，应当承担侵权责任。

窨井等地下设施造成他人损害，管理人不能证明尽到管理职责的，应当承担侵权责任。

第七章

民事诉讼权利

《民法典》圆桌讨论会主题

《民法典》不仅是“权利宣言书”,也是权利保障和救济的法典。“无救济则无权利”,对民事权利的救济,即民事责任的承担,重要途径是赋予民事主体以民事诉讼权利。《民法典》正是民事诉讼权利的实体基础。

主持人:叶水荣　浙江泽鼎律师事务所律师

参与讨论的法务专家:廖　远　浙江泽鼎律师事务所律师

黄路路　浙江泽鼎律师事务所律师

项梦颖　浙江泽鼎律师事务所律师

叶水荣:民事权利本质上是法律为了保障民事主体的特定利益而提供法律之力的保护,民事权利是法律赋予的,也是受法律保护的。民事权利的保护可分为权利人自我保护即私力救济和国家保护即公力救济。公力救济的典型形式是权利人通过民事诉讼的方式,请求人民法院对权利予以国家保护。如何让民事诉讼的各种权利发挥作用,让人们切实感受到公平正义?下面请大家对涉及民事诉讼权利问题发表自己的意见和看法。

廖　远:“法与时转则治。”法律追随并适应社会变迁,但法律亦形成并引导社会变迁而在社会中扮演重要的角色。我国《民法典》的颁布绝不意味着民法体系的探讨经由立法的确认已经宣告终结。任何法律体系都只是相对的、发展的,《民法典》的体系应当伴随着社会生活的发展不断完善，尤其是要求通过解释的方法，不断推动法律体系的完善并拓宽权利保障的实现路径。在人类社会已经进入21世纪的今天，在《民法典》体系的构建方面，我们应当顺应社会发展的变化、满足时代的需求，而不应墨守成规或者削足适履。民法是社会经济生活在法律上的反映，《民法典》更是一国生活方式的总结和体现。如果你关注生活，就应该关注法律；如果你关心自己，就应该关心自己的权利。法典是“生活的百科全书”。当你告诉别人：“我保留对你的法律诉讼权利！”意思就是暂时不行使法律赋予自己的权利，在必要时行使。这一般作为警告或声明所用，一般声明时不会立即诉讼，至于以后是否诉讼，要看整个事情的发展。权利人是否提起诉讼，这是权利人的自由。

黄路路：民事权利在性质上是一种法律上之力。权利人依法可以请求义务人为一定行为或不为一定行为，以保证其享有或实现某种利益。当义务人不依法或依约履行法定或约定义务时，就应承担民法上的不利后果。民事责任是义务人不履行义务时国家强制义务人履行义务或承担法律责任的表现，这种强制性表现在，民事责任最终必须依赖国家强制力作保障，必须由法院最终确定责任的承担。而民事诉讼权利的实施正好是权利人要求义务人承担民事责任的实现过程。

项梦颖：民事诉讼权利是民事诉讼主体及其他诉讼参与人在诉讼中依法享有的各种权利。在我国，诉讼权利十分广泛，并且受到法律保护。例如，民事诉讼当事人的诉讼权利有：起诉，应诉，委托他人代理诉讼，申请回避，提供证据，进行辩论，查阅案卷材料，请求调解，自行和解，原告放弃或变更诉讼请求等等。本章将告诉你如何进行民事诉讼。

本章权利要目

69. 民事起诉权（《民事诉讼法》第123、126条）
70. 民事答辩权（《民事诉讼法》第128、174条）
71. 民事反诉权（《民事诉讼法》第54、143条）
72. 民事诉讼权利平等权（《民事诉讼法》第8条）
73. 民事处分权（《民事诉讼法》第13条第2款、第54条）

74. 民事案件不公开审理申请权(《民事诉讼法》第 137 条)
75. 民事诉讼参加权(《民事诉讼法》第 59、135 条)
76. 诉讼代表人推选权(《民事诉讼法》第 55、56 条)
77. 诉讼当事人质证权(《民事诉讼法》第 66、71 条)
78. 民事诉讼证据收集、提供权(《民事诉讼法》第 52、67、73 条)
79. 民事诉讼证据保全申请权(《民事诉讼法》第 84 条)
80. 民事和解权(《民事诉讼法》第 53 条)
81. 民事财产保全申请权(《民事诉讼法》第 103、104、107 条)
82. 民事先予执行申请权(《民事诉讼法》第 109－111 条)
83. 民事诉讼费用缓交、减交、免交申请权(《民事诉讼法》第 121 条)
84. 民事诉讼材料查阅、复制权(《民事诉讼法》第 52 条第 2 款)
85. 民事撤诉权(《民事诉讼法》第 148、180、264 条)
86. 民事上诉权(《民事诉讼法》第 126、151、171－174 条)
87. 支付令申请权(《民事诉讼法》第 221、222、224 条)
88. 民事执行申请权(《民事诉讼法》第 243、244 条)
89. 当事人异议权(《民事诉讼法》第 43、169 条)

69. 民事起诉权

【漫画】

【事例】

公民可通过起诉保护其合法权益

田某与施工队的其他几个工人在拆除李某的旧房屋时被倒塌的砖墙砸伤，经抢救无效死亡。事后，无人愿意对田某的死亡承担赔偿责任。田某的家人在索赔无果的情况下，将雇主董某和房主李某告上法院。法院审理后认为：公民的生命权受法律保护。田某是董某的雇员，董某不具备施工资质，且在施工过程中未采取相应的安全生产措施，田某在从事雇佣活动中因安全事故导致死亡，雇主董某应承担赔偿责任。李某作为业主和发包方，将工程发包给不具备施工资质和安全生产条件的被告董某承建，应承担连带责任。判决两人赔偿死者家属经济损失。

【专家提示】

民事起诉权是指当事人依法请求人民法院保护其民事权益的权利。当公民行使民事起诉权，依法律规定的形式和要件向法院起诉后，法院就有受理民事起诉的义务。根据当事人诉讼请求的目的和内容不同，诉讼请求可以分为确认之诉、给付之诉和形成之诉三种。

【相关法律条文】

《民事诉讼法》第 123 条　起诉应当向人民法院递交起诉状，并按照被告人数提出副本。

书写起诉状确有困难的，可以口头起诉，由人民法院记入笔录，并告知对方当事人。

《民事诉讼法》第 126 条　人民法院应当保障当事人依照法律规定享有的起诉权利。对符合本法第一百二十二条的起诉，必须受理。符合起诉条件的，应当在七日内立案，并通知当事人；不符合起诉条件的，应当在七日内作出裁定书，不予受理；原告对裁定不服的，可以提起上诉。

《民法典》第 188 条第 1 款　向人民法院请求保护民事权利的诉讼时效期间为三年。法律另有规定的，依照其规定。

70. 民事答辩权

【漫画】

【事例】

遗产分割案

原告李某1父母生育子女2人——哥哥李某2、女儿李某3。一家4口人,有私房7间。原告李某1称:1967年李某2与被告陈某珠结婚。1984年李某2因公死亡。1985年初父亲李某光病逝,由母亲维持一家3口的生活。1985年底自己结婚居住在外,被告与母亲住在一起。被告经常与母亲吵架,毫无孝心,母亲每年都要到她家住上两个月。1994年母亲病逝。现在我要求继承祖传房产,要求法院依法裁判。

针对原告的诉状,被告陈某珠提出如下答辩:(1)她对公婆尽了主要的赡养义务,依法有权继承遗产。原告在起诉书中诬蔑她对公婆未尽赡养义务、长期婆媳不和,事实恰恰相反。50多年来,她与婆婆相依为命,对婆婆照顾周到,守寡伴在婆婆身边,给了婆婆极大的安慰,从未发生大的争执。家里的主要家务由她料理,房屋也是她请人修缮。根据我国《民法典》第1129条的规定,丧偶儿媳对公婆尽了主要赡养义务,作为第一顺序继承人。(2)关于遗产的分割。原告在起诉前曾要求房屋由原告继承,她可以继续住在东屋,对此她坚决反对。她与原告同属第一顺序继承人，但在考虑继承份额时，应根据权利义务一致的原则，考虑继承人对死者生前所尽的义务。她自己负担全部的赡养责任、尽了应尽的义务，理所当然应继承较大的份额，故她要求继承堂屋与东屋及邻近东屋的北屋一间。

【专家提示】

民事答辩状，是民事案件被告或被上诉人在收到起诉状或上诉状副本后，在法定期限内，针对原告的起诉状或上诉状的事实、理由及诉讼请求，作出答复和辩驳的文书。民事答辩状分为首部、正文、尾部三部分。

1. 首部：在文书上部正中写明“民事答辩状”。在标题之下，写答辩人的基本情况，所写事项与起诉状当事人基本情况同。案由应写明与原告（或上诉人）纠纷的性质。文书名称比正文大一号字体。

2. 正文：答辩理由是答辩状的核心部分，一般从以下几方面考虑：

（1）就事实部分进行答辩。对起诉状（或上诉状）中所写的事实是否符合实际情况表示意见。如果所诉事实全部不能成立，就全部予以否定，部分不能成立，就部分予以否定，并提出反证来证明符合客观真实的事实，对原告或上诉人进行反驳。

（2）就适用法律方面进行答辩。一是事实如果有出入，必然会引起适用法律的错误，论证理由可以从简；二是事实没有出入，而原告对实体法条文理解错误，提出不合法要求的，则可依法反驳；三是在程序方面，如果原告起诉（或上诉人上诉）违反民事诉讼法的规定，没有具备引起诉讼发生和进行的条件，则可就适用程序法律进行反驳。

（3）提出答辩主张。在提出事实、法律方面的答辩之后，要引出自己的答辩主张，即对起诉状或上诉状中的诉讼请求、所依据的事实和理由是完全接受还是部分接受，明确提出对本案的看法，请求法院驳回诉讼请求。

3. 尾部：分两行写明致送机关，“此致”“某某某某人民法院”。附项注明本答辩状副本的份数。最后在文书右下方答辩人署名，写明“答辩人某某某”，并注明年月日。

一份好的答辩状要努力做到：第一，针对性要强，观点鲜明；第二，辩驳要充分有力；第三，证据要充分可靠；第四，陈述要简明扼要，做到合法、合情、合理。

【相关法律条文】

《民事诉讼法》第128条　人民法院应当在立案之日起五日内将起诉状副本发送被告，被告应当在收到之日起十五日内提出答辩状。答辩状应当记明被告的姓名、性别、年龄、民族、职业、工作单位、住所、联系方式；法人或者其他组织的名称、住所和法定代表人或者主要负责人的姓名、职务、联系方式。人民法院应当在收到答辩状之日起五日内将答辩状副本发送原告。

被告不提出答辩状的，不影响人民法院审理。

《民事诉讼法》第174条　原审人民法院收到上诉状，应当在五日内将上诉状副本送达对方当事人，对方当事人在收到之日起十五日内提出答辩状。人民法院应当在收到答辩状之日起五日内将副本送达上诉人。对方当事人不提出答辩状的，不影响人民法院审理。

原审人民法院收到上诉状、答辩状，应当在五日内连同全部案卷和证据，报送第二审人民法院。

71. 民事反诉权

【漫画】

【事例】

何谓反诉

某甲向法院提起诉讼要求乙返还其走失的牲畜，乙在接到法院的通知后也向法院提出要求甲赔偿乙在饲养该牲畜期间损失的诉讼，这就是反诉。这里被告针对原告所提的诉讼请求，提出了独立的反请求，目的是抵销或吞并原告的诉讼请求。

【专家提示】

反诉，是指在民事诉讼进行中，被告以本诉原告为被告，向人民法院提出与本诉有牵连的相反诉讼请求。反诉应当在本诉起诉之后，法庭辩论终结之前提起。法律设立反诉制度的积极意义主要体现在以下三个方面：一是可以利用一个诉讼程序得到的诉讼资料同时解决两个诉讼，从而达到简化程序、节省时间和费用的目的；二是可以使被告有效地对抗原告，有利于维护被告的合法权益；三是可以防止法院在相关联的问题上作出相互矛盾的判决，维护法律的严肃性。反诉时要注意的是：一是反诉要以本诉为基础，没有本诉，就没有反诉；二是反诉必须与本诉有联系；三是反诉应在原告起诉后，法庭辩论终结之前提出；四是反诉只能向审理本诉的同一人民法院提出。

【相关法律条文】

《民事诉讼法》第54条　原告可以放弃或者变更诉讼请求。被告可以承认或者反驳诉讼请求，有权提起反诉。

《民事诉讼法》第143条　原告增加诉讼请求，被告提出反诉，第三人提出与本案有关的诉讼请求，可以合并审理。

72. 民事诉讼权利平等权

【漫画】

【事例】

交通肇事后的赔偿问题

2008年年初，在上海打工的周某和15个月的儿子搭乘同在上海打工的老乡的轿车回安徽老家。同车的还有两人。晚上当车子开到沪宁高速公路无锡段时，发生了六车连环相撞的大事故，4人当场死亡。事故后4名受害人家属聘请律师，向锡山区人民法院提起民事诉讼。律师把所有与这起事故有关的，包括其他车辆驾驶员、车主、保险公司在内的15个单位和个人，全部作为被告，共索赔256万元。原告代理律师主张，虽然4名民工户籍在安徽农村，但都在上海市区打工，应按上海市城镇户口的标准进行赔偿，每人死亡赔偿金应为47万元。最终，法院判决，被告方赔偿原告各项损失和费用共计230余万元。法院如果对该案按4名死者户口所在地安徽省农村人均收入标准判决，死者家属仅能获赔总计30余万元，两者之间相差七八倍。因此，此案的判决改变了“同命不同价”的“惯例”，最大可能地实现了民事诉讼权利平等权。

【专家提示】

民事诉讼权利平等权指民事诉讼的双方当事人在民事诉讼中，享有平等的诉讼权利。民事诉讼当事人有平等的诉讼权利，根源于两个因素：一个是民事法律关系的双方当事人地位平等，权利义务平等；另一个是当事人的民事权利平等。权利的平等，相应地是义务平等。在民事法律关系中，双方当事人都各自享有权利和承担义务，除特殊的民事行为外，任何一方当事人不可能只享有权利，而不承担义务，这不因一方是原告、他方是被告而有所差异。原告和被告享有的诉讼权利平等，表现在双方都有权委托代理人，都有权申请回避、提供证据、进行辩论、请求调解、提起上诉、申请执行。经人民法院许可，双方都可以查阅本案的庭审材料、请求自费复制本案的庭审材料和法律文书，只有涉及国家机密和个人隐私的材料除外。

【相关法律条文】

《民事诉讼法》第8条 民事诉讼当事人有平等的诉讼权利。人民法院审理民事案件，应当保障和便利当事人行使诉讼权利，对当事人在适用法律上一律平等。

73. 民事处分权

【漫画】

【事例】

当事人可庭外和解

甲乙两人合伙做生意，两人之间有约定：每赚 100 元，甲得 10 元，乙得 90 元。履行中乙仅给了甲 5 元，于是甲诉至法院。过了半个月法院即将开庭时，原告放弃起诉。后经了解，原来他们在庭外达成了和解协议：每赚 100 元，甲得 20 元，乙得 80 元。这样，法院准许其撤诉。

【专家提示】

民事处分权是指民事诉讼当事人在法律许可的范围内享有对自己民事实体权利和民事诉讼权利的自由处分权。日常生活中，当事人的这种处分权，只限于当事人处分自己的民事实体权利和民事诉讼权利。同时，这种处分权，必须出于当事人本人真实意思的表示。行使该权利虽然贯穿于民事诉讼的全过程，但在具体工作中，必须注意两个问题：一是当事人不能滥用处分权，处分权利时不能给国家、集体和他人造成损失；二是人民法院应当尊重并保障当事人行使处分权。

【相关法律条文】

《民事诉讼法》第 13 条第 2 款　当事人有权在法律规定的范围内处分自己的民事权利和诉讼权利。

《民事诉讼法》第 54 条　原告可以放弃或者变更诉讼请求。被告可以承认或者反驳诉讼请求，有权提起反诉。

74. 民事案件不公开审理申请权

【漫画】

【事例】

离婚不公开审理案

2006年11月27日，高某与王某文母子在北京法庭科学技术鉴定研究所"滴血试亲"后，高某申请案子不公开审理，王某文认为高某这样做是不自信的表现。高某代理律师陈述：这都是为了孩子考虑，如果公开审理的话，让孩子将来怎么面对啊。亲子鉴定是个很复杂的过程，法医需要核实很多东西，然后写书面报告，最后签字，以正式文本的形式送到法院，再由法院通知当事人。法官会尊重申请人权利进行不公开审理，并当庭公布鉴定结果。

【专家提示】

民事案件不公开审理申请权，是指民事诉讼当事人出于某些因素考虑而不希望公开审理案件，可以向人民法院提出申请和要求不公开审理该案件的权利。民事案件不公开审理仍属开庭审理，因为，开庭审理案件包括公开审理与不公开审理，不能将申请不公开审理视为要求不开庭审理。离婚案件的情况较为复杂，有的案件有个人隐私情节，有的当事人对公开审理有种种顾虑，有的夫妻感情尚未完全破裂，公开审理反而有副作用。因此，当事人对离婚案件可以申请不公开审理。商业秘密泄露以后，势必会损害当事人的合法权益，因此当事人也可以申请不公开审理。

【相关法律条文】

《民事诉讼法》第 137 条　人民法院审理民事案件，除涉及国家秘密、个人隐私或者法律另有规定的以外，应当公开进行。

离婚案件，涉及商业秘密的案件，当事人申请不公开审理的，可以不公开审理。

75. 民事诉讼参加权

【漫画】

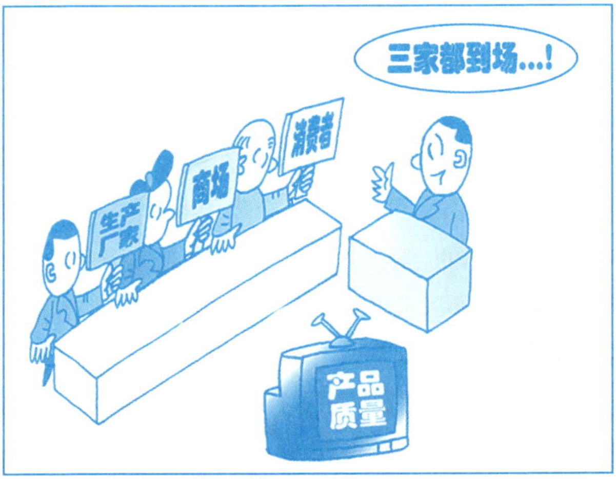

【事例】

参与民事诉讼的权利

甲与乙就一幢房屋的产权发生争执而向法院提起诉讼。在诉讼过程中，丙声称其拥有甲、乙相争房屋的产权，作为有独立请求权的第三人加入该诉讼中。同样，甲向乙购买一台洗衣机，后因质量问题发生争执引起诉讼。人民法院审理后认为该洗衣机制造厂家丙应该作为无独立请求权的第三人，通知其参加诉讼。如果审理确认洗衣机的质量问题是由甲自己造成的，则丙对乙就不承担任何责任；如果审理认为质量问题是在丙出售给乙时就已存在，则丙对乙就要承担相应责任。

【专家提示】

民事诉讼参加权是指在民事诉讼活动过程中，与案件有关联的当事人享有的参加到他人之间正在进行的诉讼中去的权利。有权向人民法院申请追加其为共同原告、被告或者第三人，参加到已经开始的诉讼活动。该当事人要具有民事行为能力，没有民事行为能力的，由法定代理人代理。参加民事诉讼的条件为：一是参加者是与民事案件处理结果存在法律上的直接或间接利害关系的人，与该案不存在法律上利害关系的人，不能享有参加权；二是享有者必须在民事诉讼开始后，法院判决作出前参加诉讼；三是参加的目的是维护自身的合法权益。

【相关法律条文】

《民事诉讼法》第59条第1、2款 对当事人双方的诉讼标的，第三人认为有独立请求权的，有权提起诉讼。

对当事人双方的诉讼标的，第三人虽然没有独立请求权，但案件处理结果同他有法律上的利害关系的，可以申请参加诉讼，或者由人民法院通知他参加诉讼。人民法院判决承担民事责任的第三人，有当事人的诉讼权利义务。

《民事诉讼法》第135条 必须共同进行诉讼的当事人没有参加诉讼的，人民法院应当通知其参加诉讼。

76. 诉讼代表人推选权

【事例】

诉讼代表人应当依法履职

某市江水(化名)区和飞跃(化名)小区两幢楼之间的堡坎发生倒塌,给周围居民生活带来不便。为此,76户小区住户推选出4人以住户代表身份与开发公司进行协商。随后,4人先后在开发公司领取了"堡坎倒塌修复协调费"4万元和两幢楼住户"堡坎倒塌精神补偿费"5.2万元,并将5.2万元精神补偿费按各户受损害程度进行了分配,同时扣收了每户50元的开支费用。但4名代表人未将其所领取的协调费4万元向其他住户分发,而是按每人1万元进行了分割。为此,卓某群等76名原告起诉4名被告要求分割该协调费。某市江水区人民法院受理并审结了此案,认为该案4名被告在代表原告协商处理一起相邻权纠纷中,将被代表人共有的补偿费4万元占为己有,属非法侵占行为。江水区人民法院依法判决4名被告将该补偿费按每人应得的份额偿付给76名原告。

【专家提示】

诉讼代表人推选权,是指在原告人数众多的民事诉讼中,人数众多的一方当事人享有推选诉讼代表人代表其参加诉讼的权利。因为当事人一方人数众多,不可能每个人都参加诉讼,只能推选出诉讼代表人代表群体进行诉讼,这既方便人民法院审理民事案件,又便利当事人进行诉讼。代理人和代表人虽然只有一字之差,但是在法律意义上是不同的。代理人是在代理权限内,以被代理人的名义实施民事法律行为,被代理人对代理人的代理行为,承担民事责任。而代表人是被代表人推举出来代表全体成员共同利益的人,代表人是以全体成员的名义对外实施民事法律行为。上述案中,代表人协商所取得的利益是全体成员的共同利益,他们私分协调费4万元侵犯了被代表人的合法权益,理应承担法律责任。

【相关法律条文】

《民事诉讼法》第 55 条 当事人一方或者双方为二人以上，其诉讼标的是共同的，或者诉讼标的是同一种类、人民法院认为可以合并审理并经当事人同意的，为共同诉讼。

共同诉讼的一方当事人对诉讼标的有共同权利义务的，其中一人的诉讼行为经其他共同诉讼人承认，对其他共同诉讼人发生效力；对诉讼标的没有共同权利义务的，其中一人的诉讼行为对其他共同诉讼人不发生效力。

《民事诉讼法》第 56 条 当事人一方人数众多的共同诉讼，可以由当事人推选代表人进行诉讼。代表人的诉讼行为对其所代表的当事人发生效力，但代表人变更、放弃诉讼请求或者承认对方当事人的诉讼请求，进行和解，必须经被代表的当事人同意。

77. 诉讼当事人质证权

【漫画】

【事例】

当事人有质证的权利

由于民事诉讼实行公开审理，因此涉及国家秘密、商业秘密和个人隐私或者法律规定的其他应当保密的证据，不得在开庭时公开质证。对这些证据，并不是说不进行质证，而是要秘密质证。为了保证质证能够公平进行，一般都在开庭前组织证据交换，这样你在质证时就知道是质证哪些、质证什么。但是，仍然可能有些当事人不愿意让你事先知道他的证据，以便在开庭时给你一个突然袭击，让你不知所措。这种做法，在法律上叫作“诉讼突袭”，是违反诉讼规则的。为切实保障双方当事人可在庭审中公平对等地行使举证与质证权利、承担证明责任，在庭审中一方当事人当庭提出新的证据，未征得对方当事人同意，审判人员不得当庭质证、认证，以切实保护对方当事人享有的庭前知悉并辩驳的对等权利。依法官确定的合理期限或双方当事人约定，在庭审后一方当事人提交新证据，审判人员应及时将新证据送达对方当事人，并限期要求其提出书面抗辩意见及证据。如确属涉及重大事实的证据，应另行开庭质证。如果在开庭时有人对你搞“诉讼突袭”，拿出了一个你从没听过、见过的新证据，那么，除非你同意对这一证据进行质证，否则，法院是不会当庭对此证据进行质证的。在这种情况下，法官会先把这个证据给你，你在庭审后一个规定的期限内，对此证据提出质证意见，如果事关重大，法院还会另行开庭。

【专家提示】

诉讼当事人质证权，是指在人民法院的主持下，当事人享有对有关民事诉讼证据问题进行质询和辩论的权利。质询是一方当事人就有关证据问题向对方当事人、证人、鉴定人或者勘验人予以质疑，要求其回答，以确认证据证明作用的活动。辩论是指双方当事人就有关证据问题相互进行辩驳、争论的行为。按照证据规则的规定，证据应当在法庭上出示，由当事人质证。未经质证的证据，不能作为认定案件事实的依据。质证权是原被告双方共同享有的诉讼权利，是指在民事诉讼过程中，双方当事人就同一事实所提供的证据的真实性和合法性以及对案件事实的证明力的大小进行对质、辩驳的权利。证据无论是人民法院收集的，还是当事人提供的，只有经过双方的质证、辩驳才能保证其真实性、合法性。质证权不仅双方当事人享有，证人、其他诉讼参与人也同样享有。质证是人民法院审查核实证据的重要手段之一。质证既是当事人、诉讼代理人之间相互审验对方提供证据的过程，又是帮助法庭鉴别、判断证据的过程。质证既然是相互的，就应公平地进行。法庭上出示证据，就是将证据拿到法庭上，让当事人进行查看、辨认，最后做出肯定或否定的判断。涉及国家秘密、商业秘密和个人隐私，或者法律规定的其他应当保密的证据，不能在开庭时公开质证。

【相关法律条文】

《民事诉讼法》第66条 证据包括：

（一）当事人的陈述；

（二）书证；

（三）物证；

（四）视听资料；

（五）电子数据；

（六）证人证言；

（七）鉴定意见；

（八）勘验笔录。

证据必须查证属实，才能作为认定事实的根据。

《民事诉讼法》第71条 证据应当在法庭上出示，并由当事人互相质证。对涉及国家秘密、商业秘密和个人隐私的证据应当保密，需要在法庭出示的，不得在公开开庭时出示。

78. 民事诉讼证据收集、提供权

【漫画】

【事例】

遭遇侵权时 做好证据收集

来杭州打工的焦先生和8个朋友在望江路上的一家个体饮食店吃饭后，第二天都出现了肚子痛、拉肚子的现象，于是跟饭店交涉，但没有结果。“我们向有关部门投诉，他们叫我们先去医院治疗，并让卫生防疫部门做了检测。检测结果是饭店的厨师体内带菌，致使部分菜肴被污染，从而使我们食用后发生了集体急性副溶血性弧菌食物中毒。”焦先生想，既然有了证据，饭店这下该赔钱了，哪知道饭店老板仍然不认账，他只好向上城区消费者协会（以下简称消协）清波分会求助。上城区消协经过细致调查后，认定此次食物中毒事故店方应负全责。工作人员立即与店主联系，但店主认为卫生防疫部门已经罚款了，再让他赔钱是没有道理的。经上城区消协工作人员反复调解，店主俞某最终支付中毒9人的全部医药费共计2230元，此外还一次性付给9人误工费、营养费共计600元。消费者对调解结果很满意。消协工作人员认为，在这起消费纠纷中，消费者手头的证据起了至关重要的作用。因此，消费者若遭遇侵权时，一定要在第一时间收集证据。

【专家提示】

在民事诉讼活动中，法律赋予当事人收集、提供证据的权利。实际上当事人负有举证责任，收集和提供证据对当事人来说既是权利，也是义务。当事人收集、提供证据应当注意：(1)必须客观全面、认真仔细、依法及时。对当事人提供的证据，人民法院应当出具收据，注明证据的名称、收到的时间、份数和页数，由审判员或书记员签名或盖章。(2)应当在法院指定的合理期限内提供诉讼证据。在指定的期限内提供诉讼证据确有困难的，应当在指定期限届满前，向人民法院申请延期。

【相关法律条文】

《民事诉讼法》第52条第1款 当事人有权委托代理人，提出回避申请，收集、提供证据，进行辩论，请求调解，提起上诉，申请执行。

《民事诉讼法》第67条第1款 当事人对自己提出的主张，有责任提供证据。

《民事诉讼法》第73条 书证应当提交原件。物证应当提交原物。提交原件或者原物确有困难的，可以提交复制品、照片、副本、节录本。

提交外文书证，必须附有中文译本。

79. 民事诉讼证据保全申请权

【漫画】

【事例】

当事人有申请保全证据的权利

原告张某去新华书店购书，售货员因怀疑其偷书而盘查原告，并令原告打开书包检查其中物品，致使原告滞留30分钟受人围观，原告遂以新华书店侵害消费者名誉权为由提起诉讼。在该案审理中，其他围观证人难以寻找，原告一时又提供不出更多的证人，只有新华书店的监控录像可以将此纠纷的来龙去脉展现得最清楚，是查明本案事实的关键证据。但录像由新华书店掌控且其不愿提供。在此情况下，原告应及时行使诉讼证据保全申请权，提请法院对该证据进行证据保全。

【专家提示】

在证据有可能灭失或者以后难以取得的情况下，当事人有权向人民法院提出申请或由人民法院依据职权采取保护措施，对证据进行固定，保持其证据力和真实性，防止证据因客观情况而灭失或损坏。证据保全申请权是诉讼参加人所共同享有的诉讼权利。在证据可能灭失或以后难以取得的情况下，法院采取的固定和保全证据制度，其目的是保证人民法院在证据充分的基础上作出公正裁判。证据保全是诉讼中的一项有效措施，既是诉讼参加人提供证据的辅助，又是人民法院取得证据的一种形式。证据保全能使对案件裁判具有重要意义的证据得以保存，有助于人民法院查明案件事实，及时公正地作出裁判。

【相关法律条文】

《民事诉讼法》第 84 条第 1 款　在证据可能灭失或者以后难以取得的情况下，当事人可以在诉讼过程中向人民法院申请保全证据，人民法院也可以主动采取保全措施。

《最高人民法院关于民事诉讼证据的若干规定》第 27 条　人民法院进行证据保全，可以要求当事人或者诉讼代理人到场。

根据当事人的申请和具体情况，人民法院可以采取查封、扣押、录音、录像、复制、鉴定、勘验等方法进行证据保全，并制作笔录。

在符合证据保全目的的情况下，人民法院应当选择对证据持有人利益影响最小的保全措施。

《最高人民法院关于行政诉讼证据若干问题的规定》第 28 条第 2 款　人民法院保全证据时，可以要求当事人或者其诉讼代理人到场。

80. 民事和解权

【漫画】

【事例】

当事人可自行和解

朱老太的儿子宋某夫妇先后于数年前去世,宋某生前曾先后建有3间平房。本来,这3间旧瓦房值不了几个钱,所以在儿子媳妇过世后的很长时间里,朱老太从未提出想要继承遗产。但现在情况发生了变化,由于遇到政府拆迁,3间瓦房陡然间增值了近10倍。也不知朱老太是怎么想的,她突然提出要和仨孙女一起平分14万余元的拆迁补偿款。孙女们并没有同意朱老太的要求,于是,朱老太请了律师,将孙女们一起告上法庭。在法院审理过程中,朱老太的二孙女请来了许多证人,其中也包括她们共同的亲戚,证明她在结婚时按父母的意思招婿上门,父亲宋某已将瓦房中的2间分给了她,所以即使奶奶要继承遗产,也只能就剩下的1间和她们姐妹3人共同继承。官司打到这份上,朱老太倒也没有过于坚持,她表示愿意自行和解处理按份额继承4000元。但她同时也提出了一个条件,要求3个孙女放弃对她的财产的继承。对于奶奶的这个要求,3个孙女都表示同意达成和解协议。

【专家提示】

民事诉讼当事人在民事诉讼中享有自行和解权。民事诉讼和解是双方当事人在民事审判程序和民事执行程序中自行协商、达成协议、温和地解决纠纷的权利。首先,和解的主体是具有实体处分权的诉讼参加人;其次,和解是双方当事人之间达成一致的行为;最后,和解的目的是解决纠纷、终结诉讼。

【相关法律条文】

《民事诉讼法》第53条 双方当事人可以自行和解。

81. 民事财产保全申请权

【漫画】

【事例】

当事人有申请财产保全的权利

原告某信息产品公司是一家小型国有企业，与被告某通信器材公司于2002年开始发生业务往来，销售手机给被告。截至2003年4月2日，被告共计结欠原告货款88万余元，原告多次催讨，被告却一直拖延不付，不得已向法院起诉。因被告营业厅和仓库里尚有大量原告所供的手机，原告代理人到法院提供这一重要线索，并提出了财产保全申请。接到申请20分钟后，民二庭在场的干警兵分两路，带着还散发着油墨味的法律文书直奔被告的营业厅和仓库。最初，被告法定代表人对查封有抵抗情绪，声称："你们查封了我的手机，我还怎么经营？"查封人员耐心阐明利害关系，并说明只按裁定书确定的金额查封其中部分手机，决不超标查封，最终对方同意合作。查封时，他们对手机的品牌、型号、机号及配件情况一一进行了核对登记，并对数量反复进行核实清点，一直忙到下午4点多钟，总共查封手机类型达百余种，数量达1000余只。6月19日，也就是查封手机2周后，原告向法院提出了撤诉申请。原来，双方本着友好合作的精神，已经达成了和解协议，被告同意一次性归还原告88万余元货款，原告考虑到双方今后的合作，也作出让步，同意对其供给被告的手机支付保价费，按实际情况进行结算，并自愿承担诉讼费和保全费。

【专家提示】

民事财产保全申请权，是指民事诉讼当事人为了保证将来裁判生效后其财产权益能够得以实现，在判决执行前，请求人民法院对当事人的财产或者争议的标的物采取强制性保护措施的权利。当事人及时地行使这一权利，对有效保护自己的合法权益、避免"执行难、难执行"的问题十分重要。

采取诉前财产保全应当具备下列条件：第一，必须是情况紧急，不立即采取保全措施，将会使申请人的合法权益受到难以弥补的损害。第二，必须由利害关系人提出保全财产的申请。"利害关系人"指与被申请一方存在民事权益争议的人。没有申请诉前财产保全的，人民法院不能依职权主动进行。第三，申请人必须提供担保。申请人不提供担保的，应当驳回申请。

采取诉讼中财产保全应当具备下列条件：第一，将来的生效判决因为主观或者客观的因素导致不能执行或者难以执行。主观因素有，当事人有转移、毁损、隐匿财物的行为或者可能采取这种行为；客观因素主要是诉讼标的物是容易变质、腐烂的物品，如果不及时采取保全措施将会造成更大损失。第二，诉讼中财产保全发生在民事案件受理后、法院尚未作出生效判决前。在一审或二审程序中，如果案件尚未审结，就可以申请财产保全。如果法院的判决已经生效，当事人可以申请强制执行，但是不得申请财产保全。第三，诉讼中财产保全一般应当由当事人提出书面申请。当事人没有提出申请的，人民法院在必要时也可以裁定采取财产保全措施。第四，人民法院可以责令当事人提供担保。提供担保的数额应当相当于请求保全的数额。申请人不提供担保的，人民法院可以驳回申请。

【相关法律条文】

《民事诉讼法》第103条第1款　人民法院对于可能因当事人一方的行为或者其他原因，使判决难以执行或者造成当事人其他损害的案件，根据对方当事人的申请，可以裁定对其财产进行保全、责令其作出一定行为或者禁止其作出一定行为；当事人没有提出申请的，人民法院在必要时也可以裁定采取保全措施。

《民事诉讼法》第 104 条第 1 款 利害关系人因情况紧急,不立即申请保全将会使其合法权益受到难以弥补的损害的,可以在提起诉讼或者申请仲裁前向被保全财产所在地、被申请人住所地或者对案件有管辖权的人民法院申请采取保全措施。申请人应当提供担保,不提供担保的,裁定驳回申请。

《民事诉讼法》第 107 条 财产纠纷案件,被申请人提供担保的,人民法院应当裁定解除保全。

82. 民事先予执行申请权

【漫画】

【事例】

裁定先予执行 解燃眉之急

家住山东的孟某和妻子一起来到昆山打工,家有未满周岁的儿子。一天,他在公交车站台等车时,由于两车相撞,把他撞倒在绿化地上。经医生诊断,其颈椎受伤较重,为九级伤残;一侧睾丸被切除,为十级伤残。经交警部门鉴定,事故中孟某没有责任,为受害者。因为事故双方都不接受调解,孟某把肇事方告上了法庭,等待判决。但一切赔偿都需要法律判决后才能执行,肇事一方在付了孟某起初治疗的医药费后就不再付钱给他，孟某只得耐心等待判决的下达。然而，孟某因为受伤无法做工，生活日益窘迫起来，且因治疗中性激素分泌不均胸口长出肿块，必须尽快动手术，手术至少需要5000元。迫不得已，孟某找到了苏州某律师事务所的蒋律师及负责此案的法官，向他们诉说了所面临的困境。蒋律师提示当事人可以行使先予执行申请权，并与法官商量，一起帮助孟某搜集他目前确实困难的证据，并多方联系，与相关保险公司协商，最终为他提前争取到了12,000元的资金。有了这笔钱，孟某不仅可以立即做手术，还解决了妻儿目前的生活困难问题。捧着这笔来之不易的钱款，孟某十分感谢蒋律师和法官使他顺利地享受了这一法定权利。

【专家提示】

民事先予执行申请权，是指民事诉讼当事人一方因生产或生活上的迫切需要，在作出判决前，请求人民法院责令对方当事人先履行一定的民事义务的权利。先予执行措施的采取可以解原告的燃眉之急，并有利于法院及时而切实地保护当事人的合法权益。申请先予执行应当向人民法院递交申请书，书写申请书有困难的，可以口头申请。人民法院对当事人先予执行的申请应当进行审查，认为符合先予执行条件和适用范围的裁定先予执行，不符合先予执行条件和适用范围的驳回申请。当事人对先予执行的裁定不服，不得提起上诉，但可向作出裁定的人民法院申请复议一次，复议期间不停止裁定的执行。复议撤销先予执行裁定的，应执行回转，将已执行的财产返还给被申请人。

【相关法律条文】

《民事诉讼法》第109条 人民法院对下列案件，根据当事人的申请，可以裁定先予执行：

（一）追索赡养费、扶养费、抚养费、抚恤金、医疗费用的；

（二）追索劳动报酬的；

（三）因情况紧急需要先予执行的。

《民事诉讼法》第110条 人民法院裁定先予执行的，应当符合下列条件：

（一）当事人之间权利义务关系明确，不先予执行将严重影响申请人的生活或者生产经营的；

（二）被申请人有履行能力。

人民法院可以责令申请人提供担保，申请人不提供担保的，驳回申请。申请人败诉的，应当赔偿被申请人因先予执行遭受的财产损失。

《民事诉讼法》第111条　当事人对保全或者先予执行的裁定不服的，可以申请复议一次。复议期间不停止裁定的执行。

83. 民事诉讼费用缓交、减交、免交申请权

【漫画】

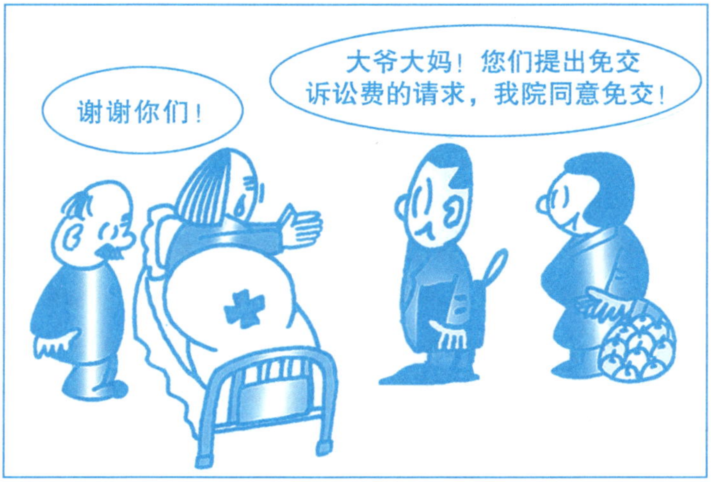

【事例】

家境困难者　可申请免交民诉费用

17岁的刘某兰在北京动物园河马馆实习时，为轰赶进入河马兽舍的麻雀而被护崽母河马咬伤致死。事后，北京动物园负担了刘某兰的医疗费、丧葬费等，并先后给刘家安排了工作，分配了一套住房，发放困难补助共计6800元。刘家于2004年旧事重提，向动物园提起民事赔偿诉讼，索赔44万元。北京市第一中级人民法院（以下简称为北京市一中院）审理后对河马咬人案做出终审判决，驳回死者母亲张某珍向动物园提出的44万元索赔。考虑到原告家庭困难，且是因工伤死亡引

起的诉讼,法院将张某珍一、二审共计1.8万余元的诉讼费全部免除。张某珍一审败诉的主要原因是起诉已超过了法律规定的诉讼时效。同时,张某珍上诉的时候提交了一份“动物园承诺赔偿”的字据作为新证据,该字据没有被法庭采信。北京市一中院认为,字据上仅有北京市园林局人事处的公章,而再无其他签名,并不足以证明其就是北京动物园的承诺。2004年,张某珍首先在西城区人民法院把动物园告上法庭,当时她就向法院提出缓交诉讼费的申请。一审败诉后,张某珍又上诉至北京市一中院,进而提出免交诉讼费的请求。主审法官说,免除张某珍老人的诉讼费是考虑到她家的实际困难,跟官司败诉没有关系。法官说,目前老人已经87岁高龄,瘫痪多年。老伴去世后,她只能与另一个女儿相依为命。2005年4月,最高人民法院扩大司法救助范围,其中就包括因工伤事故索赔的和生活困难或者家庭生产经营难以为继的,目的是让权利受到侵害但经济又有困难的人也能倾诉冤情。

【专家提示】

当事人在进行民事诉讼时,缴纳诉讼费用确有困难的,可以行使民事诉讼费用缓交、减交、免交申请权。受害人应在起诉或上诉时提交书面减、免、缓交诉讼费申请和足以证明其确有经济困难的证明材料(如单位出具的收入证明、居委会或村委会出具的有关家庭情况证明等),人民法院经审查后决定是否给予减、免、缓交诉讼费。当事人进行民事诉讼,应当按照规定向法院交纳案件受理费。财产案件除交纳案件受理费外,还要按照规定交纳其他诉讼费用。诉讼费用在原告起诉时由原告先预交,法院审理后,在判决中确定诉讼费的负担,一般由败诉方负担,如果原被告双方都有责任,由双方分担。对于离婚案件,由于其特殊性,诉讼费的负担由人民法院根据实际情况决定。选民资格案件、宣告失踪或者宣告死亡等非诉讼案件免交诉讼费。

【相关法律条文】

《民事诉讼法》第121条第2款 当事人交纳诉讼费用确有困难的,可以按照规定向人民法院申请缓交、减交或者免交。

84. 民事诉讼材料查阅、复制权

【漫画】

【事例】

查阅、复制案件材料是权利

某地一律师到法院要求查阅、复制与案件有关的材料和法律文书，经常被法官拒绝。法官拒绝的理由是：法律规定"可以"，但没有规定"应该"，所以可以给查阅、复制，也可以不给查阅、复制。对此，当地律师们意见很大，反映到人大和检察机关都无济于事。后来，在人大常委会组织的一次司法评议活动中，此问题再次被提出，得到人大常委会的高度重视，并被责令限期纠正。

【专家提示】

民事诉讼当事人享有查阅、复制民事案件有关材料和法律文书的权利。查阅、复制本案有关材料有利于当事人了解案件的具体情况、维护自身的合法权益，有利于人民法院诉讼公开、接受当事人监督，从而提高办案质量。查阅、复制民事案件有关材料和法律文书的范围，根据审判实践，包括起诉材料、答辩材料、有关证据材料、庭审材料等，当事人还可以复制民事判决书、调解书、裁定书、决定书等法律文书。但是，合议庭评议记录、审判委员会讨论案件记录等必须保密，当事人无权查阅、复制。

【相关法律条文】

《民事诉讼法》第52条第2款 当事人可以查阅本案有关材料，并可以复制本案有关材料和法律文书。查阅、复制本案有关材料的范围和办法由最高人民法院规定。

85. 民事撤诉权

【漫画】

【事例】

公民有撤诉权利

于某胜是吉林省敦化市农民，向海淀区人民法院起诉，称其于1993年以亲身经历的、发生在长春市西安大路边的真实事件为素材，创作小品《卖拐》，后于1998年修改后，向辽宁沈阳赵本山公司和中央电视台等投稿。2004年，于某胜发现2001年春节联欢晚会上表演的小品《卖拐》的署名作者为何某魁等人，一些关于小品《卖拐》获奖的新闻报道也提到何某魁自述创作小品《卖拐》的过程。后于某胜在北京某书店购买了含有《卖拐》小品的光盘，以何某魁剽窃其作品、北京某图书有限公司销售侵权复制品均已侵犯其著作权为由诉至法院，请求法院判令何某魁停止侵权并赔礼道歉。诉讼中，于某胜申请对案件关键证据《卖拐》手稿的形成时间进行鉴定，但未在法院指定的期间内提供相应鉴定材料，后以经济原因向法院申请撤回起诉。法院认为，于某胜的撤诉申请符合法律规定，裁定准许于某胜撤回对何某魁、北京某图书有限公司的起诉。

【专家提示】

民事撤诉权是指当事人在民事诉讼过程中具有撤回自己的诉讼请求的权利。它包括撤回起诉权、撤回上诉权、撤回再审申请权、撤回支付令申请权和撤回公示催告申请权。申请撤诉的条件为：一是申请撤诉人必须是原告，或受原告委托的代理人；二是必须是自愿的；三是必须符合法律规定，不得因撤诉而侵犯他人利益，也不得规避法律的制裁；四是必须在人民法院宣判前提出。原告或上诉人行使撤诉请求权，需经人民法院决定准许撤诉，撤诉才能最终实现。如果人民法院不准许撤诉，案件即不能终结，诉讼程序必须继续下去。即使在视为申请撤诉的情况下，法院仍要裁定是否准许撤诉，这是人民法院审判权的表现。

【相关法律条文】

《民事诉讼法》第148条第1款　宣判前，原告申请撤诉的，是否准许，由人民法院裁定。

《民事诉讼法》第180条　第二审人民法院判决宣告前，上诉人申请撤回上诉的，是否准许，由第二审人民法院裁定。

《民事诉讼法》第264条　有下列情形之一的，人民法院裁定终结执行：

（一）申请人撤销申请的；

（二）据以执行的法律文书被撤销的；

（三）作为被执行人的公民死亡，无遗产可供执行，又无义务承担人的；

（四）追索赡养费、扶养费、抚养费案件的权利人死亡的；

（五）作为被执行人的公民因生活困难无力偿还借款，无收入来源，又丧失劳动能力的；

（六）人民法院认为应当终结执行的其他情形。

86. 民事上诉权

【事例】

刘某诉报社侵权案

刘某诉《精品购物指南》报社侵犯其肖像权案判决后，刘某不服，提起上诉。北京市一中院公开开庭审理了此案，刘某的代理律师出庭代表刘某参加了诉讼。开庭后，刘某的代理律师阐述了刘某的上诉理由。主要内容是：上诉人刘某制止侵害肖像权的诉讼请求符合法律规定，依法应予支持；报社在其多达千期专刊的封面和其他版面使用刘某的肖像，不构成民法理论上的合理使用；涉案两张图片来源不明，不能认定其来源合法。刘某认为，报社在总第1003期《精品购物指南》封面上以刘某在奥运会上跨栏的肖像作为其主要内容并在其他版面上使用刘某的肖像，均未经其本人同意，已具备了侵害其肖像权的要件，而且报社在同期报纸封面上还刊载了中友百货的购物节广告，并从中获得广告费，从封面安排设计上，广告与刘某的肖像没有明显分界线，形成了潜在的和必然的联系。刘某在上诉状中还就原审法院不准其撤回起诉提出异议，认为这样做违反了法定程序。宣读上诉状后，刘某的代理律师还当庭出具了三份新证据，以证实三被告构成侵犯刘某肖像权的事实。

【专家提示】

民事上诉权，是指当事人依法享有请求上级人民法院再次审判，变更或撤销未发生法律效力的判决、裁定的权利。这是当事人的一项重要诉讼权利。享有法定上诉权的人必须在上诉期限以内依照法定程序行使上诉权，可以对原审法院判决的一部分或全部提出上诉。当事人对上诉法院发回原审法院依照第一审程序重新审理后的判决、裁定不服的，也有上诉权。行使民事上诉权必须具备四个条件：一是具有合法的客体；二是有合法的主体；三是在上诉期限内行使权利；四是符合法定的形式，即将上诉状递交原审法院，并按对方当事人或代表人的人数提出副本。

【相关法律条文】

《民事诉讼法》第126条　人民法院应当保障当事人依照法律规定享有的起诉权利。对符合本法第一百二十二条的起诉，必须受理。符合起诉条件的，应当在七日内立案，并通知当事人；不符合起诉条件的，应当在七日内作出裁定书，不予受理；原告对裁定不服的，可以提起上诉。

《民事诉讼法》第151条第3款　宣告判决时，必须告知当事人上诉权利、上诉期限和上诉的法院。

《民事诉讼法》第171条　当事人不服地方人民法院第一审判决的，有权在判决书送达之日起十五日内向上一级人民法院提起上诉。

当事人不服地方人民法院第一审裁定的，有权在裁定书送达之日起十日内向上一级人民法院提起上诉。

《民事诉讼法》第172条　上诉应当递交上诉状。上诉状的内容，应当包括当事人的姓名，法人的名称及其法定代表人的姓名或者其他组织的名称及其主要负责人的姓名；原审人民法院名称、案件的编号和案由；上诉的请求和理由。

《民事诉讼法》第173条　上诉状应当通过原审人民法院提出，并按照对方当事人或者代表人的人数提出副本。

当事人直接向第二审人民法院上诉的，第二审人民法院应当在五日内将上诉状移交原审人民法院。

《民事诉讼法》第174条　原审人民法院收到上诉状，应当在五日内将上诉状副本送达对方当事人，对方当事人在收到之日起十五日内提出答辩状。人民法院应当在收到答辩状之日起五日内将副本送达上诉人。对方当事人不提出答辩状的，不影响人民法院审理。

原审人民法院收到上诉状、答辩状，应当在五日内连同全部案卷和证据，报送第二审人民法院。

87. 支付令申请权

【漫画】

【事例】

申请支付令可帮助收回欠款

吴某与王某是多年的好朋友，两年前，王某因家中有急事，向吴某借款8万元，吴某出于对朋友的信任，答应了王某的要求。借款后，吴某向王某多次催讨，王某以种种理由推托。不仅如此，王某还于一年前去了外地，这真让吴某叫苦不迭。前不久，吴某得到消息，王某已回京，吴某欲再次找王某催讨欠款，又恐其还像以前那样久拖不决，还怕伤了朋友之间的和气；欲起诉王某又恐程序复杂、诉讼费用较高。后经人提示，这种情况可通过督促程序解决，吴某便向西城区人民法院申请要求对王某发出支付令，西城区人民法院便民法庭受理后，即向王某发出了支付令。王某收到支付令后，自觉理亏，主动将欠款8万元交到了法院。

【专家提示】

支付令申请权，是指债权人在督促程序中，请求人民法院发出支付令，督促债务人清偿债务的权利。支付令申请属于督促程序。如果想依据督促程序讨回欠款，前提是债权人与债务人没有其他债务纠纷且支付令能够送达债务人。督促程序毕竟是特别程序，债务人在法定期间提出书面异议的，人民法院经审查，异议成立的，应当裁定终结督促程序。如果出现上述情况，债权人只能通过审判程序另行解决纠纷了。

【相关法律条文】

《民事诉讼法》第221条　债权人请求债务人给付金钱、有价证券，符合下列条件的，可以向有管辖权的基层人民法院申请支付令：

（一）债权人与债务人没有其他债务纠纷的；

（二）支付令能够送达债务人的。

申请书应当写明请求给付金钱或者有价证券的数量和所根据的事实、证据。

《民事诉讼法》第222条　债权人提出申请后，人民法院应当在五日内通知债权人是否受理。

《民事诉讼法》第224条　人民法院收到债务人提出的书面异议后，经审查，异议成立的，应当裁定终结督促程序，支付令自行失效。

支付令失效的，转入诉讼程序，但申请支付令的一方当事人不同意提起诉讼的除外。

88. 民事执行申请权

【漫画】

【事例】

公民有申请民事执行的权利

赵某依据已经发生法律效力的仲裁裁定书，向被执行人所在地法院申请民事执行。当地法院受理后向被执行人发出执行通知书，责令被执行人应于2009年1月15日9时前自觉履行给付申请执行人34,324元并承担向本院应缴的案件执行费1433元的义务，但被执行人未按执行通知书履行生效法律文书所确定的义务。法院便依法对其采取强制措施，当日冻结、划拨、扣留、提取被执行人在银行的存款人民币35,757元（含执行费人民币1433元），该案终结。

【专家提示】

民事执行申请权，是指根据发生法律效力的法律文书规定，享有权利的一方当事人逾期不履行义务时，请求人民法院予以强制执行的权利。权利人行使民事执行申请权应当注意的事项包括：（1）申请一般应该采用书面形式；书写确有困难的，可以口头申请。应写明申请执行的理由、事项、执行标的以及申请执行人所了解的被执行人的财产状况，提交申请人的身份证等。（2）申请执行人民法院的判决、裁定、调解书，不交纳申请执行费，执行费用由被执行人承担。（3）发生法律效力的具有给付赡养费、扶养费、抚养费内容的法律文书、民事裁决书，以及刑事附带民事判决、裁定、调解书，由法院内部移送执行。其余执行案件，法院在受理审查后认为符合条件的在7日内予以立案；反之，裁定不予受理。

【相关法律条文】

《民事诉讼法》第243条　发生法律效力的民事判决、裁定，当事人必须履行。一方拒绝履行的，对方当事人可以向人民法院申请执行，也可以由审判员移送执行员执行。

调解书和其他应当由人民法院执行的法律文书，当事人必须履行。一方拒绝履行的，对方当事人可以向人民法院申请执行。

《民事诉讼法》第244条第1款　对依法设立的仲裁机构的裁决，一方当事人不履行的，对方当事人可以向有管辖权的人民法院申请执行。受申请的人民法院应当执行。

89. 当事人异议权

【事例】

不再局限于管辖的异议权 法官将如何处理

2021年12月22日某地法院审理一民事案件，李某认为本案案情复杂，却由法官一人审理，又将其一人列为被告，提出了异议。法官以其对管辖权没有异议为由，对其异议不予理睬，宣布法庭将择日对本案作出判决。2022年1月5日，李某以书面形式再次向法官提出异议书，法官将会如何处理？

【专家提示】

2021年12月24日新修正的《民事诉讼法》第43条规定：人民法院在审理过程中，发现案件不宜由审判员一人独任审理的，应当裁定转由合议庭审理。当事人认为案件由审判员一人独任审理违反法律规定的，可以向人民法院提出异议。人民法院对当事人提出的异议应当审查，异议成立的，裁定转由合议庭审理；异议不成立的，裁定驳回。

修正案在独任制的适用上，首次明确了当事人的异议权。本案被告提出的异议法院应当审查并作出裁定。

异议权实质为当事人程序异议权。程序异议权以一方当事人指责受诉法院或对方当事人实施的诉讼行为违反诉讼程序为内容，以排除诉讼行为的违法状态、保护自己受到合法的裁判这一程序利益为目的，因而程序异议权在性质上属于对诉讼程序的监督权。

当事人可行使程序异议权的既有受诉法院的诉讼行为，也有对方当事人的诉讼行为。在民事诉讼中，只要诉讼主体实施的诉讼行为涉及违反诉讼程序，当事人即可行使程序异议权而向受诉法院提出异议，至于诉讼主体对于实施违反诉讼程序的诉讼行为有无过错则在所不问。这是当事人所享有的一项诉讼程序监督权，但基于维护诉讼程序的安定性之考量，当事人必须及时地行使程序异议权。

【相关法律条文】

《民事诉讼法》第43条 人民法院在审理过程中,发现案件不宜由审判员一人独任审理的,应当裁定转由合议庭审理。

当事人认为案件由审判员一人独任审理违反法律规定的,可以向人民法院提出异议。人民法院对当事人提出的异议应当审查,异议成立的,裁定转由合议庭审理;异议不成立的,裁定驳回。

《民事诉讼法》第169条 人民法院在审理过程中,发现案件不宜适用小额诉讼的程序的,应当适用简易程序的其他规定审理或者裁定转为普通程序。

当事人认为案件适用小额诉讼的程序审理违反法律规定的,可以向人民法院提出异议。人民法院对当事人提出的异议应当审查,异议成立的,应当适用简易程序的其他规定审理或者裁定转为普通程序;异议不成立的,裁定驳回。

附　　录

一、民法典之人生四季

——问答浙江泽鼎律师事务所叶水荣律师

编者按语：《民法典》号称“社会生活的百科全书”，每个人的生老病死、衣食住行、经济活动，都离不开《民法典》。它对老百姓权利的保护是全方位的，就每一个个体的生命来说，人的一生如四季，从摇篮到坟墓都离不开民法的保护。自《民法典》面世以来，浙江泽鼎律师事务所律师、浙江工业大学法学院讲师叶水荣结合自己多年积累的实务经验与法学理论，走进政府部门、大学院校、街道社区……为公众宣讲《民法典》。他讲授的都是发生在大众身边的案例，法律内容与每个人息息相关。民主与法制网从2021年1月18日开始开辟了“每天学一‘典’”专栏，每天向读者推送一篇身边的法律事例。现在本书将这些案例和问答予以整理合编，以飨读者。

提问：王菁菁　本书课题组成员、浙江台州仲裁委员会办案秘书
解答：叶水荣　浙江泽鼎律师事务所律师

王菁菁：叶老师，您好！您既是法学院的老师，又是律师事务所的律师，具有法律理论和实践的双重背景，特邀请您对《民法典》作一个精准、简明的解读。《民法典》通篇1260条，均是以权利为中心展开，所以《民法典》被称为“人民权利的宣言书”。《民法典》不仅保护被类型化的权利，如人格权、肖像权、债权等，还保护未被明确的权益，如个人信息、虚拟财产、游戏装备、死者人格利益等。就拿发生在四川泸州市的一起案例来说：当地的一位老人怀疑自己的儿子不是亲生的，到鉴定机构申请了亲子鉴定。结果，儿子确实不是自己亲生的，而是妻子和他人通奸

所生。想到自己几十年的精心培养是在给别人养儿子，老人觉得很不公平，就向法院起诉，要求妻子赔偿。法院没有找到明确的法律依据，最终认为妻子侵害了老人的生育利益。不论法律有没有明确规定生育的权利，法院都要在规定的审理期限内作出裁判，维护当事人的正当利益。您怎样评论这部《民法典》？

叶水荣：对此学者早有评价了，说 1804 年《法国民法典》是 19 世纪风车水磨时代民法典的代表，1900 年《德国民法典》是 20 世纪工业社会民法典的代表，而中国的《民法典》则应当成为 21 世纪互联网时代《民法典》的代表之作。

随着商品经济的发展，各个国家的《民法典》总是会显现出经济发展的阶段性特征。以 1804 年《法国民法典》为例，当时的欧洲正在经历第一次工业革命，尚未广泛使用蒸汽机车，基本生产资料还是风车、水磨、马车等，当时的民法典多次围绕这些基本生产资料进行规定；现在这些规定已经不再适用了。我国的《民法典》可以说是“21 世纪的民法典”，把信息时代的各种新鲜产物都囊括在内，比如网购被定义成电子合同，手机号码、生命特征等个人信息被纳入人格权编。

王菁菁：我国《民法典》充分彰显出时代性、科学性和本土性，与我国国情紧扣契合。就它与社会主义核心价值观的关系而言，如果说，核心价值观中的“富强、民主、文明、和谐”8 个字是在讲国家和民族的共同理想，“爱国、敬业、诚信、友善”8 个字是在讲中华民族和每个公民应该有的道德水准，那么，剩下的“自由、平等、公正、法治”体现的其实都是民法精神：自由是民法的追求，平等是民法的元素，公正是民法的宗旨，法治更是民法的底蕴。法律是用来弘扬正气、惩治邪恶的，《民法典》确立的基本原则一旦与社会主义的道德规范统一起来，那么，它将对社会价值观产生怎样的影响？

叶水荣：现在法律规则和经济秩序发生了前所未有的重合，《民法典》不过是把经济秩序如何维护翻译成了法律语言，用法言法语进行总结归纳了而已。现实已昭示了一个愿景：我国的《民法典》时代已经开启，国家治理体系和治理能力现代化将进一步提升。

《民法典》做到了对各类主体实施一体保护、平等保护。以前，因为我国的经济制度是以公有制为基础的，可能不太重视对个人、对民营企业的保护，在这方面的规定也就稍微欠缺了一些。《民法典》对各类主体的保护贯彻了“两个毫不动摇”思想，也就是对各类主体实施一体保护，在一定程度上能够优化国内的营商环境。以《民法典》对法人分类的规定为例，法人不仅包括常见的企业、事业单位、社会团体，还包括机关、村委会、居委会等特别法人。《民法典》赋予所有法人以交易主体的地位，也就是说，这些组织、机构都可以用自己的名义对外进行交易，促使市场主体更加多元化。

《民法典》的特征之一就是尊重当事人的意思自治。其中的合同编包含了许多任意性规定，也就是允许当事人自行约定，在没有约定或约定不明时才会参照合同编的规定进行处理。当然，当事人之间的约定不能违反法律法规的强制性规定或者公序良俗。这样的约定受到《民法典》的认可，对当事人均有约束力。

《民法典》也为市场融资完善了合法路径。一方面，《民法典》严令禁止高利贷，并且大幅度降低了民间借贷利率的司法保护上限，削弱了自然人之间借贷往来的积极性。另一方面，《民法典》完善了其他融资担保工具，让资金融通渠道更加多元化。比如，应收账款可以质押；生产者可以进行浮动抵押，也就是把自己现有的设备、原料、半成品、成品等一起抵押给银行，向银行贷款；还可以进行商业保理。

王菁菁：下面我将围绕如何在实际生活中应用《民法典》提出 40 多个问题，想请您为我们作简约而又具有拓展性的解答。

第一个问题：父亲因故身亡，未出生的胎儿有无继承权？

叶水荣（浙江泽鼎律师事务所律师）：胎儿有继承权。

《民法典》第 13 条规定："自然人从出生时起到死亡时止，具有民事权利能力，依法享有民事权利，承担民事义务。"法律赋予自然人以民事权利能力。也就是说，从出生开始，自然人就能够享有民事权利、承担民事义务。那么，在出生以前，自然人尚处于胎儿时期的时候，能不能享有民事权利、承担民事义务呢？《民法典》第 16 条规定："涉及遗产继承、接受赠与等胎儿利益保护的，胎儿视为具有民事权利能力。但是，胎儿娩出时为死体的，其民事权利能力自始不存在。"本条说明自然人能够享有民事权利的时间提前了，从出生时提前到了胎儿时期。首先，胎儿不承担民事义务，并且能够享有的民事权利仅限于"遗产继承、接受赠与等胎儿利益保护"事项。胎儿在日常生活中会很当然地享有某些利益，如本案中的情况。以往的态度是不承认这些利益，或者是将其局限于民事利益而不是民事权利的范围，毕竟"民事权利能力始于出生"是一项原则性规定。现在：《民法典》第 16 条明确胎儿也能够享有某些民事权利。《民法典》第 1155 条规定："遗产分割时，应当保留胎儿的继承份额。胎儿娩出时是死体的,保留的份额按照法定继承办理。”结合《民法典》第16条来说,胎儿享有继承权。其次,胎儿是被“视为”具有民事权利能力。这个“视为”就相当于“等于”的意思,不同于自然人自出生起就当然地能够享有民事权利。考虑到实际情况,胎儿娩出时可能为死体。一旦胎儿娩出时为死体,第16条所保护的利益也便失去了事实基础,正所谓“皮之不存,毛将焉附”,所以其已经取得的某些民事权利能力“视为”自始不存在。本案中父亲被撞后,胎儿的抚养权利受到损害,母亲可依据《民法典》第16条请求肇事方赔偿损失。

第二个问题:小刚尚年幼,家人因为新冠肺炎疫情被隔离,谁来照顾他?

叶水荣(浙江泽鼎律师事务所律师):居民委员会、村民委员会或者民政部门。

2020年爆发了新冠肺炎疫情,尚在隔离期内的父母无法照料自己的小孩。在这种情况下,谁来照料那些小孩呢?为此,我国《民法典》第34条第4款规定:“因发生突发事件等紧急情况,监护人暂时无法履行监护职责,被监护人的生活处于无人照料状态的,被监护人住所地的居民委员会、村民委员会或者民政部门应当为被监护人安排必要的临时生活照料措施。”这条规定是应时势而生的,类似新冠肺炎疫情的客观情况还包括洪水、台风等。当监护人被隔离,未成年人的饮食起居无人负责的时候,当地的居委会、村委会或者民政部门就应当发挥相应的职能作用,补充家庭监护的不足。

第三个问题:小红7岁时,将父亲送给他的一块手表卖给了二手商店,小红的父母能要求二手商店退回吗?

叶水荣(浙江泽鼎律师事务所律师):父母可以要求退回。

《民法典》第20条规定:“不满八周岁的未成年人为无民事行为能力人,由其法定代理人代理实施民事法律行为。”小红年龄不足8周岁,属于无民事行为能力人,无法以自己的行为取得权利、承担义务。在她事实上实施了某些民事法律行为时,如把手表卖给二手商店,其行为无效,对小红和二手商店都不产生法律效力。《民法典》第144条规定:“无民事行为能力人实施的民事法律行为无效。”不仅是卖手表,类似于在幼儿园门口购买零食、在文具店购买玩具等日常生活行为都是无效的。如果小红还是想卖掉那块手表,应该怎么办呢?根据《民法典》第23条的规定:“无民事行为能力人、限制民事行为能力人的监护人是其法定代理人。”小红的父母身为监护人，可以法定代理人的身份代小红卖掉手表。以往的追认制度不再适用于无民事行为能力人。

第四个问题：13 岁的小蓝在妈妈网购时偶尔看到付款密码，他用妈妈的手机看直播，一时冲动私自给主播打赏 8 万元，妈妈事后发现，能追回打赏吗？

叶水荣（浙江泽鼎律师事务所律师）：要求退回打赏有法律依据。

《民法典》第 19 条规定：“八周岁以上的未成年人为限制民事行为能力人，实施民事法律行为由其法定代理人代理或者经其法定代理人同意、追认；但是，可以独立实施纯获利益的民事法律行为或者与其年龄、智力相适应的民事法律行为。”小蓝在年满 8 周岁不满 18 周岁期间，属于限制民事行为能力人。他的法定代理人当然可以代为实施民事法律行为，那小蓝独立实施的民事法律行为是否有效呢？这条规定区分了两种情形：在一定范围内实施的民事法律行为有效，在此范围外实施的民事法律行为有待法定代理人的同意、追认。也就是说，在纯获利益的行为以及与本人年龄、智力相适应的行为上，小蓝能够理解这些行为的意义，比如买卖行为意味着一方交钱、一方交货，自己交钱后才能合法拥有对方的货物，故其行为有效。而在超出本人年龄、智力范围的行为上，小蓝的能力受到法律的限制，故其行为的效力有待法定代理人同意、追认。《民法典》第 145 条第 1 款也对此作出了明确规定：“限制民事行为能力人实施的纯获利益的民事法律行为或者与其年龄、智力、精神健康状况相适应的民事法律行为有效；实施的其他民事法律行为经法定代理人同意或者追认后有效。”如果法定代理人事先同意过，或者事后予以追认，那么小蓝的行为有效；反之，则无效。

在法律实务中，限制民事行为能力人独立实施的行为是否有效，关键在于判断某一行为是否属于“纯获利益的民事法律行为或者与其年龄、智力相适应的民事法律行为”。这里主要考虑小孩的认知程度，他能不能认识到该行为的一般法律意义。比如，这个时期的小孩主要是在上小学、上中学，父母可能会亲自带小学生买文具、买衣服，也许到了中学就不再亲自带了，所以对于这些与本人生活密切相关的行为，至少可以认为中学生能够具备法律上的认知，故行为有效。但是与本人生活相距甚远、金额超出日常花销额度的行为，小孩的能力可能会受到限制，需要法定代理人事先同意或者事后追认。

第五个问题：小花遭父亲虐待，父亲被法院撤销监护权后，有义务继续付抚养费吗？

叶水荣（浙江泽鼎律师事务所律师）：有。

本案涉及家庭暴力，我国对此专门制定了《反家庭暴力法》。本案中父母对未成年子女家暴，属于严重侵害未成年子女的利益。《民法典》第36条第1款规定："监护人有下列情形之一的，人民法院根据有关个人或者组织的申请，撤销其监护人资格，安排必要的临时监护措施，并按照最有利于被监护人的原则依法指定监护人：（一）实施严重损害被监护人身心健康的行为；（二）怠于履行监护职责，或者无法履行监护职责且拒绝将监护职责部分或者全部委托给他人，导致被监护人处于危困状态；（三）实施严重侵害被监护人合法权益的其他行为。"与未成年人有密切联系的人可以据此向法院申请撤销父母的监护人资格，比如近亲属、村居委会可以提出申请。父母的监护人资格被撤销，意味着父母不能继续代理未成年子女的民事法律行为，也不能基于监护人的身份对未成年子女的生活进行管教。这是不是意味着父母从此就可以脱手让别人抚养小孩了？《民法典》第37条规定："依法负担被监护人抚养费、赡养费、扶养费的父母、子女、配偶等，被人民法院撤销监护人资格后，应当继续履行负担的义务。"本条区分了监护资格和抚养义务。即使父母的监护资格被撤销，其对未成年子女负担的法定抚养义务并不因此而豁免。故本案中，父母仍然要承担未成年子女的抚养费。

《民法典》第37条所说的三费，即抚养费、扶养费、赡养费，看似不易区分。其实，扶养费、赡养费和抚养费的性质一样，都是法定义务，不因监护人资格被撤销而豁免。具体来说，父母对未成年子女等有抚养义务，可能会产生抚养费；夫妻之间有相互扶养义务，可能会产生扶养费；成年子女对父母有赡养义务，可能会产生赡养费。

说到父母子女之间的抚养费，还可以结合《民法典》的婚姻家庭编作出理解。抚养费是从法定抚养义务衍生出来的。本来父母应该亲自抚养，这样就没有抚养费一说。但实际生活中会发生某些客观情况，比如父母不再亲自抚养子女了，而是以支付抚养费替代。这些客观情况包括这里谈到的父母被撤销监护人资格，还包括父母离婚。《民法典》第1085条第1款规定："离婚后，子女由一方直接抚养的，另一方应当负担部分或者全部抚养费。负担费用的多少和期限的长短，由双方协议；协议不成的，由人民法院判决。"抚养费可以有多种支付方式，月付、年付、一次性支付等等。如果当时约定或判决的抚养费过低，不够抚养的后续开销，监护人可以代子女起诉，要求父母一方或双方合理增加抚养费，即《民法典》第1085条第2款规定的内容："前款规定的协议或者判决，不妨碍子女在必要时向父母任何一方提出超过协议或者判决原定数额的合理要求。"

第六个问题：网购商品用快递送达，商品在快递途中、签收之前毁损的风险谁承担？

叶水荣（浙江泽鼎律师事务所律师）：由卖家承担。

本案涉及网购的问题。下单之后，买家都很关注物流信息，总是会盯着卖家发货、快递小哥送货。前几年双十一期间，新闻报道某物流货车起火了，上千件货物付之一炬，这个时候买家能不能申请退款呢？根据《民法典》第604条的规定："标的物毁损、灭失的风险，在标的物交付之前由出卖人承担，交付之后由买受人承担，但是法律另有规定或者当事人另有约定的除外。"买卖双方最基本的义务就是交付货物和支付价款，也就是"一手交钱，一手交货"。货物在半路上被烧，意味着卖家还没有交货，相应地，买家自然可以拿回付过的钱。货物被烧或者被损坏，货物的本钱或者维修费由谁承担，就是本条讲到的"标的物毁损、灭失的风险"。但从时间上看，卖家让快递公司发货，快递公司没有把货物送到买家手上，似乎这笔费用可以让快递公司承担，而且如果卖家把发货说成是已经交货，买家还能申请退款吗？《民法典》第512条第1款规定："通过互联网等信息网络订立的电子合同的标的为交付商品并采用快递物流方式交付的，收货人的签收时间为交付时间。电子合同的标的为提供服务的，生成的电子凭证或者实物凭证中载明的时间为提供服务时间；前述凭证没有载明时间或者载明时间与实际提供服务时间不一致的，以实际提供服务的时间为准。"在网购时，卖家选择通过快递物流交付货物的，买家签收时间才是交付时间，也就是说，买家签收以后卖家才算是完成交付义务。货物在半路上被烧，卖家之前的发货行为不属于完成交付义务，其应当自行承担货物的本金，买家仍然可以申请退款。

除了发货环节，收货环节可能也会产生"标的物毁损、灭失的风险"由谁承担的问题。比如今年爆发了新冠肺炎疫情，很多居民楼、商户楼、办公楼都不允许快递员把快递送到收货人手里。于是，快递员会用短信、电话通知收货人下楼到某某柜子里拿，这些柜子有上锁的，也有不上锁的。从快递被放到柜子里，到被收货人取回前，这段时间里，快递很可能处于无人看管的状态。如果某些人顺手牵羊，收货人没有收到货，快递员又已经通知过收货人，买卖双方就很容易产生法律纠纷。比如杭州某地的公安曾查处过这样的案件，某个网络主播看到没上锁的快递柜，好奇别人用快递买了些什么，偷偷把这些快递带回家，觉得有用的就留下，没用的就扔掉。这个案件的背后，就会有许多卖家和买家协商谁来承担风险。本条对交付时间的规定能够解决这样的纠纷，卖家没有让收货人当面查收，而是通知收货人自提货物，货物所放柜子也没有上锁，如果无法证明签收时间的话，按《民法典》第 512 条第 1 款的规定，卖家理应承担货物毁损、灭失的风险。

第七个问题：小周替朋友担保，未约定保证方式，小周承担怎样的保证责任？

叶水荣（浙江泽鼎律师事务所律师）：一般保证责任。

这涉及担保的问题。担保在日常生活中很常见，尤其是当家庭成员中有人开办企业的时候，而且现在市场提供了大众创新、万众创业的好时机。生意人可能要靠融资才能把企业办起来、把规模扩大，比如向亲戚朋友借钱、向银行贷款。如果有个人来担保借款或者贷款，那么融资成功的效率就会大大提高。《民法典》实施之前涉及担保的时候，担保人一不留神就会被借款人拉下水，原因就在于连带还款责任的规定不利于担保人。之前的规定是：担保人作出担保被称为保证，分为一般保证和连带保证；如果担保人和出借人没有明确约定的话，担保人要承担连带还款责任。这就相当于把借款人和担保人捆绑了起来，出借人找哪个要钱都可以，即使担保人压根就没用过借款。所以说，之前的《担保法》对担保人作出了非常苛刻的规定。我国是一个人情社会，一旦亲戚朋友提出担保要求，一般人无法拒绝。在不清楚上述责任承担的情况下，一般人签字后就完事儿了，那就恰好符合了《担保法》的规定，只要没有约定清楚，一律负连带还款责任。当债务人不还钱的时候，担保人就要还清借款。而现在的《民法典》对担保方式作出了完全相反的规定。《民法典》第 686 条第 2 款规定：“当事人在保证合同中对保证方式没有约定或者约定不明确的，按照一般保证承担保证责任。”在维持保证方式，即一般保证和连带保证的情况下，当出借人和担保人没有明确约定保证方式的时候，担保人无须承担连带保证责任，而是承担一般保证责任。

为什么一般保证责任比连带保证责任要轻一点呢？根据《民法典》第 687 条第 2 款的规定：“一般保证的保证人在主合同纠纷未经审判或者仲裁，并就债务人财产依法强制执行仍不能履行债务前，有权拒绝向债权人承担保证责任……”本条规定了一般保证人的先诉抗辩权：当债务人不还钱的时候，债权人应当先向债务人追究责任；当债权人拿到生效判决，向法院申请强制执行的时候，应当先执行债务人的财产；只有债务人的财产也不足以还清的时候，债权人才能让一般保证人承担责任。

本案中，小周为别人担保，但没有约定保证方式，按照《民法典》第686条的规定，应当承担一般保证责任。实际上，担保的时候，担保人最保险的做法是约定清楚到底是一般保证还是连带保证，不要依着债务人的要求，签个字就完事儿了。

第八个问题：小王在签合同时没认真看格式条款，对方也未做出说明，事后小王觉得自己遭遇“霸王条款”，相关条款有效吗？

叶水荣（浙江泽鼎律师事务所律师）：无效。

若涉及与小王有重大利害关系的条款，可以主张格式条款不成为合同的内容。在提供格式条款一方不合理地免除或者减轻其责任、加重对方责任、限制对方主要权利等情形下，格式条款无效。对格式条款有两种以上解释的，应当作出不利于提供格式条款一方的解释。

本案涉及格式条款。它在日常生活中大量存在，比如用水、用电、机票、火车票、保险等等。一般人用水、用电都是把自己的信息交给对方，然后对方就会供水、供电。那为什么没有人专门跑到水电部门跟人家协商下价格、供水供电系统怎么走呢？这体现了格式条款的重要特征之一：一方提前把合同条款拟好，不和消费者协商合同细则，只让消费者选择性地填写、勾选相关信息。这样一来，这份拟好的合同里面，不需要消费者改动的条款就是格式条款，它可以重复使用，从而降低合同的时间成本、提高效率。可是在合同法领域有一个重要的原则叫合同自由原则，只要合同双方对合同内容协商一致，通过某些形式将合同内容固定下来，那么这份合同就能约束双方。换句话说，只有平等协商过的合同才具有法律效力。那格式条款没有经过双方协商，是不是也就没有效力了？再者，还有一个重要的原则叫公平原则，只有通过协商，才能保证合同双方的权利义务相对公平、值得被法律保护。那格式条款是不是也可能极大地保护了制定方，忽视了另一方？

所以《民法典》第496条第2款规定：“采用格式条款订立合同的，提供格式条款的一方应当遵循公平原则确定当事人之间的权利和义务，并采取合理的方式提示对方注意免除或者减轻其责任等与对方有重大利害关系的条款,按照对方的要求,对该条款予以说明。提供格式条款的一方未履行提示或者说明义务,致使对方没有注意或者理解与其有重大利害关系的条款的,对方可以主张该条款不成为合同的内容。”格式条款提供方拟定格式条款的时候,应当合理考虑双方的权利义务。只要格式条款涉及免除、减轻提供方的责任,提供方都应当合理提示对方,譬如将字体加粗、字体颜色改为红色,并且作出相应的说明。一旦提供方没有尽提示义务或说明义务,那么该格式条款可以不成为合同内容,对方可以不受到该格式条款的约束。

对于某些严重违反公平原则的格式条款,《民法典》第 497 条规定:“有下列情形之一的,该格式条款无效……(二)提供格式条款一方不合理地免除或者减轻其责任、加重对方责任、限制对方主要权利;(三)提供格式条款一方排除对方主要权利。”此时,对方可以主张该格式条款无效。

那么对于消费者填写、勾选的条款,还是格式条款吗?根据《民法典》第 498 条的规定:“对格式条款的理解发生争议的,应当按照通常理解予以解释。对格式条款有两种以上解释的,应当作出不利于提供格式条款一方的解释。格式条款和非格式条款不一致的,应当采用非格式条款。”本条中的争议就包括消费者填写、勾选的内容和该条其他内容之间的争议,所以它仍然是格式条款。二者的文义产生冲突,且有两种以上解释的时候,对提供者较为不利的解释能够得到法律的支持。

第九个问题:小芳 12 岁时遭到养父性侵,她后来学了更多法律知识,20 岁时想起诉索赔,诉讼时效过了吗?

叶水荣(浙江泽鼎律师事务所律师):没过。未成年人遭受性侵害的诉讼时效,自受害人满 18 周岁时起算。

本案涉及诉讼时效的问题,需要结合其法律后果理解。一般来说,债权人可以把债权转让给别人,也可以起诉到法院要求债务人付款和申请强制执行。一旦债权的诉讼时效届满,债务人会获得时效抗辩权。具体到诉讼程序中,若债务人行使抗辩权,法院就会以诉讼时效届满为由,不支持债权人的请求。也就是说,权利人应当及时行使权利,以免诉讼时效经过。

诉讼时效期间规定几年、如何起算,是比较重要的问题。从某种角度来说,诉讼时效经过产生的时效抗辩权好像是在惩罚债权人的懒惰。出借人给的是真金白银,凭什么短短2年的时间就能够让对方挣脱法网呢?考虑到对权利人的保护,《民法典》对诉讼时效制度作出了更加周延的规定。

《民法典》第188条规定:“向人民法院请求保护民事权利的诉讼时效期间为三年。法律另有规定的,依照其规定。诉讼时效期间自权利人知道或者应当知道权利受到损害以及义务人之日起计算。法律另有规定的,依照其规定。但是,自权利受到损害之日起超过二十年的,人民法院不予保护,有特殊情况的,人民法院可以根据权利人的申请决定延长。”该条将普通诉讼时效期间增加了1年,从原来的2年增加到了3年,而且增加了诉讼时效的起算条件,从原来的“知道或者应当知道权利被侵害时起算”,增加了权利人知道或者应当知道义务人之日起算,充分考虑到权利人行使权利的便利程度。这样的规定对权利人的保护更加全面,毕竟义务人也可能成为权利主张的障碍。比如交通事故中,受害人被撞后想要主张医药费等,可加害人跑得连人影儿都找不到,怎么主张权利?加害人如果自事故发生之日起避而不见被害人,直到3年过后行使时效抗辩权,受害人还怎么主张权利?以后,诉讼时效不是从事故发生之日起计算,而是从加害人露面的第二天才开始计算了。

《民法典》第190条规定:“无民事行为能力人或者限制民事行为能力人对其法定代理人的请求权的诉讼时效期间,自该法定代理终止之日起计算。”《民法典》第191条规定:“未成年人遭受性侵害的损害赔偿请求权的诉讼时效期间,自受害人年满十八周岁之日起计算。”这两条规定都是《民法典》的新增条文,限制了诉讼时效的效力。一般来说,未成年人遭遇性侵,也就是人身受到侵害后,有权要求加害人赔偿损失,并且由父母代理行使相应的权利。本案的特殊性在于,养父母既是法定代理人,应当向加害人主张赔偿损失,又是加害人,应当赔偿小芳的损失,二者之间存在利益冲突,实际能够赔偿到位的可能性非常低。考虑到此种情况,《民法典》新增了诉讼时效起算制度。在涉及无民事行为能力人、限制民事行为能力人和未成年人时,诉讼时效的起算时间向后推迟了。本案中,小芳12岁时无法独立向养父主张损害赔偿,等到小芳年满18周岁时,才开始起算3年的诉讼时效,由小芳独立行使权利。小芳20周岁时起诉,3年的诉讼时效期间尚未届满。

第十个问题：一条宠物狗与主人走失，被小张收留并悉心照顾，数天后狗主人来领，小明可以向狗主人要饲养费吗？

叶水荣（浙江泽鼎律师事务所律师）：可以。

本案涉及无因管理，其目的在于鼓励陌生人之间互相帮助。一般人没有救助流浪狗的义务，但是本案中的小张帮助主人照顾宠物狗，避免主人失去宠物狗、花费更多时间精力寻找宠物狗、花费更多金钱照顾宠物狗，实际上是帮助了陌生人。

根据《民法典》第 979 条第 1 款的规定："管理人没有法定的或者约定的义务，为避免他人利益受损失而管理他人事务的，可以请求受益人偿还因管理事务而支出的必要费用；管理人因管理事务受到损失的，可以请求受益人给予适当补偿。"在这种情况下，小张因照顾宠物狗而支出的饲养费属于必要费用，主人领走宠物狗时，应当返还。

第十一个问题：（1）前男友长期打骚扰电话，使小芳心烦意乱，无法正常安宁生活。（2）小明与家人出去旅游，在宾馆房间发现摄像头。以上两种情况是否算侵犯隐私权？

叶水荣（浙江泽鼎律师事务所律师）：私人生活安宁属于隐私。

《民法典》第 1032 条规定："自然人享有隐私权。任何组织或者个人不得以刺探、侵扰、泄露、公开等方式侵害他人的隐私权。隐私是自然人的私人生活安宁和不愿为他人知晓的私密空间、私密活动、私密信息。"《民法典》第 1033 条也有相应的规定。

现在，人们的生活离不开手机，联系某个人要用社交 App，关注某个社会新闻要用新闻 App，在某个地方吃吃喝喝要用推荐 App、支付 App……人们在使用手机时也留下了相应的痕迹，比如联系电话、邮箱地址。一旦不法人员将它打包卖给某些公司，骚扰电话、垃圾邮件将层出不穷。

本案中，前男友打骚扰电话，扰乱了小芳的私生活安宁，在宾馆里安装摄像头，拍摄小明与家人在宾馆内的活动，扰乱了小明及其家人对私密空间、私密活动享有的私生活安宁，都属于侵犯隐私权。受害人均可以提起侵权之诉，主张精神损害赔偿等。

第十二个问题：小张在餐厅吃饭，点了一道红烧狮子头，服务员误将他人点的一道水煮鱼片上给他，小张明知上错菜仍然吃完，服务员发现后，可否让小张付钱？

叶水荣（浙江泽鼎律师事务所律师）：可以，小张的行为属于不当得利。

本案涉及不当得利问题。在餐厅里吃饭，一般有两个付款时间，要么是点单时付款，要么是临走时付款，但都存在点单行为，即当事人想要某道菜并且同意为此付款。本案中，当服务员把别人的水煮鱼片给了小张的时候，小张应当能够察觉到水煮鱼片不是红烧狮子头，即小张不想要水煮鱼片，也没有明确是否同意付款。在双方均未明确的情况下，小张最后吃完了水煮鱼片，按常理来说，其应当为此付款，餐厅应当收取餐费。

《民法典》第 987 条规定："得利人知道或者应当知道取得的利益没有法律根据的，受损失的人可以请求得利人返还其取得的利益并依法赔偿损失。"

小张吃完水煮鱼片，应付款而未表明付款意图、没有付款行为；同时，餐厅应收取水煮鱼片的餐费而未能收取。故小张应当支付餐费。在移动支付的社会背景下，误打款项是很容易产生的错误。陌生人将收到款项据为己有，是缺乏法律关系基础的，其行为符合不当得利的构成要件，所以付款方有权要求该陌生人返还该笔款项。

第十三个问题：小明和家人出门旅游，在高铁上遇到有人"霸座"，"霸座"的人嚣张地撕掉了小明的车票。针对一些旅客不配合安检、"买短乘长""霸座"等行为，《民法典》有哪些规定？

叶水荣（浙江泽鼎律师事务所律师）：《民法典》第 815 条规定："旅客应当按照有效客票记载的时间、班次和座位号乘坐。旅客无票乘坐、超程乘坐、越级乘坐或者持不符合减价条件的优惠客票乘坐的，应当补交票款，承运人可以按照规定加收票款；旅客不支付票款的，承运人可以拒绝运输。"《民法典》第 819 条规定："承运人应当严格履行安全运输义务，及时告知旅客安全运输应当注意的事项。旅客对承运人为安全运输所作的合理安排应当积极协助和配合。"

原有的规章制度、格式合同对旅客的约束力不够强，所以《民法典》明确了旅客需要按照车票指定的座位乘坐，并且需要配合承运人维持公共交通秩序，否则承运人可以要求旅客离开。

本案涉及旅客的协助配合义务。前几年发生了高铁霸座事件,在网上闹得沸沸扬扬。有些旅客可能会赞同霸座者的行为,认为两位乘客既然是一个车厢的,坐哪里有什么区别,能够到达目的地不就可以了。还会有旅客用同样的理由,持二等座车票乘坐商务座。这样的行为在某些交通工具上是可行的,比如公交车就没有和旅客约定指定座位,也不区分二等座和商务座;但是高铁的运输量、运输成本等决定了它需要严格的乘车秩序,以确保高铁的高效运转。

第十四个问题:小刘参加了一场单位组织的足球比赛,和对方球员发生规则范围内的碰撞,导致脚踝骨折,他可以向对方请求赔偿吗?

叶水荣(浙江泽鼎律师事务所律师):《民法典》确立了“自甘风险”规则,若对方非故意或无重大过失,不得请求赔偿。

《民法典》第1176条第1款规定:“自愿参加具有一定风险的文体活动,因其他参加者的行为受到损害的,受害人不得请求其他参加者承担侵权责任;但是,其他参加者对损害的发生有故意或者重大过失的除外。”本案涉及自甘风险原则。自甘风险原则大多适用于具有一定危险性的文体活动中,尤其是体育运动。比如,三两个人结伴爬山,结果一人掉落山崖;和同事们组队打篮球,结果一人把腰部扭伤。相对于日常生活,这些活动本身就是具有一定危险性的,身体受伤是常有的现象。所有参与者都知道踢足球的危险性,有可能会受伤,但他们最终还是选择踢足球,也就是同意自行承担踢足球带来的危险。所以,在参与者都遵循足球比赛规则的情况下,小刘在合理范围内的磕磕碰碰是正常的,不能要求其他参与者赔偿。除非其他参与者对小刘的损害有故意或者重大过失,小刘才可以要求该同伴赔偿。

第十五个问题:小李为了买一个新款手机,在某网贷平台借了钱,没想到一个月后利滚利欠了十倍的钱,小李向有关部门举报了该平台。《民法典》关于高利贷规定了哪些?

叶水荣(浙江泽鼎律师事务所律师):《民法典》第680条规定:“禁止高利放贷,借款的利率不得违反国家有关规定。借款合同对支付利息没有约定的,视为没有利息。借款合同对支付利息约定不明确,当事人不能达成补充协议的,按照当地或者当事人的交易方式、交易习惯、市场利率等因素确定利息;自然人之间借款的，视为没有利息。”

那么自然人之间的借贷最高可约定多少利息呢？2020 年 12 月 29 日，最高人民法院公布了新的《关于审理民间借贷案件适用法律若干问题的规定》（以下简称“新民间借贷规定”）。其中第 25 条规定：“出借人请求借款人按照合同约定利率支付利息的，人民法院应予支持，但是双方约定的利率超过合同成立时一年期贷款市场报价利率四倍的除外。前款所称‘一年期贷款市场报价利率’，是指中国人民银行授权全国银行间同业拆借中心自 2019 年 8 月 20 日起每月发布的一年期贷款市场报价利率。”本条规定删除了 2015 年以来所谓的“两线三区”：以 24% 和 36% 为两条横线，不到 24% 的部分受到法律的保护，可以申请强制执行；不到 36% 的部分不受法律的保护，但可以由双方约定执行；超过 36% 的部分既不受法律的保护，也不允许双方自行约定。其将利率上限规定为“合同成立时一年期贷款市场报价利率四倍”，即一年期 LPR 的四倍，LPR 以 2020 年 12 月 21 日公布的 3.85% 计算，利率上限是 15.4%，与之前规定的 24% 和 36% 相比，利率上限降低了很多。

第十六个问题：小陈在人行道上正常行走，结果被身后驶来的一辆电动车撞伤，对方意图逃走，周围又没有摄像头，小陈可否扣留对方的电动车？

叶水荣（浙江泽鼎律师事务所律师）：《民法典》规定了“自助行为”制度，小明可以在必要范围内采取扣留侵权人的财物等合理措施，但是应当立即请求有关国家机关处理。

《民法典》第 1177 条第 1 款规定：“合法权益受到侵害，情况紧迫且不能及时获得国家机关保护，不立即采取措施将使其合法权益受到难以弥补的损害的，受害人可以在保护自己合法权益的必要范围内采取扣留侵权人的财物等合理措施；但是，应当立即请求有关国家机关处理。”

本案涉及自助行为。一般人被机动车、电动车、摩托车撞倒、撞伤，会先和对方协商和解方案，协商不了的会报警，让交警处理。本案中，侵权人眼见周围没人，想要溜之大吉。此时，小陈正准备和对方协商，还没来得及想到报警，能不能强制对方的人身自由，把他留下来呢？

小陈和对方并不相识，如果任由对方逃走，小陈的医药费将无人承担。在对方试图逃跑时，小陈可以尽可能地拖住对方，如暂时扣留行李、钱包等财物，并且尽快联系公安机关处理。

第十七个问题：小刘在小区中散步时，被从居民楼落下的一扇窗户砸伤，物业是否有责任？

叶水荣（浙江泽鼎律师事务所律师）：若物业未采取必要安全保障措施，应承担责任。

《民法典》第1254条规定："禁止从建筑物中抛掷物品。从建筑物中抛掷物品或者从建筑物上坠落的物品造成他人损害的，由侵权人依法承担侵权责任；经调查难以确定具体侵权人的，除能够证明自己不是侵权人的外，由可能加害的建筑物使用人给予补偿。可能加害的建筑物使用人补偿后，有权向侵权人追偿。物业服务企业等建筑物管理人应当采取必要的安全保障措施防止前款规定情形的发生；未采取必要的安全保障措施的，应当依法承担未履行安全保障义务的侵权责任。发生本条第一款规定的情形的，公安等机关应当依法及时调查，查清责任人。"

本案涉及高空抛物。从建筑物中抛掷物品原本是凭一般人的常识或是道德就能被约束的行为，但是我国屡次出现高空抛物致人伤亡的事件，2019年就有一名男童和一名女子因此丧命，如何规范高空抛物行为成为法律亟待解决的问题。

《民法典》明确禁止高空抛物行为，一旦出现高空抛物致人伤亡事件，由加害人承担赔偿责任。实际生活中，加害人往往不会主动承担责任，受害人需要公安等部门的协助，争取在第一时间找到加害人。直到无法确定具体加害人，但能够推测出哪栋楼、哪些楼层、哪些方向的人有加害的可能时，由这些可能加害的人给予补偿。

另外，物业服务公司可能因未尽到安全保障义务而受到"牵连"。从某种角度来看，如果物业服务公司能够在必要的地方设置监控，那么加害人借由无法查明逃脱赔偿责任的可能性会降低，受害人找到加害人的可能性也会提高。《民法典》提高了物业服务公司履行义务的标准，这样可以倒逼物业服务公司采取相应防范措施，比如安装摄像头、设置警示牌。本案中，物业公司未设置防范措施，应当承担赔偿责任。

第十八个问题：亲属、近亲属和家庭成员的范围如何界定？

叶水荣（浙江泽鼎律师事务所律师）：《民法典》第1045条规定："亲属包括配偶、血亲和姻亲。配偶、父母、子女、兄弟姐妹、祖父母、外祖父母、孙子女、外孙子女为近亲属。配偶、父母、子女和其他共同生活的近亲属为家庭成员。"

配偶双方因结婚登记而互为亲属；血亲之间因血缘关系或法律确认而互为亲属，血缘外的亲属主要是通过收养形成；姻亲之间因婚姻关系的存在而互为亲属，如叔叔的配偶、女方叔叔的配偶、女方的父母。在亲属当中，配偶、父母、子女、兄弟姐妹、祖父母、外祖父母、孙子女、外孙子女为近亲属。在近亲属当中，配偶、父母、子女是家庭成员，其他近亲属在符合共同生活的条件下也属于家庭成员。在实际生活中，家庭成员的概念可适用于拆迁安置，拆迁房屋、安置房屋往往是以家庭成员作为一个主体，享受拆迁和安置的权利。

第十九个问题：小马路遇一儿童落水，奋勇跳入水中救人，救起儿童的过程中造成其局部挫伤，小马要为此赔偿吗？

叶水荣（浙江泽鼎律师事务所律师）：不需要。

《民法典》第184条规定："因自愿实施紧急救助行为造成受助人损害的，救助人不承担民事责任。"这是民法典对社会主义核心价值观的充分诠释。因为我们以前社会中存在看到人家倒地了没人去救助、怕引火烧身的情况，所以，在立法过程中，专门加了这一条。自愿实施救助行为，哪怕造成了受助人损害，救助人也不应承担民事责任。在这个案例当中，小马路遇一个儿童落水，奋勇跳入水中救人，导致这个被救助的儿童局部挫伤，这种情况下，小马不需要承担赔偿责任。法律鼓励好人好事，鼓励见义勇为，哪怕在救助过程当中，造成了被救助方的损害、损伤，也不承担民事责任。

第二十个问题：若小张在阻止施暴男子过程中，自己的名牌眼镜被对方打坏，如何索赔？

叶水荣（浙江泽鼎律师事务所律师）：可以直接向施暴男子索赔，若施暴男子逃跑或无力赔偿，被救女子应适当补偿。

这里涉及的也是《民法典》第183条关于见义勇为的条款。它讲的是当见义勇为者帮助别人受到损害，由谁来承担赔偿责任的问题。当然，主要责任由侵权人承担，但是没有侵权人或者侵权人逃逸的话，这个时候由受益人来给予补偿。这个案例说小张遇见男子正对女子施暴，在小张阻止施暴的过程当中，自己的名牌眼镜被该男子打坏，这种情况下该怎么索赔？此时，肯定是由这个侵权人赔偿，如果说这个男子逃逸的话，受益人也就是这个女子应当给予适当补偿。因为《民法典》第 183 条规定："……没有侵权人、侵权人逃逸或者无力承担民事责任，受害人请求补偿的，受益人应当给予适当补偿。"

第二十一个问题：一个 37 岁单身男子有性侵少女的违法犯罪记录，他能收养女儿吗？

叶水荣（浙江泽鼎律师事务所律师）：不能。

为进一步强化对被收养人利益的保护，《民法典》在第 1098 条收养人的条件中增加一款规定"无不利于被收养人健康成长的违法犯罪记录"，并增加规定民政部门应当依法进行收养评估。此外，《民法典》第 1102 条规定："无配偶者收养异性子女的，收养人与被收养人的年龄应当相差四十周岁以上。"

本案涉及收养条件。以前制定《收养法》的时候，养父侵犯养女的可能较高，所以规定单身男性收养女性应当有较大的年龄差，也就是相差 40 周岁以上。现在《民法典》依然没有放松对年龄差距的要求，而且在收养人的一般条件上新增了一条，即第 1098 条第 4 项的规定，收养人应当"无不利于被收养人健康成长的违法犯罪记录"，提高了对收养人的收养标准。结合第 1105 条第 5 款的规定："县级以上人民政府民政部门应当依法进行收养评估"，民政部门进行收养登记时，应当核查收养人的违法犯罪记录，看他是否有犯罪记录、该条犯罪记录是否不利于被收养人的健康成长。

第二十二个问题：小赵的女友患有重大疾病，但一直对小赵隐瞒，婚后小赵发现，能请求离婚吗？

叶水荣（浙江泽鼎律师事务所律师）：可以向法院请求撤销婚姻。

《民法典》第 1053 条规定："一方患有重大疾病的，应当在结婚登记前如实告知另一方；不如实告知的，另一方可以向人民法院请求撤销婚姻。请求撤销婚姻的，应当自知道或者应当知道撤销事由之日起一年内提出。"《民法典》第 1054 条第 2 款规定："婚姻无效或者被撤销的，无过错方有权请求损害赔偿。"

本案涉及婚姻撤销。以往的《婚姻法》把一方患有重大疾病作为婚姻无效的事由,由登记机关核查该方是否有重大疾病并行使撤销的权利;《民法典》将其规定为可撤销的事由,由另一方决定是否起诉撤销婚姻登记,由法院审查该方是否确有隐瞒病情、欺诈结婚的情形并决定是否撤销。一方患有重大疾病作为撤销事由有一个权利限制,那就是另一方必须在知道或者应当知道该事由的1年之内提起诉讼,请求法院撤销婚姻登记。至于哪些疾病属于"重大疾病",参考《母婴保护法》的规定,某些传染病、精神病、遗传类疾病就属于重大疾病。如果患方在结婚登记前没有向另一方坦白,那么另一方可以起诉撤销婚姻登记,并要求精神损害赔偿;也可以不起诉,等待上述1年期限经过,认可双方之间的婚姻关系。

第二十三个问题:孩子名字选取姓氏有哪些规则?

叶水荣(浙江泽鼎律师事务所律师):除了常规的父姓、母姓,小孩可以使用直系长辈血亲的姓氏,比如爷爷、外公的姓氏;也可以使用父母以外的抚养人的姓氏,比如养子使用养母的姓氏;还可以使用其他姓氏,但需要正当的理由。另外,少数民族可以依本民族的习惯确定小孩的姓氏。

《民法典》第1015条规定:"自然人应当随父姓或者母姓,但是有下列情形之一的,可以在父姓和母姓之外选取姓氏:(一)选取其他直系长辈血亲的姓氏;(二)因由法定扶养人以外的人扶养而选取扶养人姓氏;(三)有不违背公序良俗的其他正当理由。少数民族自然人的姓氏可以遵从本民族的文化传统和风俗习惯。"

第二十四个问题:一对夫妻已经有子女,可以再收养孩子吗?

叶水荣(浙江泽鼎律师事务所律师):若符合条件,只有一名子女的收养人只能收养一名子女,若收养孤儿则不受是否有子女的限制。

《民法典》第1098条规定:"收养人应当同时具备下列条件:(一)无子女或者只有一名子女;(二)有抚养、教育和保护被收养人的能力;(三)未患有在医学上认为不应当收养子女的疾病;(四)无不利于被收养人健康成长的违法犯罪记录;(五)年满三十周岁。"《民法典》第1100条规定:"无子女的收养人可以收养两名子女;有子女的收养人只能收养一名子女。收养孤儿、残疾未成年人或者儿童福利机构抚养的查找不到生父母的未成年人，可以不受前款和本法第一千零九十八条第一项规定的限制。”

本案涉及收养条件。夫妻已育有一子，按计划生育时期的规定，肯定不能再收养其他小孩。现在计划生育政策已经放开，所以《民法典》第1100条也更新了对夫妻收养子女的规定。一对夫妻无子女时，可以收养两名子女；已育有一子时，可以收养一名；但收养孤儿时，没有数量限制。

第二十五个问题：小区内占用公共道路的车位对外开放收费、小区公共电梯内贴广告的收入，属于谁？

叶水荣（浙江泽鼎律师事务所律师）：扣除合理成本之后，属于业主共有。业主共有部分的经营与收益情况，物业应以合理方式向业主公开。

《民法典》第274条规定：“建筑区划内的道路，属于业主共有，但是属于城镇公共道路的除外。建筑区划内的绿地，属于业主共有，但是属于城镇公共绿地或者明示属于个人的除外。建筑区划内的其他公共场所、公用设施和物业服务用房，属于业主共有。”《民法典》第275条规定：“建筑区划内，规划用于停放汽车的车位、车库的归属，由当事人通过出售、附赠或者出租等方式约定。占用业主共有的道路或者其他场地用于停放汽车的车位，属于业主共有。”《民法典》第282条规定：“建设单位、物业服务企业或者其他管理人等利用业主的共有部分产生的收入，在扣除合理成本之后，属于业主共有。”《民法典》第943条规定：“物业服务人应当定期将服务的事项、负责人员、质量要求、收费项目、收费标准、履行情况，以及维修资金使用情况、业主共有部分的经营与收益情况等以合理方式向业主公开并向业主大会、业主委员会报告。”

本案涉及建筑物共有部分的收益归属问题。在实际生活中，物业公司一般都会“征用”小区公共道路、公共车位、公共电梯，以充分挖掘这些区域的经济收益，比如停车收费、电梯内投放广告等，把这些收益牢牢攥在自己手里。但实际上，这些区域是业主共有的，根据《民法典》第282条的规定，这些公共区域的收入也是归业主共有。物业公司可以收取相关费用，但是需要向业主公示相关的收费明细；扣除合理的成本之后，剩下的部分如何处理则由物业公司和业主委员会或者业主大会协商；协商不成的，余下的收益归全体业主共有。

第二十六个问题:70年住宅建设用地使用权到期后怎么办?

叶水荣(浙江泽鼎律师事务所律师):自动续期。

《民法典》第359条第1款规定:"住宅建设用地使用权期限届满的,自动续期。续期费用的缴纳或者减免,依照法律、行政法规的规定办理。"

商品房的建设用地使用权一般是70年,70年届满后,根据《民法典》第359条的规定,住宅的建设用地使用权自动续期,相应的续期费用是否缴纳、是否减免依照其他相关法律进行。在房价较高的情况下,有些人会选择购买公寓,也就是建设用地使用权在40年的房子。这些房子虽然价格低,但不适用上述自动续期的规定,能否续期、续期费用如何缴纳都有待于法律法规予以明确。

第二十七个问题:土地承包经营权可以转让吗?

叶水荣(浙江泽鼎律师事务所律师):可以。

《民法典》对土地承包经营权的相关规定做了完善,增加流转经营权的规定,并删除耕地使用权不得抵押的规定,以适应"三权分置"后土地经营权入市的需要。

《民法典》第334条规定:"土地承包经营权人依照法律规定,有权将土地承包经营权互换、转让。未经依法批准,不得将承包地用于非农建设。"第335条规定:"土地承包经营权互换、转让的,当事人可以向登记机构申请登记;未经登记,不得对抗善意第三人。"

本案涉及土地承包经营权的流转。农村集体土地上原来设有两重权利,包括集体享有的土地所有权、该村村民享有的土地承包权,《民法典》增加一重权利,也就是第334条规定的土地承包经营权。为促进农业的集约化目标实现,当农户不再利用土地发展农业时,可以将自己承包的土地再流转给第三人。考虑到农户可能不具备流转登记的意识,第335条为土地流转设定了登记对抗制度,即使流转时不登记也会生效,但第三人享有的土地承包经营权无法受到法律完整的保护。

第二十八个问题:小丽在一家公司上班,上司经常在网上聊天时发色情图片给她,这让她感到困扰、反感,上级这种行为算性骚扰吗?公司有什么责任?

叶水荣(浙江泽鼎律师事务所律师):属于性骚扰,公司要承担相应责任。

本案涉及性骚扰的问题。性骚扰的表现形式有很多种,比如职场里上级对下级的骚扰,公交车、火车等人群掩盖之下的骚扰,在社交网络上传播不雅图片。

《民法典》第1010条规定:"违背他人意愿,以言语、文字、图像、肢体行为等方式对他人实施性骚扰的,受害人有权依法请求行为人承担民事责任。机关、企业、学校等单位应当采取合理的预防、受理投诉、调查处置等措施,防止和制止利用职权、从属关系等实施性骚扰。"

小丽显然是遭受了性骚扰,公司应当承担相应的责任。

第二十九个问题:人脸特征、指纹、航班行程是个人信息吗?

叶水荣(浙江泽鼎律师事务所律师):生物识别信息、行踪信息等都是个人信息。

《民法典》第1034条规定:"自然人的个人信息受法律保护。个人信息是以电子或者其他方式记录的能够单独或者与其他信息结合识别特定自然人的各种信息,包括自然人的姓名、出生日期、身份证件号码、生物识别信息、住址、电话号码、电子邮箱、健康信息、行踪信息等。个人信息中的私密信息,适用有关隐私权的规定;没有规定的,适用有关个人信息保护的规定。"

该条款规定了个人信息保护的内容,明确了个人信息的概念。对于可以识别特定自然人的信息,比如姓名、出生日期、身份证号等,都属于个人信息,受到法律的保护,任何人都不能擅自获取、泄露等。实际生活中,骚扰电话、垃圾短信就意味着可能有人在违法泄露他人的个人信息,严重的可能构成犯罪。

第三十个问题:网红的声音如"Oh my god,买它买它"可以随便拿来用吗?

叶水荣(浙江泽鼎律师事务所律师):不可以。

本案涉及对声音的保护。某网络直播红人,最深入人心的口头禅就是"Oh my god,买它买它"。

《民法典》第1023第2款规定:"对自然人声音的保护,参照适用肖像权保护的有关规定。"

根据该条款的规定,自然人的声音受到法律的保护,未经自然人同意,他人不得擅自使用其声音。另外,声音在商标领域也受到法律保护,比如已经被注册为商标的酷狗音乐提示音"hello,酷狗"、QQ聊天提示音"滴滴滴滴滴滴"。

第三十一个问题:《民法典》为人体基因、胚胎研究确立了哪些规则?

叶水荣(浙江泽鼎律师事务所律师):体外受精形成的冷冻胚胎可能最终不会进入母体,不进入孕育、出生的过程,因此与胎儿的法律地位有差别;但其具有发展为人类生命的潜能,并非民法上一般之物,国家对其负有保护义务。

《民法典》第 1009 规定:“从事与人体基因、人体胚胎等有关的医学和科研活动,应当遵守法律、行政法规和国家有关规定,不得危害人体健康,不得违背伦理道德,不得损害公共利益。”

江苏无锡曾有一起人体冷冻胚胎权属纠纷案例:一对年轻夫妇在某家医院的帮助下,通过体外受精的方式培育人体胚胎,其中有 4 枚可以移植到母体。但在移植前一天,夫妻二人因车祸身亡。夫一方的父母和妻一方的父母认为 4 枚胚胎属于遗物,都想要继承胚胎,遂产生纠纷。一审法院认为胚胎并非一般意义上的遗物,不能因继承而获得。二审法院认为 4 枚胚胎应由原被告共同监管和处置。

第三十二个问题:一对夫妻为琐事吵架,两人都提出离婚,于是一起到民政局办理,如何避免冲动离婚?

叶水荣(浙江泽鼎律师事务所律师):为了防止夫妻冲动离婚、轻率离婚,《民法典》规定了为期 30 天的离婚冷静期。

《民法典》第 1077 条规定:“自婚姻登记机关收到离婚登记申请之日起三十日内,任何一方不愿意离婚的,可以向婚姻登记机关撤回离婚登记申请。前款规定期限届满后三十日内,双方应当亲自到婚姻登记机关申请发给离婚证;未申请的,视为撤回离婚登记申请。”夫妻中的一方或双方决定离婚,申请离婚登记的时候,《民法典》为双方设置了 30 天的冷静期,让夫妻双方决定是否离婚,要不要撤回申请;30 天届满后,《民法典》又为夫妻双方设置了 30 天的期限,让夫妻双方决定是否离婚,要不要亲自申请发给离婚证;第一个 30 天届满,夫妻双方没有申请的,该离婚登记申请视为被撤回。本条主要适用于协议离婚,不论夫妻双方有无约定过财产问题、抚养问题,都需要经过两个 30 天的考验。

《民法典》生效以前,夫妻协议离婚的,只要把财产、抚养问题处理好,民政部门就可以很快地就发离婚证。离婚成本低导致夫妻对离婚能够产生的结果太乐观,误以为夫妻二人的矛盾只能依靠离婚解决,误以为离婚是解决矛盾最高效的方式,从而形成轻率离婚的现象。实际上,离婚虽然能让夫妻实现个人自由,但是会影响到父母、子女等家庭成员，也会影响到亲属之间的和谐。况且，由离婚带来的未成年子女抚养问题、老年人赡养问题、夫妻一方无能力独立生活等问题也是层出不穷。两个30天期间，相关人士或者部门可以尽可能地利用纠纷调解、心理疏导等方式缓和夫妻二人间的矛盾；期间届满，夫妻未能成功离婚的，仍然可以诉讼离婚，这也保护了双方的离婚自由。

第三十三个问题：什么情况下"夫债"不用"妻还"？如小花的丈夫背着家人在外赌博欠下巨额外债，这些债务小花是否需要偿还？

叶水荣（浙江泽鼎律师事务所律师）：不必偿还。

现实生活中，男女双方谈婚论嫁时，可能会考虑对方的经济实力，除了想要"嫁得好""娶得好"，还有最重要的一个考虑就是至少不能给自己拖后腿。《民法典》为此规定了"夫妻共债共签"的一般原则，也就是第1064条所规定的，"夫妻双方共同签名或者夫妻一方事后追认等共同意思表示所负的债务，以及夫妻一方在婚姻关系存续期间以个人名义为家庭日常生活需要所负的债务，属于夫妻共同债务。夫妻一方在婚姻关系存续期间以个人名义超出家庭日常生活需要所负的债务，不属于夫妻共同债务；但是，债权人能够证明该债务用于夫妻共同生活、共同生产经营或者基于夫妻双方共同意思表示的除外。"

从最一般的角度出发，要求二人共同承担债务，需要本人明确的意思表示，这就是本条中的共债共签制度。夫妻一方的债务，通过事前的共同签字或者事后的追认，可以成为夫妻共同债务，由夫妻双方承担清偿责任。从夫妻共同生活的角度出发，要求夫妻二人共同承担债务，则债权人要证明该债务能够满足夫妻日常生活、共同生产经营的需要。债权人需要证明夫妻一方的债务满足了上述需要，从而推定另一方具有负担债务的意思表示；无法证明的话，债务仍然是由一方负担。本案中，赌债不符合上述条件，不能作为夫妻共同债务处理，小花自然也不用承担了。

第三十四个问题：法院判决不准离婚后，一方仍无法挽回对方的感情，双方分居，一方再次起诉离婚，法院会准予吗？

叶水荣（浙江泽鼎律师事务所律师）：双方又分居满1年，法院应当准予离婚。

本案涉及诉讼离婚中的强制性规定。诉讼离婚的要求比较高，《民法典》第1079条第2、3款规定："人民法院审理离婚案件，应当进行调解；如果感情确已破裂，调解无效的，应当准予离婚。有下列情形之一，调解无效的，应当准予离婚：（一）重婚或者与他人同居；（二）实施家庭暴力或者虐待、遗弃家庭成员；（三）有赌博、吸毒等恶习屡教不改；（四）因感情不和分居满二年；（五）其他导致夫妻感情破裂的情形。”诉讼离婚必须经过调解程序，调解不成才会触发诉讼程序；一审原告需要举证证明夫妻感情破裂，如配偶有重婚、与他人同居、赌博等情形。实际生活中，原告起诉时尚不具备上述四个法定离婚事由、没有充分证据证明也是比较常见的，所以一审判决不准离婚的较多。

在这种情况下，原告一方的离婚自由如何实现呢？根据民事诉讼的相关规定，原告一方可以在一审判决经过 6 个月后再次起诉离婚。再结合《民法典》第 1079 条第 5 款的规定，若夫妻双方符合一审判决后分居满 1 年的条件，原告第二次起诉离婚时，法院应当支持其离婚请求。

第三十五个问题：离婚时，此前为家庭付出更多的一方是否有权利请求补偿？

叶水荣（浙江泽鼎律师事务所律师）：有。

《民法典》将采用法定共同财产制的夫妻，纳入适用离婚经济补偿的范围，以加强对家庭负担较多义务一方权益的保护。

本案涉及离婚时如何衡量家务劳动的经济价值。从某种角度来说，婚姻意味着家庭分工，意味着要抉择哪一方在外挣钱养家，哪一方在家照顾小孩、老人，配合对方的工作和生活安排。长此以往，在家的一方将会牺牲职业发展的机会，丧失独立生活的能力，一旦离婚会面临很大的经济压力。所以，对于夫妻中提供家务劳动较多的一方，可以在离婚时要求对方支付离婚经济补偿。

以往的离婚经济补偿仅适用于约定财产制的夫妻之间，也就是夫妻明确约定婚姻存续期间的财产归各自所有。实际生活中，夫妻大多没有约定婚后的财产归属，也就不具备约定财产制的条件。

《民法典》第 1088 条规定：“夫妻一方因抚育子女、照料老年人、协助另一方工作等负担较多义务的，离婚时有权向另一方请求补偿，另一方应当给予补偿。具体办法由双方协议；协议不成的，由人民法院判决。”

该条款将离婚经济补偿制度的适用范围扩大到了采用法定财产制的夫妻，也就是说，不论夫妻之间的财产是归个人所有，还是归夫妻共同所有，提供家务劳动较多的一方在离婚时，可以要求对方支付合理的经济补偿。

第三十六个问题：夫妻离婚，孩子过了哺乳期但不满 2 周岁，原则上由父母哪一方直接抚养？

叶水荣（浙江泽鼎律师事务所律师）：不满 2 周岁的子女，以由母亲直接抚养为原则。

《民法典》第 1084 条规定："父母与子女间的关系，不因父母离婚而消除。离婚后，子女无论由父或者母直接抚养，仍是父母双方的子女。离婚后，父母对于子女仍有抚养、教育、保护的权利和义务。离婚后，不满两周岁的子女，以由母亲直接抚养为原则。已满两周岁的子女，父母双方对抚养问题协议不成的，由人民法院根据双方的具体情况，按照最有利于未成年子女的原则判决。子女已满八周岁的，应当尊重其真实意愿。"

夫妻双方离婚后涉及孩子抚养问题，《民法典》回应说孩子如果不满 2 周岁的，应由母亲直接抚养为宜，因为这时孩子尚在哺乳期中，孩子出自娘胎与母亲具有天然的亲密关系，由母亲直接抚养对孩子较为有利。如果孩子已满 2 周岁、不满 8 周岁的话，人民法院要根据双方的具体情况，按照最有利于未成年人利益的原则来判决。比如，有些孩子由爷爷奶奶一方在养，孩子饮食起居的照料、上学放学的接送都由爷爷奶奶在负责，这时人民法院在判决时应当考虑这个因素，根据男女一方或长辈方的抚养时间记录、孩子对哪一方的依赖程度等情况综合作出有利于孩子成长的判决。如果这个孩子已满 8 周岁，这种情况下应该尊重孩子的真实意愿，就是说应该征求小孩的意见，因为这时孩子已经是限制民事行为能力人了，他有点懂事了，也能辨别是非及好坏，应当征求他的意见、听他的真实想法，以最终选择一个有利于孩子成长的监护人。

第三十七个问题：老张夫妻膝下无子女，亲属又不在身边，退休之后，他们开始担心年老后无人照顾，法律上有何解决办法？

叶水荣（浙江泽鼎律师事务所律师）：可以签订遗赠扶养协议。

《民法典》完善了遗赠扶养协议制度，适当扩大扶养人的范围，明确继承人以外的组织或者个人均可以成为扶养人。

《民法典》第 1158 条规定："自然人可以与继承人以外的组织或者个人签订遗赠扶养协议。按照协议，该组织或者个人承担该自然人生养死葬的义务，享有受遗赠的权利。"

当前有些家庭夫妻不愿生小孩，也就是丁克家庭，他们既没有子女又没有收养孩子，那么年老了怎么办呢？针对这种情况，《民法典》专门确定了一个规则，即与他人或组织签订一份遗赠扶养协议，由他人或组织承担照顾老人生养死葬的义务，等老人死了以后由他人或组织获得老人的遗产。这样一来，老人在生前的赡养问题就解决了，老人即便去世后，也有人给他解决去世后的安葬祭祀等问题。所以通过签订遗赠扶养协议，就可以解决老人的这些后顾之忧，而他的财产也可以通过这种方式流转下去。

第三十八个问题：老李立下遗嘱，房子由儿子继承，但他希望照顾他多年、无子女无房产的保姆继续居住，可以怎么做？

叶水荣（浙江泽鼎律师事务所律师）：可以以遗嘱的方式为保姆设立居住权并办理登记。《民法典》增加规定“居住权”这一新型用益物权，明确居住权原则上无偿设立，居住权人有权按照合同约定或者遗嘱，经登记占有、使用他人的住宅，以满足其稳定的生活居住需要。

《民法典》第366条规定：“居住权人有权按照合同约定，对他人的住宅享有占有、使用的用益物权，以满足生活居住的需要。”第367条第1款规定：“设立居住权，当事人应当采用书面形式订立居住权合同。”第368条规定：“居住权无偿设立，但是当事人另有约定的除外。设立居住权的，应当向登记机构申请居住权登记。居住权自登记时设立。”第369条规定：“居住权不得转让、继承。设立居住权的住宅不得出租，但是当事人另有约定的除外。”第370条规定：“居住权期限届满或者居住权人死亡的，居住权消灭。居住权消灭的，应当及时办理注销登记。”第371条规定：“以遗嘱方式设立居住权的，参照适用本章的有关规定。”

老李生前找了一个保姆，由她来照顾自己的生活，他在立遗嘱的时候将自己的房子继承给儿子，但对照顾他多年的保姆也心怀愧疚，且该保姆暂时也无居所，能否在他过世后让她继续居住呢？这次《民法典》新增了一个居住权，一种新型的用益物权制度，老李可以把他的房子继承给他的儿子，但可以在房子上设立一个居住权，由他的保姆一直居住使用到一定期限或直到她去世，但保姆不能将居住权转让或继承给别人，这样就较好地兼顾了各方的利益，即使房子让他的儿子继承，也一并解决了保姆的居住使用问题。设立居住权应当采用书面形式订立合同，并需要向不动产部门进行登记。居住权制度也有效地对接了我国进入老龄化的社会现实，老人可以通过以房养老的方式较好地安排老无所养的问题，比如老人可以先将自己的房屋出售，但在该房上设立居住权，用房屋所售的价款来看病、维持自己的生活消费等。

第三十九个问题：老王去世后，有人在网上对其侮辱诽谤，家属能否维权？

叶水荣（浙江泽鼎律师事务所律师）：可以。

《民法典》第994条规定："死者的姓名、肖像、名誉、荣誉、隐私、遗体等受到侵害的，其配偶、子女、父母有权依法请求行为人承担民事责任；死者没有配偶、子女且父母已经死亡的，其他近亲属有权依法请求行为人承担民事责任。"

老王去世之后，有人对他的姓名、肖像、名誉、隐私等利益进行侵害，这种情况下他的直系亲属自然会受到精神上的打击或伤害，家属能否维权，答案是肯定的。这是对死者利益进行保护的一种制度安排，因为死者利益受到伤害会对生者造成精神上的不利影响，所以《民法典》赋予家属可以提起侵权赔偿诉讼的权利，以实现死者利益的周全保护。对一些英烈的姓名、肖像、名誉等造成侵害的，一些公益机构可以以损害公共利益为由提起公益诉讼。

第四十个问题：老王意外离世，他生前曾说想在死后捐献器官、遗体，但未留下书面材料和遗嘱，这时他的家人能决定捐献吗？

叶水荣（浙江泽鼎律师事务所律师）：能。

《民法典》第1006条规定："完全民事行为能力人有权依法自主决定无偿捐献其人体细胞、人体组织、人体器官、遗体。任何组织或者个人不得强迫、欺骗、利诱其捐献。完全民事行为能力人依据前款规定同意捐献的，应当采用书面形式，也可以订立遗嘱。自然人生前未表示不同意捐献的，该自然人死亡后，其配偶、成年子女、父母可以共同决定捐献，决定捐献应当采用书面形式。"

第四十一个问题：老李生前先后立了多份遗嘱，但内容不同，应该以哪份遗嘱为准？

叶水荣（浙江泽鼎律师事务所律师）：以最后的遗嘱为准。

《民法典》第1142条规定："遗嘱人可以撤回、变更自己所立的遗嘱。立遗嘱后，遗嘱人实施与遗嘱内容相反的民事法律行为的，视为对遗嘱相关内容的撤回。

立有数份遗嘱，内容相抵触的，以最后的遗嘱为准。”

以前的继承法规定，当老李有多份遗嘱并均有效的前提下，以公证遗嘱为准，而不考虑所立遗嘱的先后问题。这在实践中会碰到当老李在订立公证遗嘱时，万一临终前想更改所立的公证遗嘱的话，需要再去公证处或由公证处上门，可他临危之际无法亲自上门，而公证处也不一定能在第一时间赶到，就会严重违背老李真实的意思表示，不符合遗嘱作为民事法律行为的私法自治属性。所以《民法典》对这种情况予以调整，在老李先后立有多份遗嘱且内容不同的情况下，以最后所立的遗嘱为准，以最大程度地维护老李的真实意思表示，也就是说，公证遗嘱今后不具有当然的优先效力。

第四十二个问题：老王想以打印或录音录像的方式立遗嘱，应该怎么做？

叶水荣（浙江泽鼎律师事务所律师）：《民法典》第 1136 条规定：“打印遗嘱应当有两个以上见证人在场见证。遗嘱人和见证人应当在遗嘱每一页签名，注明年、月、日。”第 1137 条规定：“以录音录像形式立的遗嘱，应当有两个以上见证人在场见证。遗嘱人和见证人应当在录音录像中记录其姓名或者肖像，以及年、月、日。”

《民法典》在以前口头遗嘱、自书遗嘱、录像遗嘱、公证遗嘱的基础上，增加了打印遗嘱及录音遗嘱的形式，无疑是对现实科技进步的一个回应。打印遗嘱，也就是通过电脑输入文字，并通过打印机打印出来的书面遗嘱材料。考虑到打印材料并非由老王亲自输入完成，所以通过打印方式所立的遗嘱，需要有两个以上无利害关系的见证人见证，并由遗嘱人和见证人在每一页打印纸上签名才具有法律效力。除了传统的录音录像设备外，我们的智能手机上往往也有录音录像功能，在用手机进行录音录像订立遗嘱时，也需要有两个以上的见证人通过声音或进入画面来进行见证，表明自己的姓名、肖像等，并明确何时见证了该遗嘱，遗嘱方可具有法律效力。

第四十三个问题：小王因虐待父母丧失继承权，但他后来悔过，获得被继承人原谅，他能继承父母的财产吗？

叶水荣（浙江泽鼎律师事务所律师）：可以。《民法典》增加规定了对继承人的宽恕制度。

《民法典》第 1125 条第 1、2 款规定：“继承人有下列行为之一的，丧失继承权：

(一)故意杀害被继承人;(二)为争夺遗产而杀害其他继承人;(三)遗弃被继承人,或者虐待被继承人情节严重;(四)伪造、篡改、隐匿或者销毁遗嘱,情节严重;(五)以欺诈、胁迫手段迫使或者妨碍被继承人设立、变更或者撤回遗嘱,情节严重。继承人有前款第三项至第五项行为,确有悔改表现,被继承人表示宽恕或者事后在遗嘱中将其列为继承人的,该继承人不丧失继承权。"

继承权的丧失有绝对丧失和相对丧失之分。本条第1款的第1、2项属于绝对丧失的范围,继承人不能被宽恕;第3-5项属于相对丧失的范围,被继承人可以通过宽恕权的行使使继承人恢复继承权。小王因虐待父母相对丧失了继承权,只要他有悔改之意并获得父母的原谅,他还可以继承父母的遗产。

第四十四个问题:个体户老王去世后留下遗产,无人继承或受遗赠,这些遗产归谁?

叶水荣(浙江泽鼎律师事务所律师):归国家或集体所有,用于公益事业。

《民法典》第1160条规定:"无人继承又无人受遗赠的遗产,归国家所有,用于公益事业;死者生前是集体所有制组织成员的,归所在集体所有制组织所有。"

第四十五个问题:侄子、外甥有继承权吗?

叶水荣(浙江泽鼎律师事务所律师):有。

《民法典》第1128条第2、3款规定:"被继承人的兄弟姐妹先于被继承人死亡的,由被继承人的兄弟姐妹的子女代位继承。代位继承人一般只能继承被代位继承人有权继承的遗产份额。"

以前的《继承法》只规定了直系亲属的代位继承,这次新增了旁系血亲的代位继承,无疑扩大了继承人的范围。当兄弟姐妹作为继承人先于被继承人死亡时,由兄弟姐妹的子女来行使继承权,继承该兄弟姐妹应得的继承份额。需要注意的是:首先,兄弟姐妹作为第二顺位法定继承人,该兄弟姐妹需有这个继承权,也就是说,这个被继承人没有第一顺位的继承人,由第二顺位的兄弟姐妹来继承;其次,兄弟姐妹的子女只能继承其有权继承的遗产份额。

第四十六个问题:一男子因情感问题发生纠纷,用技术手段恢复女友聊天记录,后将其制作成 65 页的聊天记录 PPT,并将部分微信聊天记录发送至微信朋友圈及女方母亲。其行为构成侵犯隐私,被行政拘留 6 日。此类将他人信息泄露的行为是否构成《民法典》中的侵犯隐私权呢?

叶水荣(浙江泽鼎律师事务所律师):构成。

《民法典》第 1033 条规定:"除法律另有规定或者权利人明确同意外,任何组织或者个人不得实施下列行为:(一)以电话、短信、即时通讯工具、电子邮件、传单等方式侵扰他人的私人生活安宁;(二)进入、拍摄、窥视他人的住宅、宾馆房间等私密空间;(三)拍摄、窥视、窃听、公开他人的私密活动;(四)拍摄、窥视他人身体的私密部位;(五)处理他人的私密信息;(六)以其他方式侵害他人的隐私权。"

第四十七个问题:侵犯隐私权的行为在《治安管理处罚法》和《刑法》中是否也有相关规定?

叶水荣(浙江泽鼎律师事务所律师):有规定。

《治安管理处罚法》第 42 条规定:"有下列行为之一的,处五日以下拘留或者五百元以下罚款;情节较重的,处五日以上十日以下拘留,可以并处五百元以下罚款:(一)写恐吓信或者以其他方法威胁他人人身安全的;(二)公然侮辱他人或者捏造事实诽谤他人的;(三)捏造事实诬告陷害他人,企图使他人受到刑事追究或者受到治安管理处罚的;(四)对证人及其近亲属进行威胁、侮辱、殴打或者打击报复的;(五)多次发送淫秽、侮辱、恐吓或者其他信息,干扰他人正常生活的;(六)偷窥、偷拍、窃听、散布他人隐私的。"

《刑法》第 253 条之一【侵犯公民个人信息罪】第 1 款规定:"违反国家有关规定,向他人出售或者提供公民个人信息,情节严重的,处三年以下有期徒刑或者拘役,并处或者单处罚金;情节特别严重的,处三年以上七年以下有期徒刑,并处罚金。"

《最高人民法院、最高人民检察院关于办理侵犯公民个人信息刑事案件适用法律若干问题的解释》第 5 条第 1 款规定:"非法获取、出售或者提供公民个人信息,具有下列情形之一的,应当认定为刑法第二百五十三条之一规定的'情节严重'……(三)非法获取、出售或者提供行踪轨迹信息、通信内容、征信信息、财产信息五十条以上的……”

第四十八个问题:如案例中使用技术手段恢复他人微信聊天记录并进行传播的行为,既触犯了《民法典》中有关隐私权及个人信息保护的规定,又触犯了《治安管理处罚法》,是否会产生冲突?

叶水荣(浙江泽鼎律师事务所律师):不冲突。

对于使用技术手段恢复他人微信聊天记录并进行传播的行为,首先违反了《民法典》的规定,构成对他人隐私权的侵犯,属于民事侵权;同时也违反《治安管理处罚法》,公安机关可以对此进行行政处罚,情节严重的甚至可以进行刑事制裁。

二、车之双轮、鸟之两翼

——访浙江力汇律师事务所主任金琴云律师

王菁菁　浙江台州仲裁委员会

2021 年 12 月 24 日,第十三届全国人民代表大会常务委员会第三十二次会议通过了《中华人民共和国民事诉讼法》(以下简称新《民事诉讼法》)第四次修正案,2022 年 1 月 1 日起施行。这次《民事诉讼法》作了哪些方面的修改?为此,专门采访了资深律师、浙江力汇律师事务所金琴云主任。

金琴云系台州市人大代表,路桥区人民政府法律顾问。撰有《权力清单中的百态人生——行政案件评析与法律风险提示》一书,由中国检察出版社出版。擅长民商事诉讼,妇女儿童权益保护和行政复议、诉讼等案件的代理,组建有金琴云巾帼维权工作室、《民法典》义务宣讲团,从事法律公益事业,被评为浙江省 20 名“抗疫最美逆行者”之一,获有浙江九三榜样、2016 - 2020 年社会服务先进个人、浙江省优秀公益律师等荣誉。

她认为《民事诉讼法》是程序法,对实体权利的保障起着重要作用。与《民法典》相比,《民事诉讼法》可谓是车之双轮、鸟之两翼,共同维护着社会主义市场经济秩序和保障着公民的法律权利。对这次的修正内容,她归纳了以下三个方面,并分别做了解读。

一、在方式上做了两方面的调整

一是新增网络在线诉讼;二是完善电子送达制度。

新《民事诉讼法》第16条规定:经当事人同意,民事诉讼活动可以通过信息网络平台在线进行。民事诉讼活动通过信息网络平台在线进行的,与线下诉讼活动具有同等法律效力。新《民事诉讼法》第90条规定:经受送达人同意,人民法院可以采用能够确认其收悉的电子方式送达诉讼文书。通过电子方式送达的判决书、裁定书、调解书,受送达人提出需要纸质文书的,人民法院应当提供。采用前款方式送达的,以送达信息到达受送达人特定系统的日期为送达日期。

对这两个方面的调整,她是这样解读的:新《民事诉讼法》对在线诉讼主要明确了以下两点:(1)在线诉讼需经当事人同意;(2)在线诉讼与线下诉讼具有同等法律效力。

同时,她认为,原《民事诉讼法》规定电子送达不适用于判决书、裁定书、调解书,此次修改扩大了电子送达的范围,但当事人仍可以要求法院提供判决书、裁定书、调解书的纸质文书。

二、在范围上做了三方面的扩大

一是扩大独任制的适用范围:

1. 基层人民法院可适用普通程序独任制。新《民事诉讼法》第40条规定:"……基层人民法院审理的基本事实清楚、权利义务关系明确的第一审民事案件,可以由审判员一人适用普通程序独任审理。……"

金琴云律师的解读是:原《民事诉讼法》中级人民法院、基层人民法院在简易程序和小额诉讼程序中可适用独任制,新《民事诉讼法》扩大了独任制的适用范围,让基层人民法院在事实清楚、关系明确的普通程序案件中也可适用独任制。

2. 中级人民法院可在简易程序和不服裁定的上诉案件中适用独任制。新《民事诉讼法》第41条:"……中级人民法院对第一审适用简易程序审结或者不服裁定提起上诉的第二审民事案件,事实清楚、权利义务关系明确的,经双方当事人同意,可以由审判员一人独任审理。……"

金琴云律师的解读是:原《民事诉讼法》对中级人民法院审理的二审民事案件统一规定适用合议庭,新《民事诉讼法》修改为对于简易程序、不服裁定上诉的案件,并且事实清楚、关系明确的,经当事人同意可以适用独任制,其中可上诉的裁定一般是指不予受理、驳回起诉和管辖权异议三类。

3. 不能适用独任制的情形。新《民事诉讼法》第42条规定：人民法院审理下列民事案件，不得由审判员一人独任审理：

（一）涉及国家利益、社会公共利益的案件；

（二）涉及群体性纠纷，可能影响社会稳定的案件；

（三）人民群众广泛关注或者其他社会影响较大的案件；

（四）属于新类型或者疑难复杂的案件；

（五）法律规定应当组成合议庭审理的案件；

（六）其他不宜由审判员一人独任审理的案件。

金琴云律师的解读是：为独任制的适用设置了“负面清单”，有利于保障当事人诉权。

4. 独任制向合议庭的转换。新《民事诉讼法》第43条规定：人民法院在审理过程中，发现案件不宜由审判员一人独任审理的，应当裁定转由合议庭审理。

当事人认为案件由审判员一人独任审理违反法律规定的，可以向人民法院提出异议。人民法院对当事人提出的异议应当审查，异议成立的，裁定转由合议庭审理；异议不成立的，裁定驳回。

金琴云律师的解读是：在独任制的适用上，首次明确了当事人的异议权。

二是扩大了司法确认的范围：

新《民事诉讼法》第201条规定：经依法设立的调解组织调解达成调解协议，申请司法确认的，由双方当事人自调解协议生效之日起三十日内，共同向下列人民法院提出：

（一）人民法院邀请调解组织开展先行调解的，向作出邀请的人民法院提出；

（二）调解组织自行开展调解的，向当事人住所地、标的物所在地、调解组织所在地的基层人民法院提出；调解协议所涉纠纷应当由中级人民法院管辖的，向相应的中级人民法院提出。

金琴云律师这样解读：新《民事诉讼法》将司法确认程序适用范围扩展至依法设立的调解组织调解达成的调解协议，为其他依法设立的调解组织（如消费者协会、妇联等）参与社会纠纷多元化解提供了有力的司法保障。

在司法确认管辖方面，区分了受法院邀请调解和自行开展调解的管辖，将自行调解申请司法确认的受理法院范围扩大至三地，同时考虑了级别管辖的对应关系。

三是扩大小额诉讼适用范围：

新《民事诉讼法》第 165 条规定：基层人民法院和它派出的法庭审理事实清楚、权利义务关系明确、争议不大的简单金钱给付民事案件，标的额为各省、自治区、直辖市上年度就业人员年平均工资百分之五十以下的，适用小额诉讼的程序审理，实行一审终审。

基层人民法院和它派出的法庭审理前款规定的民事案件，标的额超过各省、自治区、直辖市上年度就业人员年平均工资百分之五十但在二倍以下的，当事人双方也可以约定适用小额诉讼的程序。

金琴云律师这样解读：原《民事诉讼法》规定适用小额诉讼的标的额为上年度就业人员年平均工资 30% 以下，新《民事诉讼法》提高这一标准为上年度就业人员年平均工资 50% 以下，扩大了小额诉讼的适用范围。同时新《民事诉讼法》还规定，标的额在上年度就业人员年平均工资 50% 以上但在 2 倍以下，当事人约定适用小额诉讼程序的，也可适用小额诉讼程序，为当事人提供了审判程序的选择权。

新《民事诉讼法》将小额诉讼的适用范围限定为金钱给付的案件，而原《民事诉讼法》则没有此限制。

同时，明确不适用小额诉讼的情形。新《民事诉讼法》第 166 条规定：人民法院审理下列民事案件，不适用小额诉讼的程序：

（一）人身关系、财产确权案件；

（二）涉外案件；

（三）需要评估、鉴定或者对诉前评估、鉴定结果有异议的案件；

（四）一方当事人下落不明的案件；

（五）当事人提出反诉的案件；

（六）其他不宜适用小额诉讼的程序审理的案件。

金琴云律师这样解读：为小额诉讼程序设置“负面清单”，有利于保障当事人诉权。

三、在时效上做了缩短、简化和延期处理

一是缩短公告送达时间。新《民事诉讼法》第 95 条规定：受送达人下落不明，或者用本节规定的其他方式无法送达的，公告送达。自发出公告之日起，经过三十日，即视为送达。公告送达，应当在案卷中记明原因和经过。

金琴云律师解读：原《民事诉讼法》规定的公告送达时间为60日，新《民事诉讼法》将其缩短为30日，进一步减少审理周期，减轻当事人诉累。

二是简易程序最长审限由6个月缩短为4个月。新《民事诉讼法》第164条规定：人民法院适用简易程序审理案件，应当在立案之日起三个月内审结。有特殊情况需要延长的，经本院院长批准，可以延长一个月。

金琴云律师解读：原《民事诉讼法》司法解释规定的简易程序最长审限是6个月，现新《民事诉讼法》缩短为4个月。此次修改后，当事人是否同意继续适用简易程序不再是延长审限的前提条件。

三是规定小额诉讼审限及延长期限。新《民事诉讼法》第168条规定：人民法院适用小额诉讼的程序审理案件，应当在立案之日起两个月内审结。有特殊情况需要延长的，经本院院长批准，可以延长一个月。

金琴云律师解读：新《民事诉讼法》将小额诉讼的审限与简易程序的审限相区分，将小额诉讼的审限规定为2个月，同时规定可有条件地延长1个月。同时，规定了小额诉讼程序向其他诉讼程序的转换。新《民事诉讼法》第169条：人民法院在审理过程中，发现案件不宜适用小额诉讼的程序的，应当适用简易程序的其他规定审理或者裁定转为普通程序。

当事人认为案件适用小额诉讼的程序审理违反法律规定的，可以向人民法院提出异议。人民法院对当事人提出的异议应当审查，异议成立的，应当适用简易程序的其他规定审理或者裁定转为普通程序；异议不成立的，裁定驳回。

金琴云律师是这样解读的：在小额诉讼程序的适用上，首次明确了当事人的异议权。

三、公民、企业权益保护证据收集宝典

（一）18类案件证据收集要目

1. 婚姻家庭纠纷案件

(1)结婚证或婚姻登记机关的证明；(2)没有登记结婚的，关于同居时间或举行婚礼时间的证明；(3)再婚的，原离婚调解书、判决书或有关部门的证明；(4)被告下落不明的，关于下落不明时间、情况的证明；(5)一方或双方为现役军人的，提供所在部队团以上政治机关出具的证明；(6)一方理智有缺陷、患有性病、精神病

的病情诊断等证据；(7)一方因犯罪被判刑劳改的，关于原判法院、刑期和劳改地点的证明；(8)婚后感情的事实依据；(9)一方有过错的相关证据；(10)子女姓名、性别、年龄、生活状况的证明；(11)养子女、继子女的有关证明；(12)请求抚养子女的有利条件或其他条件的证明；(13)请求给付抚养费数额的依据(双方工资或劳动收入等)；(14)财产名称、数量、价值的证明；(15)财产性质(婚前、婚后或夫妻约定财产)的证明；(16)储蓄、国库券、股票等财产的证明或相关线索；(17)债权、债务情况及性质(婚前，婚后，男女一方单独债权、债务)的证明；(18)住房情况(私房建造时间、面积、造价；公房户名、面积、间数、常住人口、分配来源)的证明；(19)其他证据。

2. 继承纠纷案件

(1)公安机关、医院关于被继承人死亡的证明，被继承人的死亡日期的户籍资料或宣告死亡的判决书，亲属关系证明；(2)被继承人主要遗产所在地的证明及遗产种类、数量及折价清单；(3)被继承人生前债权、债务情况的证明；(4)被继承人遗嘱原件，公证遗嘱的公证书，代书、录音或危急情况下的口头遗嘱及所附的两份以上证人材料；(5)养子女、非婚生子女、形成抚育关系的继子女应提供收养、出生证明、形成抚育关系的证明材料；(6)继承人放弃继承权的亲笔书写的弃权书及有关证据；(7)丧偶儿媳、女婿继承公婆、岳父母遗产的，关于自己尽了主要赡养义务的证明；(8)关于继承人以外的依靠被继承人抚养的缺乏劳动能力又无生活来源的人，或者继承人以外的对被继承人抚养较多的人要求分得被继承人遗产的有关证明；(9)医院关于继承人已怀孕的证明；(10)其他证据。

3. 抚养费案件

(1)离婚调解书、判决书或婚姻登记机关的证明；(2)工资、收入状况的证明；(3)子女身体状况的证明；(4)子女医疗费用票据；(5)子女学习费用的票据及有关证明；(6)其他证据。

4. 变更抚养关系案件

(1)离婚判决书、调解书或婚姻登记机关的证明；(2)各自抚育子女有利或不利条件的证明；(3)各自经济收入情况的证明；(4)8 周岁以上未成年子女本人的意见；(5)其他证据。

5. 赡养纠纷案件

(1)被赡养人的身体、经济、居住等情况的证明；(2)子女对被赡养人的赡养情况的证明；(3)子女各自的收入、居住等情况的证明；(4)其他证据。

6. 民间借贷纠纷案件

(1)借款协议或借据；(2)借贷关系有担保人的，有关担保的证据；(3)借贷双方交付、收到钱款的凭证；(4)债务人借款用途的证明；(5)债务人应当支付利息的证明；(6)无利息约定，债权人要求债务人偿付逾期利息，或者不定期无息借款经催告不还，债权人要求偿付催告后利息的，关于到期不还或经催告不还的证据；(7)债务人下落不明的，关于证明债权凭证真实性及清偿债务的相关证据；(8)付款付息凭证；(9)其他证据。

7. 生命、身体权、健康权纠纷案件

(1)纠纷发生的时间、地点、起因的证据，其他部门处理纠纷的相关证据；(2)被告实施侵害行为的证据；(3)人身受到侵害及伤害后果的证明(病情诊断、法医鉴定、有关照片等)；(4)赔偿医疗费、误工费、护理费及交通费的证据(医疗费单据、误工天数和误工收入的证据、医疗部门准许专人护理的证明和护理费凭证、车船票等)；(5)要求赔偿丧葬费或生活费的，关于亲属关系的证明，受害者生前抚养、扶养、赡养情况的证明，丧葬费凭证；(6)被告无过错或受害人对发生损害亦有过错的证明；(7)其他证据。

8. 财产损害赔偿纠纷案件

(1)纠纷发生的时间、地点、起因的证据；(2)被告实施侵害行为的证据；(3)财产受损害情况的证明(财产名称、数量和发货票，受损害现场和实物的照片，有关部门的鉴定等)；(4)财物修复所需费用的证明；(5)产权有争议的受损财产的产权证明；(6)被告无过错或者受害人对发生损害亦有过错的证明；(7)其他证据。

9. 饲养动物损害责任纠纷案件

(1)关于动物的饲养人或管理人的证明；(2)受害人受到侵害及损害后果的证明(病情诊断、法医鉴定、有关照片等)；(3)由于受害人的过错造成损害的证明；(4)由于第三人的过错造成损害的证明；(5)其他证据。

10. 产品责任纠纷案件

(1)产品原物、遗留物或照片；(2)产品制造者、销售者的证明(产品的票据、信用卡、保修证)；(3)有关部门质量鉴定证明；(4)人身、财产受到侵害及损害后果的证明；(5)运输者、仓储者对他人财产、人身按时完成负有责任的证明；(6)其他证据。

11. 机动车交通事故责任纠纷案件

(1)公安交通部门的责任认定书、调解书或复议裁定书;(2)受害人受到伤害及伤害后果的证明(病情诊断、法医鉴定、伤情等级、有关照片等);(3)赔偿医疗费、误工费、护理费、住宿费及交通费的证据(医疗费单据、误工天数和误工收入的证明、医疗部门准许专人护理的证明及护理费凭证、住宿费单据、车船票等);(4)要求被扶养人生活费的,提供亲属关系证明、被扶养人情况证明(含出生日期及其他扶养人情况证明);(5)其他证据。

12. 人事争议纠纷案件

(1)劳动仲裁委员会的裁决书;(2)关于劳动仲裁委员会对起诉方裁决书送达日期的证明;(3)双方所签订的劳动合同或其他关于雇佣关系的证明;(4)工作起止日期的证明;(5)企业开除、除名、辞退职工的决定、通知;(6)按企业内部规章制度处罚的有关规章制度;(7)职工违章违纪的证明;(8)职工的工资、资金等收入情况的证明;(9)用工单位支付培训费的凭证;(10)职工服务期限约定;(11)其他证据。

13. 追索劳动报酬纠纷案件

(1)劳动仲裁委员会的裁决书;(2)关于劳动仲裁委员会对起诉方裁决书送达日期的证明;(3)双方所签订的劳动合同或其他关于雇佣关系的证明;(4)工作起止日期的证明;(5)出工人员名单;(6)出工人员劳动天数及应得工资额的证明;(7)拖欠劳动报酬具体数额的证据;(8)其他证据。

14. 社会保险纠纷案件

(1)劳动仲裁委员会的裁决书;(2)关于劳动仲裁委员会对起诉方裁决书送达日期的证明;(3)双方所签订的劳动合同及其他关于雇佣关系的证明;(4)工作起止日期的证明;(5)企业交纳养老保险金、住房公积金的证据;(6)职工的工资、资金等收入情况的证明;(7)职工伤势鉴定及医疗费单据;(8)其他证据。

15. 申请承认和执行外国法院民事判决、裁定案件

(1)申请人国籍证明(户口本、护照等);(2)外国法院离婚判决书(调解书)正本及证明无误的中文译本;(3)作出判决(调解)的法院出具的判决(调解)已生效的证明文件,该证明文件应经该外国公证部门公证和我国驻该国使、领馆认证,并应提供经证明无误的中文译本;(4)作出判决(调解)的外国法院已合法传唤被告

出庭的有关证明文件,该证明文件应经该外国公证部门公证和我国驻该国使、领馆认证,并应提供经证明无误的中文译本;(5)作出判决(调解)的外国法院的应诉通知或出庭传票。

16. 房产案件应提交的材料

物权确认纠纷案件:(1)房屋产权凭证;(2)房屋来源(买受、继承、析产、受赠等)的证明;(3)共有房产形成(共同投资建造、翻建、购买、继承、受赠等)的证明;(4)房产登记变更(登记、变更登记、产权转移等)的证据;(5)房屋使用、管理、收益情况证明;(6)交纳房地产税人的姓名及纳税时间、金额、票据等;(7)其他证据。

房屋买卖合同纠纷案件:(1)房屋产权凭证;(2)房屋买卖合同及公证书;(3)有关机关批准买卖房屋的文件;(4)关于房屋交付情况的证明;(5)买卖双方交付、收取房款的凭证;(6)买主身份、买房用途及房籍情况的证明;(7)共有房屋的其他共有人放弃优先购买权和同意出卖房屋的证据;(8)出租房屋的承租人放弃优先购买权的证据;(9)其他证据。

房屋租赁合同纠纷案件:(1)房屋产权凭证;(2)房屋租赁许可证;(3)房屋租赁合同;(4)欠租时间、金额的证明或者欠据;(5)修缮前房屋质量情况的证明和为修缮房屋支出的合理费用的凭证;(6)原房屋平面构造草图;(7)转租协议及转租人从中渔利的证据;(8)其他证据。

17. 金融借款合同纠纷案件

(1)合同(借款申请书、有关借款的凭证、协议书和当事人双方同意修改借款合同的有关书面材料);(2)担保手续;(3)贷款保证的物资和财产的凭证;(4)借款实际用途证明;(5)还款通知书;(6)还款付息凭证;(7)利息计算明细;(8)利息计算的依据;(9)其他证据。

18. 财产保险合同纠纷案件

(1)合同及变更合同内容的协议、批注或者批单;(2)投保单;(3)保险单或保险凭证;(4)预约保险合同及预约保险单;(5)交付、收取保险费的凭证;(6)投保方不申报、隐瞒、错误申报主要危险情况的证明;(7)投保方关于保险标的过户、转让、出售的书面通知;(8)投保方通知保险方保险标的的变更用途或增加危险程度的证明;(9)保险方提出消除不安全因素的合理建议;(10)由于投保方的故意而发生保险事故的证明;(11)发生保险事故后投保方采取措施避免扩大损失的证明;(12)投保方发生事故当时实际遭受损失的证明;(13)损失物资价值和投保方从第三者取得赔偿的证明;(14)其他证据。

(二)下列 13 类案件原告不需要提供证据

民事案件中,一般都是“谁主张,谁举证”,即谁起诉提出请求,谁就提供证据证明。但是有一些特殊的诉讼,证据是由对方即被告提供的,对方拿不出证据,就要承担败诉的风险——有 5 种情形原告不需要找证据、有 8 类侵权案件由被告承担相应举证责任。

一是下列 5 种情形原告不需要找证据:

1. 以法定代理人身份代子女要求对方支付抚养费的,不需要提供证据。若对方抗辩已经尽到抚养义务,由被告提供证据证明如何尽的抚养义务。

2. 发生劳动争议,劳动者起诉,有些争议事项有关的证据属于用人单位掌握管理的,用人单位应当提供,不用劳动者费心思寻找;用人单位不提供的,应当承担不利后果。

3. 用人单位开除、除名、辞退员工,或解除劳动合同、减少劳动报酬、计算劳动者工作年限等发生劳动争议,劳动者不服起诉的,由用人单位举证。

4. 消费者在购买机动车、计算机、电视机、电冰箱、空调器、洗衣机等耐用商品,接受装饰装修等服务 6 个月内发现商品有瑕疵,因有争议而起诉的,由经营者承担有关瑕疵的举证责任。

5. 公司欠债,债权人起诉要求一人有限责任公司的股东对公司债务承担连带责任的,由股东证明公司财产独立于股东自己的财产,债权人不需要举证。

二是下列 8 类侵权案件由被告承担相应举证责任:

1. 医疗事故致损。患者因在医院治疗出现事故而起诉医院的,患者不用提供证据,由医疗机构就医疗行为与损害结果之间不存在因果关系及不存在医疗过错提供证据。

2. 饲养的动物侵权致损。被动物伤害提起的侵权诉讼,自己不需提供自己没有过错的证据,而由动物饲养人或者管理人就受害人有过错或者第三人有过错承担举证责任。

3. 高空坠物致损。被高空坠物侵害,自己不需要提供证据证明是谁造成的过错,由所有人或者管理人对其无过错承担举证责任。

4. 专利侵权致损。发现发明专利被侵权引起的诉讼,由制造同样产品的单位或者个人提供其产品制造方法不同于专利方法的证明。

5. 环境污染致损。发现因污染被侵权而起诉，污染者就法律规定的免责事由及其行为与损害结果之间不存在因果关系承担举证责任。

6. 共同危险致损。侵权人就侵权行为与损害结果之间不存在因果关系承担举证责任。

7. 缺陷产品致损。产品销售者或生产者就法律规定的免责事由承担举证责任。

8. 高度危险作业致损。高度危险物的占有人、使用人或管理人就受害人故意造成损害的事实承担举证责任。

四、《民法典》来了，法律对年龄有哪些规定

法律也和年龄一样，伴随着我们的一生。一个婴孩从出生那天起，他的法律年龄也开始了——

0 岁以下：胎儿

胎儿还不能被称作法律上的“人”，法律只认可其为“胎儿”。其尽管不是法律意义上的人，但仍然具有法律意义。

《民法典》第 16 条规定，涉及遗产继承、接受赠与等胎儿利益保护的，胎儿视为具有民事权利能力。但是，胎儿娩出时为死体的，其民事权利能力自始不存在。

另外，为体现对“胎儿”的特别保护，我国《刑法》和《治安管理处罚法》规定，孕妇不适用死刑和治安拘留。

0—1 周岁：父亲不能随便离婚

《民法典》第 1082 条规定，女方在怀孕期间、分娩后一年内或者终止妊娠后六个月内，男方不得提出离婚；但是，女方提出离婚或者人民法院认为确有必要受理男方离婚请求的除外。

为了婴儿的利益，哺乳不满 1 周岁婴儿的妇女，违反《治安管理处罚法》，不适用治安拘留。

1—6 周岁：幼儿

根据我国法律规定，1 周岁以下的小孩为婴儿，1 周岁以上不满 6 周岁的为幼儿，6 周岁以上不满 14 周岁的为儿童。

6—7 周岁:开始行使接受义务教育权利

《义务教育法》第 11 条第 1 款规定:“凡年满六周岁的儿童,其父母或者其他法定监护人应当送其入学接受并完成义务教育;条件不具备的地区的儿童,可以推迟到七周岁。”由此看来,6 周岁是一个人开始行使接受义务教育权利的法定起始时间。

另外,根据我国《道路交通安全法》第 64 条的规定:“学龄前儿童……在道路上通行,应当由其监护人、监护人委托的人或者对其负有管理、保护职责的人带领。”据此,未满 6 周岁的幼儿,尚不能单独在街道上或者公路上行走。

8 周岁:限制民事行为能力

《民法典》规定,8 周岁是一个很重要的年龄分界线,把未成年人分成两个阶段:8 周岁前,为完全无民事行为能力人;8 周岁以后,为限制民事行为能力人。

12 周岁:可以合法地骑自行车、三轮车上路

根据《道路交通安全法实施条例》第 72 条,满 12 周岁的人可以合法地骑自行车、三轮车上路。

也就是说,年龄未满 12 周岁的小孩在道路上骑车是违法的,否则一旦发生事故,就要承担相应的责任。在此,希望家长要负起监护责任,不要让未满 12 周岁的孩子骑车出行。

12—16 周岁:危险的年龄

12 周岁是一个十分重要也很危险的年龄。因为从这一岁数开始,人们将可能为自己的行为承担行政法、刑法上的责任。《刑法》第 17 条第 2、3 款规定:“已满十四周岁不满十六周岁的人,犯故意杀人、故意伤害致人重伤或者死亡、强奸、抢劫、贩卖毒品、放火、爆炸、投放危险物质罪的,应当负刑事责任。已满十二周岁不满十四周岁的人,犯故意杀人、故意伤害罪,致人死亡或者以特别残忍手段致人重伤造成严重残疾,情节恶劣,经最高人民检察院核准追诉的,应当负刑事责任。”

14 周岁是法律对部分人严格保护的一个年龄界限。《刑法》规定,14 周岁以下的女性儿童为幼女,与幼女发生性行为,无论幼女是否同意,均成立奸淫幼女犯罪,应当以强奸罪从重处罚;同时,无论男女,只要是未满 14 周岁,均可成为拐骗儿童罪的对象和拐卖儿童罪的对象。由于《刑法》只规定了拐骗儿童罪、拐卖儿童罪和拐卖妇女罪,所以,拐骗 14 周岁以上的人或者拐卖 14 周岁以上的男性,都不能追究刑事责任。

《治安管理处罚法》第21、84条规定，已满14周岁不满16周岁的未成年人违反《治安管理处罚法》的，不执行治安拘留处罚。询问不满16周岁的违反治安管理行为人，应当通知其父母或者其他监护人到场。

16—18周岁：重要的年龄

这个年龄段具有与14－16周岁几乎同等重要的法律意义。

因为从这一年龄开始，人开始有了劳动的权利，法律禁止用人单位招用未满16周岁的未成年人，文艺、体育和特种工艺单位招用未满16周岁的未成年人，必须依照国家有关规定，履行审批手续。

另外，根据《道路交通安全法实施条例》第72条，年满16周岁，可以驾驶电动车自行车或残疾人机动轮椅车上道行驶。

根据《治安管理处罚法》第21条规定，已满16周岁不满18周岁的未成年人，初次违反治安管理的，不执行行政拘留处罚。

18周岁：成年

到了18周岁这个年龄，就属于成年人了。其享有广泛的公民权利：有选举权和被选举权，有权参与国家管理，有担任公职和社会职务的资格（包括担任警察、律师、公务员），能办理公司、企业。每年12月31日以前，年满18周岁的男性公民，应当被征集服现役。

《民法典》第17条规定，十八周岁以上的自然人为成年人。不满十八周岁的自然人为未成年人。

20—22周岁：结婚年龄

《民法典》第1047条规定，结婚年龄，男不得早于二十二周岁，女不得早于二十周岁。

未达法定婚龄，以夫妻名义同居者，无论男女，无论是还举办过婚礼，或者通过弄虚作假骗取了结婚登记，均不能获得合法婚姻的效力。同时，国家鼓励晚婚，超过法定结婚年龄2年后结婚的属晚婚。

25周岁：特殊任职年龄

凡具备一定条件，年龄在25—65周岁的公民可以担任公证员。

45周岁：国家主席年龄

如果你有志报国、为全国人民效力，并且具备相应的条件、通过法定的程序，此时，你有资格成为中华人民共和国主席、副主席。

50—60 周岁:退休年龄

现行退休年龄是,男性 60 周岁,女干部 55 周岁,女工人 50 周岁。

另外,根据《老年人权益保障法》第 2、3 条规定,60 周岁以上的为老年人,老年人在我们社会温暖的大家庭中,应该得到特别优待和尊敬,因为尊敬他们,就是尊敬我们自己,任何人都会老。

各地为老年人制定了许多优待措施,如规定老年人可以免费乘坐城市公交车、地铁,博物馆、纪念馆、图书馆、公园应免费向老年人开放等。

60—75 周岁:法律福利年龄

这个年龄若发生交通事故致残或死亡,残疾赔偿金及死亡赔偿金的计算年限每增加 1 岁减少 1 年。

《最高人民法院关于审理人身损害赔偿案件适用法律若干问题的解释》第 12 条规定:"残疾赔偿金根据受害人丧失劳动能力程度或者伤残等级,按照受诉法院所在地上一年度城镇居民人均可支配收入或者农村居民人均纯收入标准,自定残之日起按二十年计算。但六十周岁以上的,年龄每增加一岁减少一年;七十五周岁以上的,按五年计算。"

75 周岁以上:法律福利年龄

75 周岁以上的人发生人身伤害事故致残或死亡的,相应的赔偿金按 5 年计算。

我国现行《刑法》通过的第十一次修正案,针对 75 周岁以上老人的犯罪处罚作了详细规定。已满 75 周岁的人故意犯罪的,可以从轻或者减轻处罚;过失犯罪的,应当从轻或者减轻处罚。另外《治安管理处罚法》第 21 条规定,对年满 70 周岁以上的违反治安管理行为人,不执行治安拘留处罚。

死亡:财产被继承

去世以后,生前的财产若在没有遗嘱的情况下,将按照《民法典》第 1127 条的规定,按照以下顺序继承:

第一顺序:配偶、子女、父母。

第二顺序:兄弟姐妹、祖父母、外祖父母。

继承开始后,由第一顺序继承人继承,第二顺序继承人不继承;没有第一顺序继承人继承的,由第二顺序继承人继承。

既没有第一顺位的继承人,也没有第二顺位的继承人,财产被宣告为无主财产后，收归国家或集体所有！

《民法典》实施后，侄子、外甥等也成为法定继承人。

五、民事诉讼时效一览表

一审	
诉讼时效	向人民法院请求保护民事权利的诉讼时效期间为3年。法律另有规定的，依照其规定。诉讼时效期间自权利人知道或者应当知道权利受到损害以及义务人之日起计算。法律另有规定的，依照其规定。但是，自权利受到损害之日起超过20年的，人民法院不予保护，有特殊情况的，人民法院可以根据权利人的申请决定延长。（《民法典》第188条相关规定）
	提起环境损害赔偿诉讼的时效期间为3年。（《环境保护法》第66条相关规定）
申请财产保全	诉前申请财产保全的，人民法院必须在48小时内作出裁定，裁定保全的，应立即执行（申请人必须提供担保）。且申请人应该在采取保全措施后30日内起诉。（《民事诉讼法》第104条相关规定）
	诉中财产保全。情况紧急的，法院必须在48小时内作出裁定，裁定保全的，应该立即执行。（《民事诉讼法》第103条相关规定）
	对保全或先予执行裁定不服的，可以申请复议一次。（《民事诉讼法》第111条相关规定）
申请证据保全	当事人根据《民事诉讼法》第84条第1款规定申请证据保全的，可以在举证期限届满前书面提出。证据保全可能对他人造成损失的，人民法院应当责令申请人提供相应的担保。[《最高人民法院关于适用〈中华人民共和国民事诉讼法〉的解释》（以下简称《民诉法解释》）第98条相关规定]
立案	第一审人民法院收到起诉书（状）或者执行申请书后，经审查认为符合受理条件的应当在7日内立案；收到自诉人自诉状或者口头告诉的，经审查认为符合自诉案件受理条件的应当在15日内立案。改变管辖的刑事、民事、行政案件，应当在收到案卷材料后的3日内立案。立案机构应在决定立案的3日内将案卷材料移送审判庭。[《最高人民法院关于严格执行案件审理期限制度的若干规定》（以下简称《审限若干规定》）第6、7条相关规定]
申请先予执行	先予执行，人民法院应当在受理案件后终审判决作出前采取。（《民诉法解释》第169条相关规定）

续表

公告送达	国内。适用于受送达人下落不明,或者用其他方式无法送达的,公告送达。自发出公告之日起,经过 30 日,即视为送达。(《民事诉讼法》第 95 条相关规定)
	涉外。适用于不能用其他方式送达的。自公告之日起满 3 个月,即视为送达。(《民事诉讼法》第 274 条相关规定)
答辩期	国内。人民法院应在立案之日起 5 日内将起诉状副本发送被告,被告应当在收到之日起 15 日内提出答辩状。人民法院应当在收到答辩状之日起 5 日内将答辩状副本发送原告(但被告提交的证据何时提交给原告没有明确规定)。(《民事诉讼法》第 128 条相关规定)
	涉外。答辩期 30 日,并可申请延长。(《民事诉讼法》第 275 条相关规定)
管辖权异议	应在提交答辩状期间提出,即 15 日内提出。(《民事诉讼法》第 130 条相关规定)
举证期限	人民法院指定举证期限的,适用第一审普通程序审理的案件不得少于 15 日,当事人提供新的证据的第二审案件不得少于 10 日。适用简易程序审理的案件不得超过 15 日,小额诉讼案件的举证期限一般不得超过 7 日。[《最高人民法院关于民事诉讼证据的若干规定》(以下简称《证据规定》)第 51 条相关规定] 当事人双方同时到基层人民法院请求解决简单的民事纠纷,但未协商举证期限,或者被告一方经简便方式传唤到庭的,当事人在开庭审理时要求当庭举证的,应予准许;当事人当庭举证有困难的,举证的期限由当事人协商决定,但最长不得超过 15 日;协商不成的,由人民法院决定。[《最高人民法院关于适用简易程序审理民事案件的若干规定》(以下简称《简易程序规定》)第 22 条相关规定]
简易程序转普通程序后举证期限	简易程序转为普通程序的,人民法院指定的举证期限可以少于 30 日的,人民法院应当为当事人补足不少于 30 日的举证期限,但在征得当事人同意后,人民法院指定的举证期限可以少于 30 日。[《最高人民法院关于适用〈关于民事诉讼证据的若干规定〉中有关举证时限规定的通知》(以下简称《举证时限规定通知》)第 2 条相关规定]
管辖权异议后举证期限	当事人在一审答辩期内提出管辖权异议的,人民法院应当在驳回当事人管辖权异议的裁定生效后,重新指定不少于 30 日的举证期限。但在征得当事人同意后,人民法院可以指定少于 30 日的举证期限。(《举证时限规定通知》第 3 条相关规定)
法院调查证据反证期间	人民法院依职权调查收集的证据提出相反证据的举证期限问题。人民法院调查收集的证据在庭审中出示后,当事人要求提供相反证据的,人民法院可以酌情确定相应的举证期限。(《举证时限规定通知》第 4 条相关规定)
增加当事人举证期限	增加当事人时的举证期限问题。人民法院在追加当事人或者有独立请求权的第三人参加诉讼的情况下,应当为新参加诉讼的当事人指定举证期限。该举证期限适用于其他当事人。(《举证时限规定通知》第 5 条相关规定)

续表

申请延期举证	应在举证期限内提出,并可再次提出。延长的期限同样适用于其他当事人。(《证据规定》第 54 条,《举证时限规定通知》第 6 条相关规定)
申请证人出庭	应在举证期限届满前提出。(《证据规定》第 69 条相关规定)
	适用简易程序的,应该在举证期限届满前提出。(《简易程序规定》第 12 条相关规定)
申请调查取证	当事人及其诉讼代理人申请人民法院调查收集证据,应当在举证期限届满前提交书面申请。 申请书应当载明被调查人的姓名或者单位名称、住所地等基本情况、所要调查收集的证据名称或者内容、需要由人民法院调查收集证据的原因及其要证明的事实以及明确的线索。(《证据规定》第 20 条相关规定)
	适用简易程序的,应该在举证期限届满前提出。(《简易程序规定》第 12 条规定)
申请鉴定	当事人申请鉴定,应当在人民法院指定期间内提出,并预交鉴定费用。逾期不提出申请或者不预交鉴定费用的,视为放弃申请。鉴定机构、人员由双方协商,协商不成的,由法院指定。(《证据规定》第 31、32 条相关规定)对人民法院委托的鉴定有异议,可以申请重新鉴定。一方当事人自行委托有关部门作出的鉴定意见,另一方有证据或理由足以反驳并申请重新鉴定的,法院应该准许。申请鉴定应在规定的举证期限内提出。(《证据规定》第 40、41 条相关规定)
增加、变更诉讼请求或提出反诉期间	诉讼过程中,当事人主张的法律关系性质或者民事行为效力与人民法院根据案件事实作出的认定不一致的,人民法院应当将法律关系性质或者民事行为效力作为焦点问题进行审理。但法律关系性质对裁判理由及结果没有影响,或者有关问题已经当事人充分辩论的除外。存在前款情形,当事人根据法庭审理情况变更诉讼请求的,人民法院应当准许并可以根据案件的具体情况重新指定举证期限。(《证据规定》第 53 条相关规定)
变更诉讼请求或反诉后举证期限	人民法院应当根据案件的具体情况重新指定举证期限,当事人对举证期限有约定的,需经法院认可。(《举证时限规定通知》第 7 条相关规定)
申请增加当事人的期限	对于申请增加当事人,没有明确规定在什么期限内提出,但是鉴于申请增加当事人必然涉及增加、变更诉讼请求,因此,应该在举证期限内提出。
证据交换	法院组织证据交换的,证据交换之日举证期限届满。(《证据规定》第 56 条规定)
提交新证据	第一、二审新证据。应当在开庭前或开庭时提出,当事人提交新证据,人民法院指定举证期限不受不得少于 30 日的限制。(《证据规定》第 51 条,《举证时限规定通知》第 8 条相关规定)
	再审新证据。应当在申请再审时提出。(《民事诉讼法》第 207 条相关规定)

续表

传唤期限	人民法院应当在开庭3日前用传票传唤当事人。对诉讼代理人等应当用通知书通知其到庭(对诉讼参与人没有规定提前多久通知)。传票传唤是按撤诉处理和缺席判决的前提条件。(《民诉法解释》第227、235条相关规定)
申请回避	在案件开始审理时提出,也可以在法庭辩论终结前提出。法院应在申请提出的3日内,以口头或书面的形式作出决定,申请人对决定不服的,可以在接到决定时申请复议1次,对复议申请,人民法院应在3日内对复议作出决定。(《民事诉讼法》第48、50条规定)
罚款、拘留复议	对罚款、拘留决定不服的,可以向上一级法院申请复议1次。(《民事诉讼法》第119条相关规定) 对罚款、拘留民事决定不服申请复议的,审理期限为5日。(《审限若干规定》第2条相关规定)
期限耽误后的补救	应在障碍消除后的10日内,向法院申请延期。(《民事诉讼法》第86条相关规定)
一审审限	普通程序。6个月。特殊情况,经本院院长批准可延长6个月;还需延长的,报上一级法院批准。(《民事诉讼法》第152条相关规定)
	简易程序。3个月。特殊情况,经本院院长批准,可以延长1个月。(《民事诉讼法》第164条相关规定)
	特别程序。30日。特殊情况,由本院院长批准。但审理选民资格的案件除外。(《民事诉讼法》第187条相关规定)
判决书送达期限	当庭宣判的,应当在10日内发送判决书。定期宣判的,宣判后立即发给判决书。(《民事诉讼法》第151条相关规定)
二　审	
上诉期间	对判决上诉。在判决书送达之日起15日内向上一级人民法院提起上诉。对裁定上诉。在裁定书送达之日起10日内向上一级人民法院提起上诉。(《民事诉讼法》第171条相关规定)
	涉外案件。对判决、裁定提起上诉均为30日内,并可申请延期。(《民事诉讼法》第276条相关规定)
上诉后法院移送案件期限	原审人民法院收到上诉状后,应当在5日内将上诉状副本送达对方当事人,对方当事人在收到之日起15日内提出答辩状。人民法院在收到答辩状之日起5日内将副本送达上诉人;原审人民法院收到上诉状、答辩状,应在5日内连同全部案卷和证据,报送第二审法院。(《民事诉讼法》第174条相关规定)
二审审限	对判决上诉案件。审理期限为3个月,特殊情况,由本院院长批准。对裁定上诉案件,审理期限为30日。(《民事诉讼法》第183条相关规定)

续表

再　审	
再审申请期限	当事人申请再审，应在判决、裁定发生法律效力后6个月内提出；有新证据足以推翻原判决裁定的，原判决裁定认定事实的主要证据是伪造的，据以作出原判决、裁定的法律文书被撤销或变更以及发现审判人员在审理案件时有贪污、受贿、徇私舞弊、枉法裁判行为的，自知道或应当知道之日起6个月内提出。(《民事诉讼法》第212条相关规定)当事人向人民检察院申请检察建议或抗诉的条件(符合其一)：人民法院驳回再审申请的；人民法院逾期未对再审申请作出裁定的；再审判决、裁定有明显错误的。检察院对当事人的申请应当在3个月内进行审查，作出提出或不予提出检察建议或者抗诉的决定。当事人不得再次向人民检察院申请检察建议或抗诉。(《民事诉讼法》第216条相关规定)
	接受抗诉的人民法院应当在收到抗诉书之日起30日内作出再审的裁定。(《民事诉讼法》第218条相关规定)
法院审查再审期限	人民法院应在收到再审申请书之日起3个月内审查是否符合再审条件；特殊情况，如需延长，由本院院长批准。(《民事诉讼法》第211条相关规定)
再审审限	再审案件的审限分别执行第一审或第二审审限的规定。(《审限若干规定》第4条相关规定)
执　行	
申请执行期限	申请执行的期间为2年，适用中止、中断规定，自法律文书规定履行期间的最后1日起计算；法律文书规定分期履行的，从最后一期履行期限届满之日起计算；法律文书未规定履行期限的，自法律文书生效之日起计算。(《民事诉讼法》第246条相关规定) 生效法律文书规定债务人负有不作为义务的，申请执行时效期间从债务人违反不作为义务之日起计算。[《最高人民法院关于适用〈中华人民共和国民事诉讼法〉执行程序若干问题的解释》(以下简称《执行程序解释》)第21条相关规定]
申请执行中止	在申请执行时效期间的最后6个月内，因不可抗力或者其他障碍不能行使请求权的，申请执行时效中止。从中止时效的原因消除之日起，申请执行时效期间继续计算。(《执行程序解释》第19条相关规定)
通知被执行人期间	人民法院应当在收到申请执行书或者移交执行书后10日内发出执行通知。[《最高人民法院关于人民法院执行工作若干问题的规定(试行)》(以下简称《执行工作规定》)第22条相关规定]
执行管辖权异议	当事人对管辖权有异议的，应当自收到执行通知书之日起10日内提出。(《执行程序解释》第3条相关规定)
次债务人的执行异议期间	执行债务人对第三人的到期债权，第三人应在收到履行通知后15日内提出异议。第三人在履行通知指定的期间内提出异议的，法院不审查异议。(《执行工作规定》第45、47条相关规定)

续表

对执行行为书面异议的处理期限	当事人、利害关系人认为执行法院的执行行为违反法律规定的，人民法院应当自收到书面异议之日起15日内审查并作出裁定。（《执行程序解释》第5条相关规定） 当事人、利害关系人对裁定不服的，可以自裁定送达之日起10日内向上一级人民法院申请复议。（《民事诉讼法》第232条相关规定）
对执行标的书面异议的处理期限	案外人对执行标的提出书面异议的，人民法院应当自收到书面异议之日起15日内审查。案外人、当事人对裁定不服，认为原判决、裁定错误的，依照审判监督程序办理；与原判决、裁定无关的，可以自裁定送达之日起15日内向人民法院提起诉讼。（《民事诉讼法》第234条相关规定）
中止执行后起诉期限	人民法院对执行标的中止执行后，申请执行人自裁定送达之日起15日内未提起诉讼的，人民法院应当自起诉期限届满之日起7日内解除对该执行标的采取的执行措施。（《民诉法解释》第314条相关规定）
财产分配方案异议期限	债权人或者被执行人对分配方案有异议的，应当自收到分配方案之日起15日内向执行法院提出书面异议。（《民诉法解释》第509条相关规定）
财产分配方案异议反对期限	未提出异议的债权人、被执行人收到财产分配方案异议通知之日起15日内未提出反对意见的，执行法院依异议人的意见对分配方案审查修正后进行分配；提出反对意见的，应当通知异议人。异议人可以自收到通知之日起15日内，以提出反对意见的债权人、被执行人为被告，向执行法院提起诉讼；异议人逾期未提起诉讼的，执行法院依原分配方案进行分配。（《民诉法解释》第510条相关规定）
拍卖公告发布期限	拍卖动产的，应当在拍卖7日前公告；拍卖不动产或者其他财产权的，应当在拍卖15日前公告。[《最高人民法院关于人民法院民事执行中拍卖、变卖财产的规定》（以下简称《拍卖、变卖规定》）第8条相关规定]
提前通知相关人员拍卖期限	人民法院应当在拍卖5日前以书面或者其他能够确认收悉的适当方式，通知当事人和已知的担保物权人、优先购买权人或者其他优先权人于拍卖日到场。（《拍卖、变卖规定》第11条相关规定）
恢复拍卖	暂缓执行期限届满或中止执行的事由消失后，需要继续拍卖的，人民法院应当在15日内通知拍卖机构恢复拍卖。（《拍卖、变卖规定》第18条相关规定）
拍卖裁定期限	拍卖成交或者以流拍的财产抵债的，人民法院应当作出裁定，并于价款或者需要补交的差价全额交付后10日内，送达买受人或者承受人。（《拍卖、变卖规定》第20条相关规定）

续表

拍卖物移交期间	人民法院裁定拍卖成交或者以流拍的财产抵债后，除有依法不能移交的情形外，应当于裁定送达后15日内，将拍卖的财产移交买受人或者承受人。被执行人或者第三人占有拍卖财产应当移交而拒不移交的，强制执行。（《拍卖、变卖规定》第27条相关规定）
第二次拍卖限期	拍卖时无人竞买或者竞买人的最高应价低于保留价，到场的申请执行人或者其他执行债权人不申请以该次拍卖所定的保留价抵债的，应当在60日内再行拍卖。（《拍卖、变卖规定》第23条相关规定）
第三次拍卖	对于第二次拍卖仍流拍的不动产和其他财产权，申请执行人或其他执行债权人拒绝接受或依法不能交付其抵债的，应当在60日内进行第三次拍卖。第三次拍卖流拍且申请执行人或其他执行债权人拒绝接受或依法不能接受该不动产或者其他财产权抵债的，法院应当于第三次拍卖终结之日起7日内发出变卖公告。自公告之日起60日内没有买受人愿意以第三次拍卖的保留价买受该财产，且申请执行人、其他执行债权人仍不表示接受该财产抵债的，应当解除查封、冻结，将该财产退还被执行人，但对该财产可以采取其他执行措施的除外。（《拍卖、变卖规定》第25条相关规定）
执行审限	执行案件应在立案之日起6个月内执结，非诉执行案件应在立案之日起3个月内执结；特殊情况的经本院院长批准，可以延长3个月，还需延长，层报高级人民法院备案。（《审限若干规定》第5条相关规定）
申请上级法院执行期间	人民法院自收到申请执行书起超过6个月未执行的，申请执行人可向上一级人民法院申请执行。（《民事诉讼法》第233条相关规定） 有下列情形之一的，上一级人民法院可以根据申请执行人的申请，责令执行法院限期执行或者变更执行法院：（1）债权人申请执行时被执行人有可供执行的财产，执行法院自收到申请执行书之日起超过6个月对该财产未执行完结的；（2）执行过程中发现被执行人可供执行的财产，执行法院自发现财产之日起超过6个月对该财产未执行完结的；（3）对法律文书确定的行为义务的执行，执行法院自收到申请执行书之日起超过6个月未依法采取相应执行措施的；（4）其他有条件执行超过6个月未执行的。（《执行程序解释》第10条相关规定）
不受期限限制	人民法院采取《民事诉讼法》第249－251条规定的执行措施后，被执行人仍不能偿还债务的，应当继续履行义务。债权人发现被执行人有其他财产的，可以随时请求人民法院执行。（《民事诉讼法》第261条相关规定）
劳动仲裁	
仲裁时效	劳动争议申请仲裁的时效期间为1年。仲裁时效期间从当事人知道或者应当知道其权利被侵害之日起计算。劳动关系存续期间因拖欠劳动报酬发生争议的，劳动者申请仲裁不受规定的1年仲裁时效期间的限制；但是，劳动关系终止的，应当自劳动关系终止之日起1年内提出。（《劳动争议调解仲裁法》第27条相关规定）

续表

审查受理	劳动争议仲裁委员会应自收到仲裁申请之日起5日内决定是否受理，且书面告知当事人仲裁庭组成情况。（《劳动争议调解仲裁法》第29、32条相关规定）
答辩期	被申请人收到仲裁申请书副本后，应当在10日内向劳动争议仲裁委员会提交答辩书，劳动争议仲裁委员会收到答辩书后，应当在5日内将答辩书副本送达申请人。（《劳动争议调解仲裁法》第30条相关规定）
管辖权异议	当事人提出管辖异议的，应当在答辩期满前书面提出。（《劳动人事争议仲裁办案规则》第10条相关规定）
反申请	被申请人可以在答辩期间提出反申请，仲裁委员会应当自收到被申请人反申请之日起5日内决定是否受理并通知被申请人。被申请人在答辩期满后对申请人提出反申请的，应当另行申请仲裁。（《劳动人事争议仲裁办案规则》第36条相关规定）
增加、变更请求	申请人在举证期限届满前可以提出增加或者变更仲裁请求；仲裁庭对申请人增加或者变更的仲裁请求审查后认为应当受理的，应当通知被申请人并给予答辩期，被申请人明确表示放弃答辩期的除外。申请人在举证期限届满后提出增加或变更仲裁请求的，应当另行申请仲裁。（《劳动人事争议仲裁办案规则》第44条相关规定）
开庭通知	仲裁庭应当在开庭5日前，将开庭日期、地点书面通知双方当事人。（《劳动争议调解仲裁法》第35条相关规定）
延期开庭	当事人有正当理由的，可以在开庭3日前请求延期开庭。（《劳动争议调解仲裁法》第35条相关规定）
仲裁审理期限	仲裁庭裁决劳动争议案件，应自劳动争议仲裁委员会受理仲裁申请之日起45日内结束。案情复杂需要延期的，经劳动争议仲裁委员会主任批准，可以延期并书面通知当事人，但是延长期限不得超过15日。（《劳动争议调解仲裁法》第43条相关规定）
起诉期限	劳动者可以自收到仲裁裁决书之日起15日内向人民法院起诉。（《劳动争议调解仲裁法》第48条相关规定）

时效的起算

1. 无民事行为能力人或者限制民事行为能力人对其法定代理人的请求权的诉讼时效期间，自该法定代理终止之日起计算。

2. 未成年人遭受性侵害的损害赔偿请求权的诉讼时效期间，自受害人年满18周岁之日起计算。

3. 未约定履行期限的合同，可以确定履行期限的，诉讼时效期间从履行期限届满之日起计算；不能确定履行期限的，诉讼时效期间从债权人要求债务人履行义务的宽限期届满之日起计算，但债务人在债权人第一次向其主张权利之时明确表示不履行义务的，诉讼时效期间从债务人明确表示不履行义务之日起计算。

当事人约定同一债务分期履行的，诉讼时效期间自最后一期履行期限届满之日起计算。

4. 合同被撤销，返还财产、赔偿损失请求权的诉讼时效期间从合同被撤销之日起计算。

5. 返还不当得利请求权的诉讼时效期间，从当事人一方知道或者应当知道不当得利事实及对方当事人之日起计算。

6. 管理人因无因管理行为产生的给付必要管理费用、赔偿损失请求权的诉讼时效期间，从无因管理行为结束并且管理人知道或者应当知道本人之日起计算。

本人因不当无因管理行为产生的赔偿损失请求权的诉讼时效期间，从其知道或者应当知道管理人及损害事实之日起计算。

后　　记

在《民法典》实施一周年后，又迎来了《民事诉讼法》的重大修改，在这样的历史时刻出版此书，意义非凡！

以权利为主线，以“漫画 + 事例 + 法条”的形式演绎人民的权利法典，独立成书，图文并茂，雅俗共赏，成为本书的一大亮点。当此书完成之际，我要感谢为此书作序的西南政法大学博士生导师赵万一教授和著名法学理论家刘桂明先生。赵万一教授是我就读西南政法大学研究生时的老师，他民商法学理论功底深厚、知识渊博，同时还兼任中国法学会理事、中国法学会民法学研究会副会长、中国仲裁法学研究会常务理事、中国法学会商法学研究会理事。刘桂明先生是中国法学会律师法学研究会副会长，在学术界享有很高的声誉。我们虽未曾见过面，但他热衷于普法公益事业，对本书如何让民法典“飞入寻常百姓家”、创建全国第一个“法治小镇”和乡村《民法典》展示馆提出了期望和要求。我更要感谢为此书付出辛勤劳动的创作团队，他们有的在书中具有姓名，有的没有。书中还选用了本人主编的《画说权利》中的部分漫画，为此向选用的漫画作者致谢。同时，还要感谢朱寿龙、曾岩先生为《民法典之歌》歌词修改和谱曲做的大量工作，也感谢浙江工业大学法学院在校学生杨帆、唐玉玺、张梦娇、薛璇同学，他们参与了本书的文字修改和校对工作。

民法典规模之庞大，前所未有，共计 1260 条，是我国第一部超过千条的法律；其调整范围广泛，内容涉及人的衣食住行、生老病死，阅读法典犹如踏上人生四季的民法之旅；法典地位之重要、意义之深远，为世界瞩目，她标志着中国特色社会主义法治进入了一个新时代。

法典治国的影响是巨大的：1804 年法国的《拿破仑法典》、1896 年的《德国民法典》莫不如此，《拿破仑法典》用法律一扫法国的封建制度，确认和巩固资产阶级革命成果，开启了法国的近代化道路；《德国民法典》为德意志市场建立了统一的交易规则,让德国走上了强盛道路;1898 年的《日本民法典》也成为明治维新中变法的重要内容之一,开启了日本现代化的强国之路。相信中国的《民法典》作为人民权利之典,一定会引领人民群众实现中华民族的伟大复兴!

"新时代,大法典,人身权、财产权,项项权利入法典",这是本人在此书即将完稿之际为此书谱写的歌词。聆听《民法典之歌》那悠扬的乐曲,既为庆贺书稿完成放松一下心情,也期冀人民群众唱响民法典,逐梦高歌向明天!

王建华

2022 年 2 月 18 日

民法典之歌

王建华 词
杨 辉 曲
张梦娇编曲

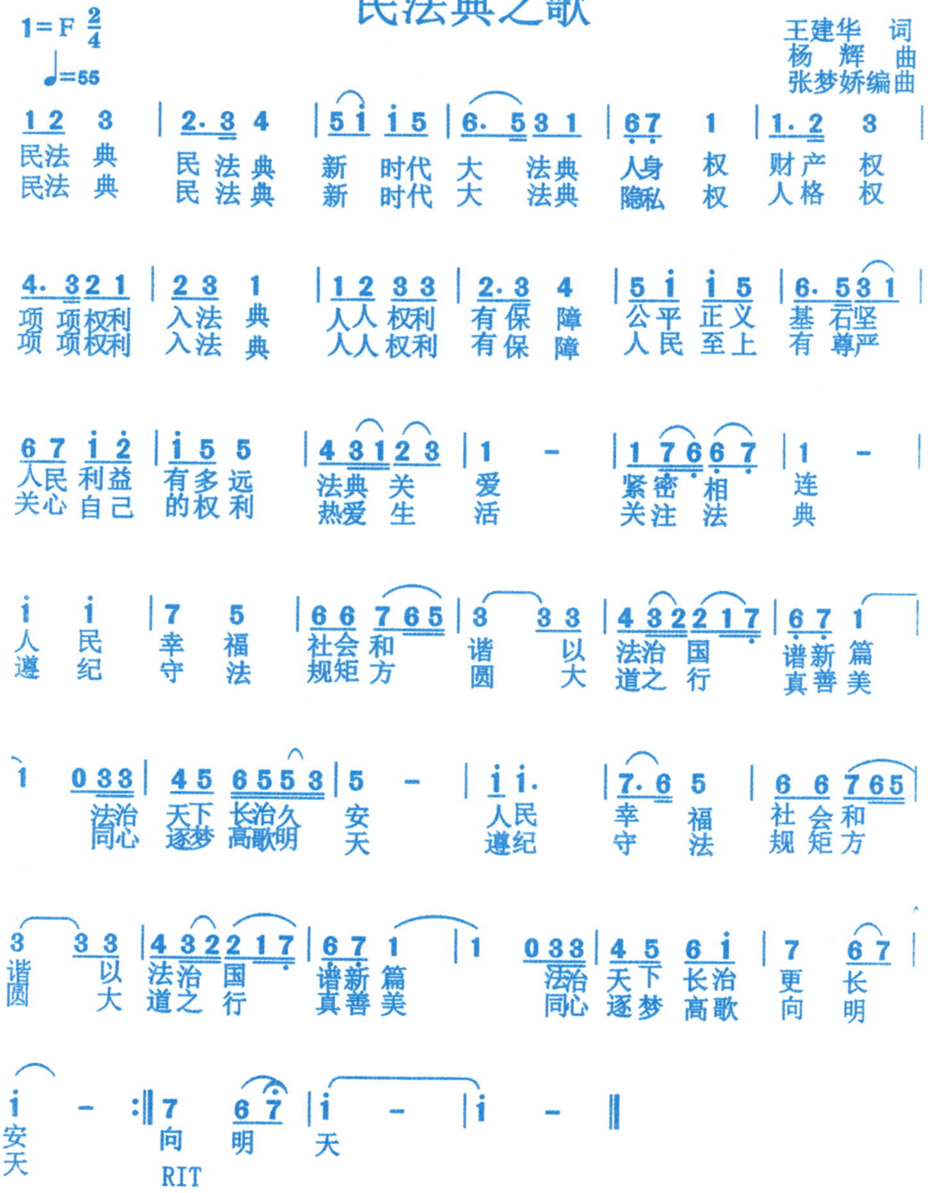